Leitfaden Sachkundeprüfung
Vorbereitung auf die Sachkundeprüfung nach § 34a GewO

Rechtliche Grundlagen

von Joachim M. Weger

Version: 15.0
Stand: 15.07.2023

Zu diesem Leitfaden:

Alle, die mit diesem Leitfaden arbeiten - Ausbildungseinrichtungen, Referenten und Lehrgangsteilnehmer - sind zu Hinweisen und Verbesserungsvorschlägen eingeladen.

Wo war etwas schwer verständlich?
Wo ist eine wichtige Frage nicht ausreichend beantwortet?
Wo haben Sie zusätzliche Informationsbedürfnisse?

Aber auch:

Was war für Sie beim Lernen besonders angenehm und hilfreich?
Was sollte bei der Weiterentwicklung nicht geändert werden?

Über Ihre Anregungen und Rückmeldungen freuen sich:

Joachim M. Weger
und der SecuMedia-Verlag
Postfach 1234
55205 Ingelheim

E-Mail: j.m.weger@t-online.de
CC: p.hohl@secu.media

Lektorat und verantwortlich im Sinne des Pressegesetzes: Peter Hohl
Druck: Silber Druck oHG, Am Waldstrauch 1, 34266 Niestetal

ISBN 978-3-939639-04-6

Hergestellt in Deutschland

Bundesverband
Allianz für Sicherheit in der Wirtschaft e.V.

Leitfaden Sachkundeprüfung
Vorbereitung auf die Sachkundeprüfung nach § 34a GewO

Rechtliche Grundlagen

von Joachim M. Weger

SecuMedia Verlags-GmbH

Der Autor Joachim M. Weger:
Nach zweijähriger Seefahrtzeit Polizeivollzugsbeamter in Hamburg (letzter Dienstgrad: Erster Polizeihauptkommissar).
Nach der Pensionierung Referent der Allianz für Sicherheit in der Wirtschaft Norddeutschland (ASWN) e.V.

Seit Einführung der Sachkundeprüfung im Bewachungsgewerbe Prüfer bei der Handelskammer Hamburg.

Fachbuchautor für den Deutschen Industrie- und Handelskammertag und für den SecuMedia Verlag.

Referententätigkeit:
Bei der Polizei Hamburg nach Absolvierung einer pädagogischen Fortbildung Fachlehrer für Rechts- und Berufskunde, Leiter von Fortbildungsseminaren und Dozent an der Fachhochschule Polizei.
Im Sicherheitsgewerbe Lehrtätigkeit sowohl in den gesetzlich vorgeschriebenen Unterrichtungen und Vorbereitungen auf Fortbildungsprüfungen als auch Konzipierung und Durchführung von Sonderseminaren zur weiteren allgemeinen beruflichen Qualifizierung.
Schwerpunkte der Referententätigkeit:
- Rechtliche Grundlagen
- Führung und Einsatz
- angewandte berufsbezogene Psychologie.

Vorwort

Sie wollen demnächst die Sachkundeprüfung nach § 34a GewO ablegen.
Sie haben sich vorinformiert, warum und für welche Tätigkeiten die Sachkundeprüfung vorgeschrieben ist (oder können es im ersten Kapitel dieses Buches nachlesen)
Sie sind auch grob über den Prüfungsablauf im Bilde.

Dann wissen Sie, dass zu den **Rechtlichen Grundlagen** die Sachgebiete

- Recht der öffentlichen Sicherheit und Ordnung und Gewerberecht (um der Übersichtlichkeit willen in diesem Buch in einem eigenen Kapitel)
- Datenschutzrecht
- Bürgerliches Gesetzbuch
- Straf- und Strafverfahrensrecht und Umgang mit Waffen (um der Übersichtlichkeit willen in diesem Buch in einem eigenen Kapitel)*
- Unfallverhütungsvorschriften

gehören.

Die rechtlichen Grundlagen stellen also ein umfangreiches Feld dar, bei dem in der schriftlichen Prüfung von **100 möglichen Punkten 76 Punkte** erworben werden können.
Die genaue Punktezuteilung wird zu Beginn des jeweiligen Kapitels herausgestellt.

Rechtliche Grundlagen sind neben dem Sachgebiet Umgang mit Menschen auch **Schwerpunkt der mündlichen Prüfung.**

Vielleicht gehören Sie auch zu den Menschen, die eine gewisse Scheu oder gar Abneigung haben, sich mit rechtlichen Grundlagen auseinander zu setzen: „Paragraphentexte auswendig lernen, ist nicht mein Ding!" Doch es kommt nicht darauf an, trockene Gesetzestexte zu lernen, sondern Sinn und Logik des Rechts zu erkennen und in der beruflichen Praxis anzuwenden.

Praxisanwendung heißt, sich grundsätzlich vor dem Einschreiten folgende Fragen zu stellen:

- Was macht der Bürger, der Kunde?
- Ist sein Verhalten strafrechtlich bedeutsam?
- Verletzt sein Verhalten die Regeln in meinem zu schützenden Objekt?
- Welche Rechte hat der Bürger, der Kunde?
- Wie lautet mein beruflicher Auftrag?
- Welches Verhalten erwartet der Auftraggeber von mir?
- Welche Rahmenbedingungen setzt die Dienstanweisung?

* Erweiterte Kenntnisse bietet das Buch „Waffenrecht und Waffenkunde": www.secumedia.shop

- Welches Ziel verfolge ich
  mit meiner Maßnahme?
- Welche Rechte habe ich für die beabsichtigte Maßnahme?
- Welche Rechte habe ich nicht?
- Welche Unfallverhütungsvorschriften sind zu beachten?

Dieses Heft wird Ihnen helfen, den Einstieg in das Recht zu finden und die rechtlichen Grundlagen zu erfassen, die Sie für die Prüfung und Ihre berufliche Praxis benötigen.

Die Gliederung des Heftes orientiert sich an der Gliederung der schriftlichen Prüfung. Es umfasst alle Vorgaben des bundeseinheitlichen Rahmenstoffplans.

Durch Übungsaufgaben, die im Aufbau und den vorgegebenen Lösungsmöglichkeiten der schriftlichen Prüfung ähneln, testen Sie Ihr Wissen und trainieren für die Prüfung. Die Übungsaufgaben stehen am Ende des jeweiligen Fachthemas, die Lösungen mit Erläuterungen finden Sie in dem Anhang.

Und noch ein Hinweis: Die Juristen benutzen Begriffe zum Teil ein wenig anders als Sie es vom alltäglichen Sprachgebrauch kennen. Aber es wird nicht ausbleiben, dass Sie – in der Prüfung oder auch einmal als Zeuge vor Gericht – mit den Besonderheiten der Rechtssprache konfrontiert werden. Darum haben wir sie auch in diesem Buch benutzt:

Wenn zum Beispiel von „Erfolg" die Rede ist, meinen Juristen damit nicht immer etwas Positives, sondern einfach nur das Ergebnis eines Vorgangs. Und wenn es heißt „der Täter muss das Objekt vorsätzlich in Brand setzen", dann ist nicht gemeint, dass ihn jemand dazu zwingt. Es heißt nur, dass dieser Sachverhalt gegeben sein muss, damit ein Straftatbestand erfüllt ist.

Der Autor wünscht den Lesern viel Freude beim Lernen und Erfolg bei der Prüfung!

J.M.Weger

Anmerkung: Aufbau und Gliederung dieses Heftes sind angelehnt an die Power-Point-Foliensätze des Lehrpaketes § 34a des SecuMedia Verlags. Falls Ihr Ausbilder dieses Lehrpaket nutzt, können Sie also den Stoff mühelos mit verfolgen. Das gleiche gilt für die Hefte „Umgang mit Menschen" und „Grundzüge der Sicherheitstechnik", die den Leitfaden Sachkundeprüfung vervollständigen.

Inhaltsverzeichnis

Seite

X VERBRECHEN MIND. 1 JAHR FREIHEITSSTRAFE
SONST VERGEHEN MIND UNTER EINEM JAHR / GELD STRAFE

1. Sachkundeprüfung

Sachkundeprüfung

Die Sachkundeprüfung ist mit anderen Änderungen im Bewachungsgewerberecht seit Januar 2003 mit der Begründung eingeführt worden, dass die Aufgabenwahrnehmung in bestimmten Tätigkeitsfeldern eine höhere Qualifikation der Unternehmen und ihres Bewachungspersonals erfordert.

Tätigkeitsfelder mit Prüfungspflicht

Mit der im Wesentlichen ab 01.12.2016 in Kraft getretenen Verschärfung der bewachungsrechtlichen Vorschriften (§ 34a Gewerbeordnung und Bewachungsverordnung) erfordern zwei neue Tätigkeitsfelder den Nachweis der Sachkundeprüfung.
Es handelt sich nunmehr um folgende fünf Tätigkeitsfelder:

- Kontrollgänge im öffentlichen Verkehrsraum oder in Hausrechtsbereichen mit tatsächlich öffentlichem Verkehr
- Schutz vor Ladendieben
- Bewachungen im Einlassbereich von gastgewerblichen Diskotheken
- Bewachungen in leitender Funktion von Aufnahmeeinrichtungen sowie Gemeinschaftsunterkünften des Asylgesetzes oder anderen Immobilien und Einrichtungen, die der auch vorübergehenden amtlichen Unterbringung von Asylsuchenden oder Flüchtlingen dienen
- Bewachungen in leitender Funktion von zugangsgeschützten Großveranstaltungen

Neu war das Erfordernis der Sachkundeprüfung für die beiden letztgenannten Tätigkeitsbereiche.

Für Mitarbeiter in leitender Funktion

Allerdings gilt dieses nur für Bewachungspersonal in leitender Funktion.

In der amtlichen Begründung wird davon ausgegangen, dass „...leitendes Personal für die Organisation der Bewachung vor Ort verantwortlich und weisungsbefugt ist." Offen gelassen wird die Frage, ob diese Koppelung gewollt ist.

Gemeint sind alle Flüchtlingsunterkünfte...

Die detaillierte Aufzählung der Unterkünfte im Gesetz sollte alle Einrichtungen dieser Art erfassen.

Auch dem Schutz von zugangsgeschützten Großveranstaltungen kommt eine besondere Bedeutung zu, was die terroristischen Anschläge vom 13. November 2015 in Paris belegen. Die eingesetzten privaten Sicherheitskräfte sind ein wesentlicher Bestandteil des staatlichen Sicherheitskonzeptes.

...Großveranstaltungen aber erst ab 5000 Besucher

Veranstaltungen sind organisierte Ereignisse insbesondere sportlicher, kultureller, kirchlicher, wirtschaftlicher oder gesellschaftlicher Art, ohne Versammlung im Sinne des Artikels 8 Grundgesetz zu sein. Von einer zugangsgeschützten Veranstaltung unter freiem Himmel ist in der Regel ab 5.000 Besucher auszugehen. Da Veranstaltungen dieser Art und dieser Größenordnung an den Wachschutz besondere Qualifikationsanforderungen stellen, ist für das eingesetzte Personal in leitender Funktion ein Sachkundenachweis erforderlich.

Auftraggeber kann alle Sicherheitskräfte einbeziehen

Unabhängig von dieser gesetzlichen Forderung kann der Auftraggeber beispielsweise bei der Bewachung von Flüchtlingsunterkünften den Sachkundenachweis als Qualitätsnachweis für jede einzusetzende Sicherheitskraft fordern.

Auch Gewerbetreibende brauchen den Sachkundenachweis

Auch der Gewerbetreibende muss sich ab Dezember 2016 der Sachkundeprüfung stellen.

Bis zu diesem Zeitpunkt benötigte er „nur" den Unterrichtungsnachweises mit 80 Unterrichtsstunden oder alternativ den Sachkundenachweis. Bewachungsgewerbetreibende, die bereits im Besitz einer Erlaubnis nach § 34a Absatz 1 GewO sind, müssen hingegen keinen Sachkundenachweis erbringen.

Zitat der amtlichen Begründung des Gesetzentwurfs:
„Private Bewachungsunternehmen werden zunehmend als Teil der Sicherheitsarchitektur wahrgenommen. Sie werden zunehmend bei Großveranstaltungen, aber auch zur Bewachung von Flüchtlingsunterkünften eingesetzt. Es handelt sich dabei um Einsatzbereiche, bei denen es durch unqualifizierte Gewerbetreibende zu erheblichen Schädigungen von Leben und Gesundheit von Personen sowie der öffentlichen Sicherheit und Ordnung kommen kann. Der Gewerbetreibende ist in der Regel für die Organisation seines Betriebes verantwortlich. Insbesondere die Bewachung von Flüchtlingsunterkünften wird zunehmend auf Bewachungsunternehmen übertragen, die in der Praxis oft als Subunternehmen tätig werden. Gerade bei dieser Bewachungstätigkeit sowie bei der Bewachung von Großveranstaltungen treten Bewachungsunternehmen in Kontakt mit einer Vielzahl von Personen und es kann zu Konfliktsituationen kommen, in denen Bewachungsunternehmen deeskalierend tätig werden müssen, um Schäden zu vermeiden. Es muss daher sichergestellt werden, dass die Gewerbetreibenden als Verantwortliche für die Organisation des Bewachungsunternehmens Kenntnisse über die Grenzen ihrer Befugnisse, über Deeskalationstechniken in Gefahren- und Konfliktsituationen sowie einzusetzende Sicherheitstechnik nachweisen müssen. Eine Unterrichtung reicht daher nicht mehr aus, stattdessen ist ein Sachkundenachweis erforderlich. Der Sachkundenachweis setzt das erfolgreiche Bestehen einer Sachkundeprüfung voraus, bei der unter anderem die Sachgebiete Recht der öffentlichen Sicherheit und Ordnung, Strafrecht einschließlich Umgang mit Waffen, Unfallverhütungsvorschriften, Umgang mit Menschen einschließlich Deeskalationstechniken, interkulturelle Kompetenz unter besonderer Beachtung von Diversität und gesellschaftlicher Vielfalt sowie Grundzüge der Sicherheitstechnik geprüft werden. Durch die Einführung der Sachkundeprüfung als Erlaubnisvoraussetzung wird sichergestellt, dass der Gewerbetreibende die erforderlichen Kenntnisse in diesen Bereichen erworben hat."

Die §§ 9 bis 12 der Bewachungsverordnung (BewachV) regeln die Durchführung der Sachkundeprüfung.

Schriftliche und mündliche Prüfung

Im Gegensatz zur Unterrichtung, die lediglich eine Verständnisüberprüfung fordert, muss hier der Prüfungsteilnehmer in einer schriftlichen und einer mündlichen Prüfung den Nachweis erbringen, dass er Kenntnisse über die für die Ausübung dieser Tätigkeiten notwendigen

- rechtlichen Vorschriften
- fachspezifischen Pflichten und Befugnisse sowie

- deren praktischer Anwendung

in einem Umfang erworben hat, der ihm die eigenverantwortliche Wahrnehmung dieser Bewachungsaufgaben ermöglicht.

Wie der Prüfungsteilnehmer die Kenntnisse erwirbt, ist offengelassen.

Sieben Sachgebiete

Gegenstand der Prüfung sind folgende Sachgebiete:

1. **Recht der öffentlichen Sicherheit und Ordnung einschließlich Gewerberecht** (in diesem Buch um der Übersichtlichkeit willen in einem eigenen Abschnitt)
2. **Datenschutzrecht,**
3. **Bürgerliches Gesetzbuch,**
4. **Straf- und Strafverfahrensrecht, Umgang mit Waffen** (in diesem Buch um der Übersichtlichkeit willen in einem eigenen Abschnitt),
5. **Unfallverhütungsvorschrift Wach- und Sicherungsdienste,**
6. **Umgang mit Menschen, insbesondere Verhalten in Gefahrensituationen, Deeskalationstechniken in Konfliktsituationen sowie interkulturelle Kompetenz unter besonderer Beachtung von Diversität und gesellschaftlicher Vielfalt und**
7. **Grundzüge der Sicherheitstechnik.**

Schwerpunkte

Der schriftliche Teil kann mit Hilfe unterschiedlicher Medien durchgeführt werden. In vielen Kammern wird ein Tablet zum Anklicken der gewählten Antwort genutzt. In der mündlichen Prüfung ist ein Schwerpunkt auf die in Ziffer 1 und 6 genannten Sachgebiete zu legen (§ 11 Abs. 2 BewachV).

Mit dieser Schwerpunktsetzung soll verdeutlicht werden, dass insbesondere der Nachweis sicherer Rechtskenntnisse erbracht sowie das Wissen über Konfliktmechanismen und Anwenden von Deeskalationstechniken im Umgang mit Menschen dargelegt werden soll.

Die Industrie- und Handelskammern haben Prüfungsausschüsse eingerichtet, wobei mehrere Industrie- und Handelskammern einen gemeinsamen Prüfungsausschuss bilden können. Der Autor ist Prüfer der Sachkundeprüfung der Handelskammer Hamburg.

Termine und Gebühren sind bei den Industrie- und Handelskammern zu erfragen.

Die Prüfungssprache ist deutsch.

Mit 50% „bestanden“

Die schriftliche und mündliche Prüfung wird mit Punkten bewertet. Zur mündlichen Prüfung wird zugelassen, wer die schriftliche Prüfung mit mindestens 50 % der zu vergebenen Gesamtpunkte bestanden hat. Die mündliche Prüfung ist bestanden, wenn mindestens 50 % der zu vergebenden Gesamtpunkte erreicht werden.

1. Sachkundeprüfung

Die Leistung des Teilnehmers wird vom Prüfungsausschuss mit „bestanden" oder „nicht bestanden" bewertet. Es gibt keine Noten.
Die Prüfung ist nicht öffentlich.

Wiederholungsmöglichkeit

Die Prüfungen dürfen wiederholt werden. Nach bestandener schriftlicher Prüfung kann auch nur die nicht bestandene mündliche Prüfung wiederholt werden.

Die Industrie- und Handelskammer stellt eine Bescheinigung aus, wenn die geprüfte Person die Prüfung erfolgreich abgelegt hat. Einzelheiten des Prüfungsverfahrens erlässt die Kammer in Satzungsform.

Schriftliche Prüfung

Einheitliche Vorgaben für schriftliche Prüfung

Bei der schriftlichen Prüfung gelten folgende bundeseinheitlichen Vorgaben:
Die Prüfung wird nach dem **„Multiple-choice-System"** durchgeführt.

- Die Aufgaben werden von einem Fachgremium erstellt. Der jeweilige Aufgabensatz wird kurzfristig der prüfenden Industrie- und Handelskammer überstellt.
- Die Prüfungsaufgaben sind in neun Sachgebiete aufgeteilt.
- Zurzeit besteht ein Aufgabensatz aus 22 Seiten mit 72 Aufgaben sowie zwei Auswertebögen (B1 und B2).
- Richtige Lösungen zu den Sachgebieten
  - Recht der öffentlichen Sicherheit und Ordnung
  - Bürgerliches Recht
  - Straf- u. Verfahrensrecht

  werden doppelt bewertet. Alle anderen Lösungen werden einfach bewertet.
- **Die Antworten sind nur durch Ankreuzen bzw. Anklicken auf den Auswertebögen einzutragen.**
- Zu jeder Multiple-choice-Frage sind mehrere Antwortmöglichkeiten vorgegeben.
- **Mindestens eine Antwortmöglichkeit ist richtig, maximal sind zwei Antwortmöglichkeiten richtig.**
- Die Aufgabe wird nur dann als richtig bewertet, wenn alle richtigen Antworten angekreuzt bzw. angeklickt sind. Ist eine falsche Antwortmöglichkeit markiert oder eine richtige Antwortmöglichkeit nicht angekreuzt oder angeklickt, ist die Aufgabe insgesamt falsch beantwortet. Es gibt keine Teilpunkte.
- Die Aufgaben sind mit Bezug auf das jeweilige Sachgebiet zu lösen.
- Die Bearbeitungszeit beträgt maximal 120 Minuten.

Mündliche Prüfung

Einheitliche Vorgaben für mündliche Prüfung

Bei der mündlichen Prüfung gelten folgende bundeseinheitlichen Vorgaben:

- In der mündlichen Prüfung können gleichzeitig bis zu fünf Teilnehmer geprüft werden; sie soll für jeden Teilnehmer etwa 15 Minuten dauern.
- Der Schwerpunkt ist – wie schon erwähnt – gesetzlich geregelt.

2. Recht der öffentlichen Sicherheit und Ordnung

Recht der öffentlichen Sicherheit und Ordnung

Prüfungsziel: 8 Punkte

Der Aufgabensatz in der schriftlichen Prüfung beginnt mit diesem Sachgebiet. Es werden 4 Fragen / Aufgaben gestellt, deren vollständige richtige Beantwortung jeweils mit dem Multiplikator 2 versehen zu 8 Punkten führt.

Die Fragen / Aufgaben beziehen sich auf die
- Grundordnung und Grundprinzipien unseres Staates
- Funktion und Inhalte der Grundrechte
- Struktur der Rechtsordnung
- Abgrenzung des privaten Sicherheitsgewerbes zu den staatlichen Sicherheitsorganen.

Entsprechend sind die nachstehenden Ausführungen gegliedert.

2.1 Grundordnung und Grundprinzipien unseres Staates

Staatsgebiet
Staatsvolk
Staatsgewalt

Unser Staat, die Bundesrepublik Deutschland, hat ein durch Grenzen festgelegtes **Staatsgebiet**.
In diesem Gebiet bilden die hier mit ihrem Lebensmittelpunkt wohnenden Personen das **Staatsvolk**, auch wenn sie nicht die deutsche Staatsbürgerschaft besitzen.

Ein sicheres und möglichst reibungsloses Zusammenleben aller Bürger kann nur durch Ausstattung bestimmter staatlicher Organisationen mit einer klar umrissenen Handlungsvollmacht (**Staatsgewalt**) gewährleistet werden.

Grundgesetz

Unsere Verfassung, das Grundgesetz, legt eindeutig fest, wie diese Handlungsvollmacht legitimiert ist:

Art. 20 (Verfassungsgrundsätze; Widerstandsrecht):
(1) Die Bundesrepublik Deutschland ist ein demokratischer und sozialer Bundesstaat.
(2) Alle Staatsgewalt geht vom Volke aus. Sie wird vom Volk in Wahlen und Abstimmungen und durch besondere Organe der Gesetzgebung, der vollziehenden Gewalt und der Rechtsprechung ausgeübt.

Ewigkeitsklausel des Grundgesetzes

Dieses fundamentale demokratische Prinzip ist mit weiteren Grundsätzen in der so genannten „Ewigkeitsklausel" oder auch als

„verfassungsrechtliches Minimum" bezeichneten Art. 79 Abs. 3 GG wie folgt niedergelegt:

„Eine Änderung dieses Grundgesetzes, durch welche die Gliederung des Bundes in Länder, die grundsätzliche Mitwirkung der Länder bei der Gesetzgebung oder die in den Artikeln 1 und 20 niedergelegten Grundsätze berührt werden, ist unzulässig."

Föderalistischer Aufbau

Durch Art. 79 Abs. 3 GG wird zunächst der **föderalistische Aufbau** festgeschrieben. Die Bundesrepublik Deutschland ist ein Bundesstaat (kein Staatenbund), wobei die Anzahl der Bundesländer nicht festgelegt ist. Die Bundesländer wirken durch den Bundesrat bei der Gesetzgebung mit. Das Föderalismusprinzip bewirkt eine Machtverteilung, welche durch Art. 30 GG unterstrichen wird:

Sache der Länder

„Die Ausübung der staatlichen Befugnisse und die Erfüllung der staatlichen Aufgaben ist Sache der Länder, soweit dieses Grundgesetz keine andere Regelung trifft oder zulässt."

Unabänderbare Grundsätze

Weiter sind die Grundsätze aus Art. 1 und Art. 20 GG unabänderbar.

Grundsätze aus Art. 1 GG:

- Schutz der Menschenwürde
- Bekenntnis zu den Menschenrechten
- Bindung der Gesetzgebung, der vollziehenden Gewalt und der Rechtsprechung an die Grundrechte.

Grundsätze aus Art. 20 GG:

- Demokratie
- Sozialstaat
- horizontale Gewaltenteilung (Gesetzgebung, vollziehende Gewalt, Rechtsprechung)
- Rechtsstaat
- Widerstandsrecht gegen denjenigen, der es unternimmt, diese Ordnung zu beseitigen, wenn andere Abhilfe nicht möglich ist.

Schutz der Menschenwürde...

Erläuterungen zu diesen Grundsätzen:

Schutz der Menschenwürde

Das ausdrückliche Bekennen zur Unantastbarkeit der Würde des Menschen, verbunden mit der Verpflichtung aller staatlichen Gewalt, sie zu achten und zu schützen, ist die Grundlage unseres Zusammenlebens.

Kein Mensch kann seine Würde verlieren, auch nicht durch Verübung schwerster Straftaten.

Das Grundgesetz definiert zwar nicht den Begriff „Menschenwürde", aber in zahlreichen Normen spiegelt sich diese Grundaussage wider. So führt der § 136a StPO (Verbotene Vernehmungsmethoden) u.a. aus:

(1) „Die Freiheit der Willensentschließung und der Willensbetätigung des Beschuldigten darf nicht beeinträchtigt werden durch Misshandlung,

durch Ermüdung, durch körperlichen Eingriff, durch Verabreichung von Mitteln, durch Quälerei, durch Täuschung oder durch Hypnose. ...."

Die Beachtung der Menschenwürde obliegt nicht nur dem Staat. Auch die Mitarbeiterinnen und Mitarbeiter im Sicherheits- und Bewachungsgewerbe müssen ihren beruflichen Auftrag stets unter Beachtung der Menschenwürde durchführen. Die Menschenwürde gebietet es z.B., dass Kleidungs- und Taschenkontrollen durch Werkschutz oder Veranstaltungsdienst nur von Personen gleichen Geschlechts vorzunehmen sind. Auch beim Umgang mit Flüchtlingen ohne Sprachkenntnisse, mit Obdachlosen, Betrunkenen oder Drogenabhängigen ist stets die Menschenwürde zu beachten. Die Achtung der Würde des Menschen muss gerade bei diesen Kontroll- und Überwachungsaufgaben verinnerlicht und Richtschnur des eigenen Auftretens und Handelns sein. Medienberichte über nicht zu tolerierende Vorkommnisse bei der Bewachung von Flüchtlingsunterkünften (Verdacht gewalttätiger Übergriffe durch das Bewachungspersonal gegenüber Asylbewerbern) haben dieses Thema in den Fokus der Öffentlichkeit gerückt.

...auch im Sicherheitsdienst

Bekenntnis zu den Menschenrechten

Menschenrechte

Grundlage jeder menschlichen Gemeinschaft, des Friedens und der Gerechtigkeit in der Welt sind die unverletzlichen und unveräußerlichen Menschenrechte. Hierzu zählen die freie Entfaltung der Persönlichkeit, Gleichberechtigung, Glaubens-, Gewissens- und Bekenntnisfreiheit, Meinungs- und Pressefreiheit, Versammlungsfreiheit, Vereinigungsfreiheit und das Recht auf Eigentum.
Diese Menschenrechte werden in den Art. 2 bis 19 GG näher beschrieben.

Bindung der Gesetzgebung, vollziehenden Gewalt und Rechtsprechung an die Grundrechte

Grenzen staatlicher Gewalt

Durch diese Bindung an die Grundrechte wird festgelegt, dass die Grundrechte die individuelle Freiheitssphäre des Menschen schützen und dass der Staat mit seinen drei Gewalten (Legislative, Exekutive und Judikative) nur unter engen, genau beschriebenen Bedingungen in die Grundrechte seiner Bürger eingreifen darf. So muss jedes Gesetz, das eine Einschränkung der Grundrechte ermöglicht, diese spezielle Einschränkungsmöglichkeit benennen (Zitiergebot).
Grundrechte sind daher in erster Linie Abwehrrechte des Bürgers gegenüber dem Staat. Mit den Grundrechten legen die Bürger die Grenzen der staatlichen Gewalt fest.

Sozialstaat

Garantiertes Existenzminimum

Hierunter ist die Verpflichtung des Staates zu verstehen, jedem Bürger ein Existenzminimum zu garantieren.

Horizontale Gewaltenteilung

Gegen Machtkonzentration und Willkür

Aus der ausdrücklichen Benennung der drei staatlichen Gewalten, nämlich Gesetzgebung (Legislative), vollziehenden Gewalt (Exekutive) und

Rechtsprechung (Judikative), ist abzuleiten, dass sie voneinander getrennt sind und eine gegenseitige Kontrolle ausüben.
Neben der Machtverteilung in Bund und Ländern (vertikale Gewaltenteilung) verhindert diese klassische staatliche Gewaltenteilung eine Machtkonzentration und beugt staatlicher Willkür vor.

Bindung an Recht und Gesetz

Rechtsstaat
Staatliches Handeln ist an Gesetz und Recht gebunden. Der Bürger kann, sofern er sich in seinen Rechten verletzt glaubt, das staatliche Handeln gerichtlich überprüfen lassen.
Beispiel: Gegen den Bußgeldbescheid einer Verwaltungsbehörde kann Widerspruch eingelegt werden und letztlich eine gerichtliche Entscheidung erzwungen werden.

„Wehrhafte Demokratie"

Widerstandsrecht
Dieses Recht hat wohl mehr deklaratorischen Charakter. Es appelliert an das Staatsverständnis eines jeden Bürgers und ruft auf zu einer „wehrhaften Demokratie".

2.2 Funktion und Inhalte der Grundrechte

Die Grundrechte sind wesentlicher Bestandteil des Grundgesetzes. Sie schützen die individuelle Freiheitssphäre. Sie sind in erster Linie Abwehrrechte gegenüber staatlicher Allmacht. Sie entfalten aber auch eine Drittwirkung, so dass sie auch Schutz vor rechtswidrigen Eingriffen anderer Bürger bieten.

Menschenrechte/ Bürgerrechte

Die Grundrechte teilen sich formell auf in
- Menschenrechte
  Sie schützen alle Menschen im Geltungsbereich des Grundgesetzes.
- Bürgerrechte
  Sie gelten nur für deutsche Staatsbürger.

Bürgerrechte sind daran zu erkennen, dass der entsprechende Artikel mit den Worten eingeleitet wird: „Alle Deutschen........".
Zu berücksichtigen ist bei dieser Zuordnung, dass die in der „Charta der Grundrechte der Europäischen Union" genannten Rechte für alle EU-Bürger gelten.
Außerdem können Bürgerrechte einen Menschenrechtskern haben. Hierzu zählt nach herrschender Meinung z.B. die Versammlungsfreiheit, so dass sie jedem Menschen zuerkannt werden muss. Folglich bestätigen und schützen z.B. die zuständigen Behörden auch friedliche Ausländerdemonstrationen.
Im Ergebnis sind fast alle Grundrechte auch Menschenrechte.

Die wichtigsten Grundrechte

Im Zusammenhang mit Grundrechten sind die folgenden Regelungen von Bedeutung:
- Schutz der Menschenwürde (Artikel 1 GG)

2. Recht der öffentlichen Sicherheit und Ordnung

- Zusicherung eines menschenwürdigen Existenzminimums (Sozialstaatsprinzip) (Artikel 1 in Verbindung mit Artikel 20 GG)
- Allgemeines Persönlichkeitsrecht, freie Entfaltung der Persönlichkeit, Allgemeine Handlungsfreiheit, Freiheit der Person, Recht auf Leben, Recht auf körperliche Unversehrtheit (Artikel 2 GG)
- Recht auf Privatsphäre, Recht auf informationelle Selbstbestimmung (Datenschutz), Gewährleistung der Vertraulichkeit informationstechnischer Systeme, Recht auf sexuelle Selbstbestimmung, Selbstbelastungsverbot, Recht auf ein faires Gerichtsverfahren (Artikel 2 in Verbindung mit Artikel 1 GG)
- Gleichheitssatz, Gleichberechtigung (Hinweis: zivilrechtliches Schikaneverbot, § 226 BGB) (Artikel 3 GG)
- Glaubens- und Gewissensfreiheit, Freiheit des religiösen und weltanschaulichen Bekenntnisses, Recht auf Kriegsdienstverweigerung (Artikel 4 GG)
- Meinungsfreiheit, Informationsfreiheit, Pressefreiheit sowie die Freiheit der Kunst und Wissenschaft (Artikel 5 GG)
- Schutz von Ehe und Familie (Hinweis: Haus- und Familiendiebstahl, § 247 StGB ist ein absolutes Antragsdelikt) (Artikel 6 GG)
- Recht auf Schulwahl, auf Teilnahme am Religionsunterricht, zur Errichtung von Privatschulen (Artikel 7 GG)
- Versammlungsfreiheit (Artikel 8 GG)
- Vereinigungsfreiheit (Artikel 9 GG)
- Brief-, Post- und Fernmeldegeheimnis (Artikel 10 GG)
- Freizügigkeit im Bundesgebiet (Artikel 11 GG)
- Freiheit der Berufswahl (Artikel 12 GG)
- Unverletzlichkeit der Wohnung (Artikel 13 GG)
- Eigentum, Erbrecht, Beschränkung der Enteignung (Artikel 14 GG)
- Sozialisierung (Vergesellschaftung, Gemeineigentum) (Artikel 15 GG)
- Ausbürgerung, Auslieferung (Artikel 16 GG)
- Asylrecht (Artikel 16a GG)
- Petitionsrecht (Artikel 17 GG)
- Einschränkung von Grundrechten (Artikel 19 Abs. 1 u.2 GG)
- Justizgewährleistung, Möglichkeit der Beschreitung des Rechtsweges (Artikel 19 Abs. 4 GG)
- Widerstandsrecht (Artikel 20 Abs. 4 GG)
- Staatsbürgerliche Rechte (Artikel 33 GG)
- Wahlrecht (Artikel 38 GG)
- Verbot von Ausnahmegerichten (Artikel 101 GG)
- Anspruch auf rechtliches Gehör, Gesetzlichkeitsprinzip, Bestimmtheitsgrundsatz, Rückwirkungsverbot, Verbot der Doppelbestrafung (Artikel 103 GG)
- Rechtsgarantien bei Freiheitsentziehung (Artikel 104 GG)

Außer dem **zentralen Grundrecht der Menschenwürde** (ausführliche Erläuterung im vorherigen Abschnitt 2.1) sind für das Sicherheits- und Bewachungsgewerbe **folgende Grundrechte von besonderer Bedeutung:**

Elementarrechte

Art. 2 GG: Allgemeines Persönlichkeitsrecht; Recht auf Leben und körperliche Unversehrtheit sowie Freiheit
Dieses Grundrecht gewährleistet die Elementarrechte (Leben, körperliche Unversehrtheit und Freiheit) und gibt jedem Einzelnen das Recht, sein Leben nach seiner Vorstellung zu verwirklichen. In diesem Zusammenhang hat das Bundesverfassungsgericht das Recht auf „informationelle Selbstbestimmung" herausgestellt, welches später im Kapitel Datenschutz erläutert wird. Grenzen der freien Entfaltung der Persönlichkeit sind die verfassungsmäßige Ordnung, also die Summe aller Gesetze, und die Rechte anderer.

Bei Maßnahmen, die dieses Grundrecht einschränken, kommt es darauf an, ob die Polizei oder andere staatliche Vollzugsorgane handeln oder Angehörige eines Sicherheits-Dienstleistungsunternehmens:

Auch die Maßnahmen der Polizei unterliegen strengen gesetzlichen Voraussetzungen. Nach Art. 104 GG muss unverzüglich eine richterliche Entscheidung eingeholt werden. Eine vorläufige Festnahme ohne richterlichen Haftbefehl muss spätestens am Ende des Tages nach dem Ergreifen enden.

Angehörige des Sicherheits- und Bewachungsgewerbes unterliegen noch strengeren Vorschriften. Ihre Maßnahmen müssen sofort beendet werden, wenn das Ziel erreicht ist, also die Identität eines Tatverdächtigen feststeht oder die gestohlene Ware herausgegeben wurde oder die Polizei vor Ort ist.

Gleichheit vor dem Gesetz

Art. 3 GG: Gleichheitsgrundsatz
Gleichberechtigung und Gleichheit vor dem Gesetz sind Verfassungsauftrag. Auch das Sicherheits- und Bewachungsgewerbe sollte diesen Grundsatz als Richtschnur beispielsweise bei Kontroll- und Überwachungsaufgaben beachten. Eine Ungleichbehandlung durch das Sicherheits- und Bewachungsgewerbe wäre willkürlich und könnte z.B. gegen das zivilrechtliche Schikaneverbot verstoßen.

Meinungs- und Pressefreiheit

Art. 5 GG: Meinungs- und Pressefreiheit
Objekt- und Personenschutz einerseits und das Berichterstattungsinteresse der Medien andererseits können sich leicht ins Gehege kommen. Die Bodyguards eines Prominenten und die als „Paparazzi" bekannten Fotografen haben sehr gegensätzliche Interessen. Bei den Schutzmaßnahmen ist immer zu bedenken, dass Art. 5 Grundgesetz "die Pressefreiheit und die Freiheit der Berichterstattung durch Rundfunk und Film gewährleistet." Medienvertreter sind – sofern sie keine illegalen Mittel anwenden – keine rechtswidrigen Angreifer, sondern nehmen ein grundgesetzlich geschütztes Recht auf Informationsgewinnung und -verbreitung wahr.

2. Recht der öffentlichen Sicherheit und Ordnung

Art. 8 GG: Versammlungsfreiheit
Geschützt sind friedliche Versammlungen ohne Waffen. Insoweit sind in diesem Grundrecht schon Schranken errichtet worden. Unfriedliche Versammlungen bzw. Versammlungen mit Waffen stehen nicht unter dem Grundrechtsschutz. Nähere Regelungen enthält das Versammlungsgesetz.

Schutz für friedliche Versammlungen

Art. 10 GG: Brief-, Post- und Fernmeldegeheimnis
Zu diesem sensiblen Grundrecht hat das Sicherheits- und Bewachungsgewerbe zahlreiche Berührungspunkte. Dem trägt auch § 17 Bewachungsverordnung (Datenschutz, Wahrung von Geschäftsgeheimnissen) Rechnung. Weitere Erläuterungen erfolgen im Kapitel Gewerberecht.

Brief- und Fernmeldegeheimnis

Art. 12 GG: Freiheit der Berufswahl
Das Grundrecht der Freiheit der Berufswahl ermöglicht jedem Deutschen unter den Rahmenbedingungen der Gewerbeordnung und der Bewachungsverordnung, gewerbliche Sicherheitsdienstleistungen anzubieten. Dieses Recht steht auch jedem EU-Bürger auf der Grundlage der „Charta der Grundrechte in der Europäischen Union, Kapitel II“ zu. Weitere Erläuterungen erfolgen im Kapitel Gewerberecht.

Freiheit der Berufswahl

Art. 13 GG: Unverletzlichkeit der Wohnung
Dieses Grundrecht bietet dem Menschen über Art. 2 GG hinaus einen weiteren Schutzkreis. Seine Wohnung und auch seine Geschäfts- und Büroräume sind unverletzlich. Eingriffe bedürfen grundsätzlich einer richterlichen Anordnung.

Wohnung, Geschäfts- und Büroräume

Art. 14 GG: Eigentum, Erbrecht und Enteignung
Dieses Grundrecht schützt das Eigentum. Eigentum verpflichtet und soll zugleich dem Wohl der Allgemeinheit dienen.

Eigentum

Art. 19 GG: Einschränkung von Grundrechten
Ganz generell gilt, dass Grundrechte nur durch Gesetz oder aufgrund eines Gesetzes eingeschränkt werden dürfen – und zwar durch ein Gesetz, das allgemein und nicht für den Einzelfall gilt. Damit klar ist, dass der Gesetzgeber bewusst ein Grundrecht einschränken wollte, muss das Gesetz das Grundrecht unter Angabe des Artikels nennen ("Zitiergebot"). In ihrem Wesensgehalt dürfen Grundrechte auch durch Gesetz nicht angetastet werden.
Wird jemand durch die öffentliche Gewalt in seinen Rechten verletzt, so steht ihm der Rechtsweg offen. Soweit eine andere Zuständigkeit nicht begründet ist, ist der ordentliche Rechtsweg gegeben.

Einschränkungen

Nicht nur dem Staat kann es durch ein Gesetz erlaubt sein, in die Grundrechte eines Menschen einzugreifen. **Bei der Wahrnehmung des beruflichen Auftrages ist es auch den Mitarbeitern des Sicherheits- und Bewachungsgewerbes im Einzelfall gestattet, in die Grundrechte eines anderen Menschen einzugreifen.**

Wann in Grundrechte eingegriffen werden darf

Wenn z.B. aufgrund des Rechtfertigungsgrundes des § 127 Abs. 1 StPO (Vorläufige Festnahme) ein Kaufhausdetektiv einen ihm unbekannten Mann bei einem Diebstahl überrascht und vorläufig festnimmt, greift der Kaufhausdetektiv damit zulässig in die durch Art. 2 GG garantierte Freiheit dieser Person ein.

Menschenwürde niemals antasten!

In ein Grundrecht darf jedoch niemals eingegriffen werden: die Menschenwürde!

2.3 Struktur der Rechtsordnung

Eingebettet in das weltweit geltende Völkerrecht und das speziellere Europarecht gibt es in der Rechtsordnung der Bundesrepublik Deutschland Bundesrecht und Landesrecht. Die höchste geschriebene Rechtsquelle ist das Grundgesetz (GG).

Rangfolge der Gesetze

Bei sich widersprechenden Gesetzen gelten folgende Grundsätze:
- Es gilt die höherwertige Rechtsquelle (Beispiel: EU-Recht vor Recht des Mitgliedsstaates).
- Bundesrecht bricht Landesrecht, soweit der Bund die Gesetzgebungskompetenz hat.
- Spezielleres Recht geht vor allgemeinem Recht.

Grundsätzlich wird das Recht aufgeteilt in
- Privatrecht (Zivilrecht), z.B. Bürgerliches Gesetzbuch (BGB) und Zivilprozessordnung (ZPO)
- Öffentliches Recht, z.B. Strafgesetzbuch (StGB), Strafprozessordnung (StPO), Landespolizeigesetze.

Privatrecht

Das Privatrecht regelt die Rechtsbeziehungen der Bürger, Firmen, Vereine und des Staats als Fiskus untereinander. Es regelt das gesamte alltägliche private Zusammenleben wie z.B. Kauf, Miete, Pacht, Dienst, Besitz, Eigentum, Familie und Erbe. Streitigkeiten werden vor den Zivilgerichten ausgetragen. Die Beteiligten werden in der Regel Kläger und Beklagter genannt. Es gilt das Koordinationsprinzip = Gleichstellung der Parteien. Die Zivilgerichte werden nur auf Initiative eines am Rechtsstreit Beteiligten tätig.

Öffentliches Recht

Das öffentliche Recht regelt die Rechtsbeziehungen zwischen Bürger und Staat. Der Staat entscheidet durch Bescheide (Verwaltungsakte). Er ist dem Bürger übergeordnet. Es gilt das Subordinationsprinzip = Über-Unterordnung. Streitigkeiten werden vor den Verwaltungs-, Finanz oder Sozialgerichten ausgetragen.

Rechtsverletzungen sind in der Regel Ordnungswidrigkeiten oder Straftaten.

Ordnungswidrigkeiten

Ordnungswidrigkeiten werden durch Verwaltungsbehörden nach pflichtgemäßem Ermessen geahndet (Verwarnungs- oder Bußgeld), der Bürger ist Betroffener.
Es gibt keinen Verfolgungszwang, es gilt das Opportunitätsprinzip (Zweckmäßigkeitsprinzip). Entschließt sich die Behörde zur Verfolgung, dann ergibt sich die Höhe des Verwarnungs- oder Bußgeldes meist aus Verwarnungs- und Bußgeldkatalogen. Diese Regelung entspricht Art. 3 GG (Gleichheitsgrundsatz).

Straftaten

Straftaten werden durch Strafgerichte geahndet (Geld- und Freiheitsstrafen), der Bürger ist Beschuldigter, Angeschuldigter, Angeklagter oder Verurteilter.
Straftaten werden in der Regel vom Staat von Amts wegen verfolgt (Polizei und Staatsanwaltschaft müssen bei Vorliegen eines Anfangsverdachtes ermitteln, ein Strafverfahren in Gang bringen). Es gilt das Legalitätsprinzip (Verfolgungszwang).

Antragsdelikte

Bei einigen Straftaten (Antragsdelikten wie z.B. Beleidigung) ist es grundsätzlich in die Entscheidung des Geschädigten gestellt, ob er eine Strafverfolgung will. Er muss dann einen Strafantrag stellen. Nähere Ausführungen erfolgen im Kapitel Straf- und Strafverfahrensrecht.

Ordentliche/ Besondere Gerichtsbarkeit

Bei der rechtsprechenden Gewalt (Judikative) wird zwischen der
- Ordentlichen Gerichtsbarkeit (Straf- und Zivilgerichte) und der
- Besonderen Gerichtsbarkeit (z.B. Verwaltungsgerichte, Sozialgerichte, Finanzgerichte)

unterschieden.

2.4 Abgrenzung des privaten Sicherheitsgewerbes zu staatlichen Sicherheitsorganen

Menschen wollen sicher leben können: zu Hause, in ihrem Wohnumfeld, in öffentlichen Verkehrsmitteln, am Arbeitsplatz, in der Schule, beim Einkauf, bei Veranstaltungen, im Urlaub.

Der Staat: Gewaltmonopol...

Die Gewährleistung der öffentlichen Sicherheit und Ordnung ist Aufgabe des Staates. Deswegen ist er auch mit dem Gewaltmonopol ausgestattet.

Nur kann und wird der Staat nicht alle Sicherheitsbedürfnisse seiner Bürger befriedigen können. Da Sicherheit individuell beurteilt und empfunden wird, ist das Bedürfnis, sich, seine Wohnung, seine Betriebsstätte, seine Veranstaltung, sein Verkehrsmittel zu schützen, unterschiedlich ausgeprägt. Es ist abhängig von der Lebenssituation des einzelnen bzw. von der jeweiligen Bedrohungsanalyse und den gesetzlichen Vorgaben.

Zunächst ist jeder Bürger gefordert, seine Wohnung selbst zu sichern, jeder Veranstalter und jeder Betrieb verpflichtet, entsprechende Maßnahmen zu seiner Sicherheit zu treffen bzw. die Gefahren zu begrenzen, die von dem Betrieb ausgehen *(Art. 14, Abs. 2 GG: Eigentum verpflichtet...).*

Wenn der Verantwortliche nicht willens oder in der Lage ist, sein Eigentum selbst zu sichern und seinen weiteren Verpflichtungen nachzukommen, kann er gewerbliche Sicherheitsdienstleistungen in Anspruch nehmen.
Der Privatmann, der Gewerbetreibende, der Veranstalter kann sich also seine Sicherheit kaufen.

...aber kein Sicherheits-monopol

Der Staat hingegen muss bzw. wird sich auf seine Kernaufgaben beschränken; er hat zwar ein Gewaltmonopol, aber kein Sicherheitsmonopol.

Das Sicherheits- und Bewachungsgewerbe leistet heute einen unverzichtbaren Beitrag zur öffentlichen Sicherheit und Ordnung und wird zunehmend im öffentlichen Raum tätig. Präsenzstreifen in Fußgängerzonen und Einkaufszentren sowie in öffentlichen Verkehrsanlagen sind nicht mehr wegzudenken. Keine Großveranstaltung findet ohne eigenen Veranstaltungsdienst statt.

Public-Private-Partnership

Die Polizei einerseits und das Sicherheits- und Bewachungsgewerbe andererseits sind auf Zusammenarbeit angewiesen. So sind über die Zusammenarbeit im Einzelfall hinaus in vielen Städten und Gemeinden Kooperationsvereinbarungen (Public-Private-Partnership) getroffen worden, in denen es vorrangig um einen verbesserten und kontinuierlichen Informationsaustausch geht.

2. Recht der öffentlichen Sicherheit und Ordnung

Diese Kooperationsvereinbarungen tasten nicht das staatliche Gewaltmonopol an.

Bedingungen staatlicher Gewalt

Das staatliche Gewaltmonopol ist ein wesentlicher Bestandteil des Rechtsstaatsprinzips. Grundsätzlich darf nur der Staat zur Erfüllung seiner Aufgaben und damit zur Aufrechterhaltung der öffentlichen Sicherheit und Ordnung Gewalt anwenden. Diese Gewaltanwendung bedarf immer einer gesetzlichen Ermächtigung und darf nur als letztes Mittel, wenn also die Verfügung, die Anordnung nicht befolgt wird, unter Beachtung der Verhältnismäßigkeit ausgeübt werden.

Beispiele

Beispiele hierfür sind Eingriffsmaßnahmen zur Strafverfolgung bzw. Maßnahmen zur Gefahrenabwehr wie Beschlagnahmen, körperliche Untersuchungen, Durchsuchungen von Personen und Wohnungen Platzverweise und Razzien.

Der Personenkreis, der für die Ausübung hoheitlicher Befugnisse legitimiert ist, ist in der Regel Angehöriger des öffentlichen Dienstes und steht in einem öffentlich-rechtlichen Dienst und Treueverhältnis (siehe Art. 33 Abs. 4 GG).

Kein „Gesetz der Straße“

Gäbe es das fundamentale Rechtsstaatsprinzip nicht und würde der Staat auf die Erfüllung seiner Kernaufgaben wie Verhütung von Straftaten sowie Strafverfolgung verzichten, käme möglicherweise das „Gesetz der Straße“ zur Anwendung. Bürger könnten versuchen, ihre Rechte beliebig durchzusetzen und z. B. Straftäter selbst zur Rechenschaft zu ziehen.

Rechtsverteidigung mit Gewalt

Aus dem Gewaltmonopol des Staates darf aber nicht geschlossen werden, dass der Bürger seine Rechte nicht notfalls auch mit Gewalt verteidigen darf.

Grundsätzlich muss er seine Rechtsansprüche zwar mittels gesetzlich vorgeschriebener Verfahren durchsetzen. Bei zivilrechtlichen Streitigkeiten (z. B. Nichterfüllung von Verträgen, Schadensersatzforderungen) muss der zivilrechtliche Klageweg beschritten werden, wenn keine außergerichtliche Einigung erzielt werden kann.

Jedermannsrechte

In Ausnahmefällen, in denen der Staat nicht präsent ist, darf aber auch der Bürger zur Sicherung bzw. Durchsetzung seiner Rechte notfalls Gewalt anwenden (Notrechte, Selbsthilferechte, Jedermannsrechte).

Auch das **Sicherheits- bzw. Bewachungsgewerbe** hat das Recht, den beruflichen Auftrag und damit den Kundenauftrag zu erfüllen und notfalls mit Gewalt durchzusetzen. Die Rechtsgrundlage ist zunächst ein Vertrag. Der Kunde als Auftraggeber schließt nämlich mit dem Bewachungsunternehmer als Auftragnehmer einen Dienstvertrag:

Rechtsgrundlage: Dienstvertrag

§ 611 BGB Vertragstypische Pflichten beim Dienstvertrag

(1) Durch den Dienstvertrag wird derjenige, welcher Dienste zusagt, zur Leistung der versprochenen Dienste, der andere Teil zur Gewährung der vereinbarten Vergütung verpflichtet.
(2) Gegenstand des Dienstvertrages können Dienste jeder Art sein.

Der jeweilige berufliche Auftrag ist also in einem zivilrechtlichen Vertrag festgelegt, der dann durch die Dienstanweisung an die Mitarbeiterinnen und Mitarbeiter umgesetzt wird. Auftraggeber ist hier nur der jeweilige Kunde und nicht der Staat. Folglich wird der Kunde, wenn es um Bewachungen geht, seine Besitzrechte (Besitzwehr/Hausrecht, Besitzkehr) und gegebenenfalls auch weitere Selbsthilferechte an den Auftragnehmer, der damit rechtlich zum **Besitzdiener** wird, übertragen. Detaillierte Erläuterungen erfolgen im Kapitel Bürgerliches Gesetzbuch.

„Beleihung"

In Einzelfällen überträgt der Staat hoheitliche Befugnisse wie Kontrollen im Luftverkehr an Private. Das Luftverkehrsgesetz (LuftVG) ermächtigt die Luftfahrtbehörden unter anderem zu Fluggastkontrollen und eröffnet den zuständigen Luftfahrtbehörden die Möglichkeit, sich in Teilaufgaben wie Durchsuchung von Personen, Durchleuchtung oder sonstigen Überprüfungen von Gegenständen geeigneter Personen als Hilfsorgane (Luftsicherheitsassistenten) zu bedienen, die unter ihrer Aufsicht tätig sein müssen. Man spricht dann von einer **„staatlichen Beleihung"**.

2. Recht der öffentlichen Sicherheit und Ordnung

Außerdem hat der Mitarbeiter im Bewachungsgewerbe unabhängig von seinem beruflichen Auftrag die Rechte, die Jedermann im Falle einer Notwehr, eines Notstandes oder einer Selbsthilfe zustehen.

Dreierlei Rechte

Diese Dreiteilung wird in dem **§ 34a Abs. 5 GewO** wie folgt aufgeführt: „Der Gewerbetreibende und seine Beschäftigten dürfen bei der Durchführung von Bewachungsaufgaben gegenüber Dritten nur die Rechte,

- die Jedermann im Falle einer Notwehr, eines Notstandes oder einer Selbsthilfe zustehen,
- die ihnen vom jeweiligen Auftraggeber vertraglich übertragenen Selbsthilferechte - sowie
- die ihnen gegebenenfalls in Fällen gesetzlicher Übertragung zustehenden Befugnisse

eigenverantwortlich ausüben.

Erforderlichkeit

In den Fällen der Inanspruchnahme dieser Rechte und Befugnisse ist der **Grundsatz der Erforderlichkeit** zu beachten."

Diese Aufzählung des § 34a GewO dient zur Klarstellung der Eingriffsbefugnisse des Bewachungsgewerbes. Sie weist auf die im Strafgesetzbuch, Bürgerlichen Gesetzbuch und in der Strafprozessordnung enthaltenen Not-, Jedermanns- und Selbsthilferechte sowie auf Sonderbefugnisse im Wege staatlicher Beleihung hin.

Unter dem **Grundsatz der Erforderlichkeit** ist zu verstehen, dass unter mehreren geeigneten Mittel das mildeste Mittel, also das Mittel, welches die geringste Beeinträchtigung beim Adressaten verursacht, anzuwenden ist.

Im Ergebnis ist festzustellen, dass der Gesetzgeber bisher für das Sicherheits- und Bewachungsgewerbe kein eigenes Gesetz geschaffen hat, obwohl bereits in der Koalitionsvereinbarung zwischen CDU/CSU und SPD von 2017 die Absicht auf Schaffung eines Sicherheitsdienstleistungsgesetzes enthalten war.

Auch in einem neuen Sicherheitsdienstleistungsgesetz, welches wahrscheinlich dann die Bezeichnung "Sicherheitsgewerbegesetz" erhält, wird aller Voraussicht nach das Prinzip der Jedermannsrechte als Grundlage für Rechtseingriffe durch das Sicherheits- und Bewachungsgewerbe beibehalten bleiben (siehe Ziff. 5.6 und 6.4).

Grundlagen und Voraussetzungen für Sicherheitsdienstleistungen sind also bis auf weiteres vorrangig **Gewerbeordnung (GewO)** und **Bewachungsverordnung (BewachV)**.

Ausführungen hierzu finden Sie im folgenden Kapitel 3 - Gewerberecht.

Kontrollfragen

Frage 1

1. Einer der unabänderbaren Verfassungsgrundsätze lautet wie folgt: „Alle Staatsgewalt geht vom Volke aus." Welches Prinzip soll hiermit gekennzeichnet werden?

- ☐ Das Sozialstaatsprinzip.
- ☒ Das Demokratieprinzip.
- ☐ Das Rechtsstaatsprinzip.
- ☐ Das Föderalstaatsprinzip.

Frage 2

2. Welche Funktion haben die in unserer Verfassung (dem Grundgesetz) aufgeführten Grundrechte?

- ☒ Sie schützen die individuelle Freiheitssphäre der Personen im deutschen Staatsgebiet.
- ☐ Sie bieten in erster Linie einen Schutz vor rechtswidrigen Eingriffen anderer Bürger.
- ☒ Sie sind in erster Linie Abwehrrechte gegenüber staatlichen Eingriffen. Sie entfalten aber auch eine Drittwirkung, so dass sie auch Schutz vor rechtswidrigen Eingriffen anderer Bürger bieten.

Frage 3

3. Das Privatrecht regelt die Rechtsbeziehungen der Bürger, Firmen, Vereine und des „Staats als Fiskus" untereinander. Streitigkeiten werden vor den Zivilgerichten ausgetragen. Wann werden die Zivilgerichte tätig?

- ☐ Auf Antrag der Staatsanwaltschaft.
- ☐ Immer dann, wenn öffentliches Interesse vorliegt.
- ☐ Nur auf Initiative eines am Rechtsstreit Beteiligten.

Frage 4

4. Auf welche Rechte kann das private Sicherheitsgewerbe bei der Erfüllung und ggf. auch Durchsetzung des beruflichen Auftrages zurückgreifen?

- ☐ Auf die vom jeweiligen Auftraggeber vertraglich übertragenen Selbsthilferechte.
- ☒ Auf die Jedermann im Falle einer Notwehr, eines Notstandes oder einer Selbsthilfe zustehenden Rechte.
- ☐ Auf Rechte, die sich zwangsläufig aus Kooperationsverträgen mit staatlichen Einrichtungen zur Gewährleistung der öffentlichen Sicherheit und Ordnung ergeben.

Lösungen: ab Seite 187

3. Gewerberecht

Gewerberecht

Prüfungsziel: 4 Punkte

Das Sachgebiet Gewerberecht in dem schriftlichen Aufgabensatz enthält **4 Fragen / Aufgaben**, deren vollständige richtige Beantwortung zu **4 Punkten** führt.

Die Fragen / Aufgaben beziehen sich auf die
- gesetzlichen Grundlagen für die Ausübung des Bewachungsgewerbes
- Voraussetzungen für die Erlaubniserteilung zur Ausübung des Gewerbes
- Verpflichtungen bei der Ausübung des Gewerbes.

Entsprechend sind die nachstehenden Ausführungen gegliedert.

3.1 Gesetzliche Grundlagen

Gesetzliche Voraussetzungen

Art. 12 GG berechtigt jeden EU-Bürger, Sicherheitsdienstleistungen anzubieten (siehe Kapitel Recht der öffentlichen Sicherheit und Ordnung). **Gewerbeordnung (GewO)** und **Bewachungsverordnung (BewachV)** nennen die Voraussetzungen sowie die Pflichten für die Ausübung des Gewerbes.

Weiter sind **die EU-Datenschutz-Grundverordnung**, das **Bundesdatenschutzgesetz** und das **Waffengesetz** für die Berufsausübung von großer Bedeutung. Die relevanten Bestimmungen werden in den späteren Abschnitten „Datenschutz“ und „Umgang mit Waffen“ erläutert.

GewO und BewachV sind ab 2003 mit entsprechenden Änderungen den heutigen Bedürfnissen und Anforderungen angepasst worden.

Was ist „Bewachung“?

Unter **Bewachung im Sinne der Gewerbeordnung** ist die auf den Schutz von fremden Personen vor Gefahren für Leib und Leben oder Freiheit oder auf den Schutz von Sachen fremder Personen gegen Abhandenkommen, Beschädigung oder Zerstörung gerichtete Tätigkeit. Es muss sich also um eine **fremde Person** oder eine **fremde Sache** handeln, die bewacht werden soll.

Folglich handelt es sich nicht um eine Bewachung im Sinne der Gewerbeordnung, wenn beispielsweise ein Diskothekenbetreiber Einlasskontrollen durch eigenes angestelltes Personal durchführen lässt. Gibt der Diskothekenbetreiber aber einem Bewachungsunternehmen den Auftrag, Einlasskontrollen durchzuführen, so handelt es sich um eine Bewachung im Sinne der Gewerbeordnung.

Aktive Obhutstätigkeit durch Personen

Gefordert ist auch eine sogenannte **„aktive Obhutstätigkeit“**. Das bedeutet, dass die Bewachungstätigkeit eine gewisse Dauer hat oder mittels wiederkehrender Kontrollen durchgeführt wird. Ein weiteres Merkmal ist, dass **Personen** diese Obhutstätigkeit wahrnehmen, wobei Sicherheitstechnik unterstützend eingesetzt werden kann.

3.2 Erlaubnis für das Sicherheits- und Bewachungsgewerbe

Erlaubnispflicht

Derjenige, der gewerbsmäßig Leben oder Eigentum fremder Personen bewachen will, braucht eine Erlaubnis der zuständigen Behörde. Gewerbsmäßig bedeutet, dass die Tätigkeit selbstständig, dauerhaft und mit Gewinnerzielungsabsicht ausgeübt werden soll.

Diese Erlaubnis ist erforderlich sowohl für Unternehmer als auch für Beschäftigte.

Der Unternehmer stellt einen Antrag bei der zuständigen Behörde (§ 3 BewachV), das Bewachungspersonal wird durch den Unternehmer über das **Bewacherregister** angemeldet (§ 16 BewachV).

3.2.1 Bewacherregister

Bewacherregister: Einführung

Im Jahr 2016 hat die Bundesregierung die Regeln für das Bewachungsgewerbe verschärft. Hintergrund sind Vorfälle in sensiblen Bereichen des Bewachungsgewerbes, insbesondere Übergriffe von Sicherheitspersonal in

Flüchtlingsunterkünften sowie Vorkommnisse bei der Bewachung von Großveranstaltungen.

Zielsetzung

Um den Vollzug des Bewachungsrechts zu verbessern, sollten den Behörden und der Polizei effektive Vor-Ort-Kontrollen der bundesweit tätigen Gewerbetreibenden und des Bewachungspersonals ermöglicht werden. Dazu sollte ursprünglich bis zum 31.12.2018 ein bundesweites Bewacherregister (§ 11b GewO) eingeführt werden. In diesem Bewacherregister sind bundesweit Daten zu Bewachungsgewerbetreibenden und Bewachungspersonal sowie Angaben zur Zuverlässigkeit und Sachkunde elektronisch auswertbar zu erfassen und auf dem aktuellen Stand zu halten. Der Termin konnte aber aus organisatorischen Gründen nicht gehalten werden.

Nach Anfangsschwierigkeiten ...

Ab Mitte 2019 wurde die Einrichtung teilweise aufgenommen, wies aber auch danach immer noch Mängel auf. Beispielsweise wartet der Gewerbetreibende, der sein Personal über das vorgeschriebene Verfahren angemeldet hat, aus seiner Sicht zu lange auf die „Freischaltung" (siehe Ziff. 3.3.3). Zuständige Behörde für das Bewacherregister ist gemäß **§ 11b GewO das Bundesamt für Wirtschaft und Ausfuhrkontrolle.**

Diese Bestimmung gibt eine ausreichende Rechtsgrundlage für die Einrichtung der Registerbehörde sowie für die Verarbeitung der für den Vollzug des Bewachungsrechts notwendigen personenbezogenen Daten im Register.

... neue Zuständigkeit

Aufgrund des Zuständigkeitswechsels vom Wirtschafts- zum Innenministerium gibt es auch einen Wechsel der zuständigen Behörde im Laufe des Jahres 2022. So wird das **Statistische Bundesamt (Destatis)** die Betreuung des Bewacherregisters übernehmen. Nach einer Sachstands- und Zufriedenheitsbefragung zum Bewacherregister im Juni 2021 sind durch dieses Amt Schwachpunkte im Hinblick auf Optimierung bei der Übernahme aufgelistet worden.

3.2.2 Voraussetzungen für Unternehmer

Voraussetzungen für Unternehmer

- Nachweis der für den Gewerbebetrieb erforderlichen Zuverlässigkeit
- Vorliegen von geordneten Vermögensverhältnissen
- Erfolgreich abgelegte Sachkundeprüfung
- Nachweis einer Haftpflichtversicherung

Weitere Veränderungen

Neu ist seit 01.12.2016 das Erfordernis der Sachkundeprüfung (siehe amtliche Begründung zum Gesetzesentwurf im Kapitel 1 - Sachkundeprüfung); bezüglich der anderen Voraussetzungen ist es teilweise zu deutlichen Veränderungen gekommen.

Nachweis der Zuverlässigkeit

Nachweis der für den Gewerbetrieb erforderlichen Zuverlässigkeit
An die Zuverlässigkeit des Gewerbetreibenden werden mit der letzten Gesetzesänderung zum 01.12.2016 erhöhte Anforderungen gestellt.

Die Überprüfung der Zuverlässigkeit erfolgt in regelmäßigen Abständen, spätestens nach Ablauf von fünf Jahren.

Der Gesetzgeber hat in der Neufassung ab 01.12.2016 gesetzliche Regelbeispiele im § 34a GewO Abs. 1 aufgeführt, die grundsätzlich zu einer Unzuverlässigkeit führen können.

Bundeszentralregister

Die zuständige Behörde holt zur Überprüfung der Zuverlässigkeit nunmehr unter anderem eine unbeschränkte Auskunft aus dem Bundeszentralregister sowie dem Gewerbezentralregister ein. In dem bundesweiten Bewacherregister (§ 11b GewO siehe Abschnitt 3.2.1) werden Daten zu Bewachungsgewerbetreibenden und Bewachungspersonal elektronisch auswertbar erfasst und auf dem aktuellen Stand gehalten.

Außerdem wird eine Stellungnahme bei der zuständigen Polizeibehörde eingeholt.

Vorliegen von geordneten Vermögensverhältnissen

Vermögensverhältnisse

Die bisherige Anforderung – Nachweis der erforderlichen Mittel – hat in der Praxis immer wieder zu Vollzugsschwierigkeiten geführt, so dass nunmehr geordnete Vermögensverhältnisse vorausgesetzt werden.

Erfolgreich abgelegte Sachkundeprüfung

Sachkundeprüfung

Während der Gewerbetreibende bis 2016 „nur" den Unterrichtungsnachweis mit 80 Unterrichtsstunden benötigte, muss er nunmehr selbst die Sachkundeprüfung absolvieren.

Die amtliche Begründung hierzu ist im Kapitel 1. Sachkundeprüfung abgedruckt. Bewachungsgewerbetreibende, die bereits im Besitz einer Erlaubnis nach § 34a Absatz 1 GewO sind, müssen hingegen keinen Sachkundenachweis erbringen.

Allerdings ist dann der eigene Einsatz in den sachkundepflichtigen Tätigkeiten ausgeschlossen.

Nachweis einer Haftpflichtversicherung

Haftpflichtversicherung

Der Nachweis einer Haftpflichtversicherung, deren Abschluss nach §§ 14, 15 der Bewachungsverordnung ohnehin vorgegeben ist, ist bereits im Erlaubnisverfahren zu erbringen.

3. Gewerberecht

Befreiung von der Sachkundeprüfung

Personen, die bestimmte Laufbahn-, Ausbildungs- oder Weiterbildungsabschlüsse vorlegen können, werden von dem Erfordernis der Sachkundeprüfung befreit:

Wer befreit ist...

- Laufbahnprüfungen zumindest für den mittleren Polizeivollzugsdienst oder Justizvollzugsdienst sowie Feldjäger in der Bundeswehr
- Fachkraft für Schutz und Sicherheit
- Geprüfte Schutz- und Sicherheitskraft bzw. Geprüfte Werkschutzfachkraft oder Geprüfter Werkschutzmeister

Fazit:
Mit der Sachkundeprüfung oder dem vorstehend aufgeführten Ersatz ist eine der Unternehmervoraussetzungen gegeben und der eigene Einsatz in allen Tätigkeitsfeldern grundsätzlich möglich.

Anzeigepflichten

Die Erlaubnis muss bei der zuständigen Behörde an dem Ort, an dem der Bewachungsunternehmer sein Gewerbe betreiben will, beantragt werden. Dann muss der Unternehmer die Aufnahme des Gewerbes gemäß **§ 14 GewO** anzeigen, ebenso die Verlegung seines Betriebes, das Wechseln des Gegenstands des Gewerbes sowie die Aufgabe des Gewerbes. Ebenfalls müssen Mitteilungen über die Eröffnung von Zweigniederlassungen oder Betriebsstätten an die zuständigen Behörden erfolgen.

Diese Anzeigen (Mitteilungen) dienen dem Zweck, der zuständigen Behörde die Überwachung der Gewerbeausübung sowie statistische Erhebungen zu ermöglichen.

3.2.3 Voraussetzungen für Bewachungspersonal

Voraussetzungen für Bewachungspersonal

- Erforderliche Zuverlässigkeit
- grundsätzlich vollendetes 18. Lebensjahr
- Eignung für die jeweilige Aufgabe
- Unterrichtungsnachweis einer Industrie- und Handelskammer

Unterrichtungsnachweis oder Sachkundeprüfung

Für die Durchführung der nachstehend aufgeführten Tätigkeiten genügt nicht der Unterrichtungsnachweis. Dafür ist der Nachweis einer vor der Industrie- und Handelskammer erfolgreich abgelegten Sachkundeprüfung erforderlich (siehe auch Ausführungen zu Kap. 1 - Sachkundeprüfung):

- Kontrollgänge im öffentlichen Verkehrsraum oder in Hausrechtsbereichen mit tatsächlich öffentlichem Verkehr
- Schutz vor Ladendieben
- Bewachungen im Einlassbereich von gastgewerblichen Diskotheken
- Bewachungen in leitender Funktion von Aufnahmeeinrichtungen sowie Gemeinschaftsunterkünften des Asylgesetzes oder anderen Immobilien und Einrichtungen, die der auch vorübergehenden amtlichen Unterbringung von Asylsuchenden oder Flüchtlingen dienen

- Bewachungen in leitender Funktion von zugangsgeschützten Großveranstaltungen

Neu ist das Erfordernis der Sachkundeprüfung für die beiden letztgenannten Tätigkeitsbereiche. Allerdings gilt dieses nur für Bewachungspersonal in leitender Funktion.

„Leitende Funktion“

In der amtlichen Begründung wird davon ausgegangen, dass „...leitendes Personal für die Organisation der Bewachung vor Ort verantwortlich und weisungsbefugt ist.“ Offen gelassen wird die Frage, ob diese Koppelung gewollt ist.

Zuverlässigkeitsprüfung

Die persönliche Zuverlässigkeit wird grundsätzlich durch ein polizeiliches Führungszeugnis ohne Eintrag nachgewiesen. Allerdings kann die Behörde weitergehende Auskünfte einholen, bzw. erhält von den Staatsanwaltschaften und Gerichten bei Zweifeln an der Eignung und Zuverlässigkeit einer Wachperson entsprechende Informationen (siehe §§ 2, 16 BewachV).

Darüber hinaus erfolgt eine Erkenntnisnachfrage bei der zuständigen Landesbehörde für Verfassungsschutz für Wachpersonen, die beauftragt werden bei der Bewachung von
- Flüchtlingsunterkünften
- Großveranstaltungen
- Objekten mit einem besonderen Schutzbedürfnis für die Allgemeinheit.

Die erforderliche Zuverlässigkeit besitzen in der Regel nicht Personen, die Mitglied in einem verbotenen Verein oder einer verfassungswidrigen Partei sind oder waren.

Die Pflicht des Gewerbetreibenden, seine Wachpersonen der zuständigen Behörde zu melden, ergibt sich aus § 16 BewachV (siehe Ziff. 3.3.3).

Mindestalter: 18 Ausnahmen möglich

Ausnahmen vom Mindestalter sind im Einzelfall möglich (siehe § 16 Abs. 1 Nr. 2 in Verbindung mit § 8 BewachV).

Die Eignung für die jeweilige Aufgabe ist eine Forderung aus der Vorschrift DGUV 23 (DGUV = Deutsche Gesetzliche Unfallversicherung), die sich zunächst an den Unternehmer richtet. Er hat dafür zu sorgen, dass seine Mitarbeiterinnen und Mitarbeiter für die jeweilige Tätigkeit die erforderlichen Befähigungen besitzen. Näheres im Kapitel Unfallverhütungsvorschriften.

Anerkennung ausländischer Nachweise

3.2.4. Voraussetzungen für nichtdeutsche EU-Bürger

Prinzipiell werden in Deutschland Befähigungs- und Ausbildungsnachweise aus der Europäischen Union oder aus einem Vertragsstaat des Abkommens über den Europäischen Wirtschaftsraum anerkannt. Dies gilt auch für

Nachweise über eine mehrjährige berufliche Tätigkeit im Bewachungsgewerbe (§ 34a Abs. 2 Nr. 6 GewO).

Wenn sich diese Nachweise nicht mit den Anforderungen für das Unterrichtungsverfahren bzw. die Sachkundeprüfung decken, kann aber eine ergänzende Unterrichtung bzw. eine spezifische Sachkundeprüfung erforderlich werden. Die Industrie- und Handelskammern gehen davon aus, dass dieses Erfordernis grundsätzlich hinsichtlich der Kenntnisse in allen Rechtsgebieten gegeben ist.

3.2.5. Voraussetzungen für die Zulassung von Bewachungsunternehmen auf Seeschiffen

Einsatz gegen Piraten

Bewachungsleistungen als Schutzmaßnahme gegen Piraterie werden auf hoher See erbracht, wo im Notfall anders als im Binnenland nicht mit der schnellen Unterstützung von hoheitlichen Kräften gerechnet werden kann. Das Sicherheitspersonal muss spezifische rechtliche Kenntnisse sowie die für den Umgang mit Schusswaffen erforderlichen Qualifikationen und auch ausreichende maritime Kenntnisse besitzen.

Für den Schutz deutscher Schiffe gibt es ein spezielles Zulassungsverfahrens für Dienstleistungsunternehmen, die auf Seeschiffen Bewachungsleistungen erbringen wollen. Die Anforderungen sind in § 31 GewO und in der Seeschiffbewachungsverordnung (SeeBewachV) festgelegt worden. Die Verordnung regelt die Voraussetzungen für den Gewerbetreibenden, die speziellen Anforderungen an das Bewachungspersonal sowie die Antragstellung auf Zulassung durch das zuständige Bundesamt für Wirtschaft und Ausfuhrkontrolle (BAFA). Im Waffengesetz ist der neue § 28a "Erwerb, Besitz und Führen von Schusswaffen und Munition durch Bewachungsunternehmen und ihr Bewachungspersonal für Bewachungsaufgaben nach § 31 Abs. 1 der Gewerbeordnung" eingeführt worden (siehe auch Kap. 7 Umgang mit Waffen).

3.3 Verpflichtungen bei der Ausübung des Gewerbes

Wichtige Verpflichtungen

Die nachstehenden sich aus der GewO und BewachV ergebenden Verpflichtungen betreffen in erster Linie den Gewerbetreibenden.

3.3.1 Auskunft und Nachschau § 29 GewO

Auskunft und Nachschau

Gewerbetreibende haben den Beauftragten der zuständigen öffentlichen Stelle auf Verlangen die für die Überwachung des Geschäftsbetriebs erforderlichen mündlichen und schriftlichen Auskünfte unentgeltlich zu erteilen.

Die Beauftragten sind befugt, zum Zwecke der Überwachung Grundstücke und Geschäftsräume – grundsätzlich nur während der üblichen Geschäftszeit – zu betreten, dort Prüfungen und Besichtigungen vorzunehmen, sich die geschäftlichen Unterlagen vorlegen zu lassen und in diese Einsicht zu nehmen.

3.3.2 Haftpflichtversicherung §§ 14, 15 BewachV

Haftpflichtversicherung

Der Gewerbetreibende hat für sich und die in seinem Gewerbebetrieb beschäftigten Personen eine Haftpflichtversicherung zur Deckung der Schäden, die den Auftraggebern oder Dritten bei der Durchführung des Bewachungsauftrages entstehen, abzuschließen und aufrechtzuerhalten (gesetzlich vorgeschriebene **Mindesthöhe**: für Personenschäden 1 Million Euro, für Sachschäden 250.000 Euro, für das Abhandenkommen bewachter Sachen 15.000 Euro, für reine Vermögensschäden 12.500 Euro).

Die Versicherung muss bei einem im Inland zum Geschäftsbetrieb zugelassenen Versicherungsunternehmen abgeschlossen werden.

Die vom Versicherungsunternehmen erteilte Versicherungsbestätigung darf zum Zeitpunkt der Antragstellung bei der für die Erlaubniserteilung nach § 34a der Gewerbeordnung zuständigen Behörde nicht älter drei Monate sein.

Für das Versicherungsunternehmen ergeben sich Anzeigeverpflichtungen an die zuständige Behörde u. a. bei Beendigung des Versicherungsvertrags.

3.3.3 Beschäftige, An- und Abmeldung von Wach- und Leitungspersonal § 16 BewachV

An- und Abmeldung

Der Gewerbetreibende darf mit den zulässigen Bewachungsaufgaben sowie mit der Leitung eines Betriebes oder einer Zweigniederlassung nur eine Person beschäftigen, wenn er das vorgeschriebene Verfahren eingehalten hat.

Das Verfahren ist in dieser Bestimmung detailliert beschrieben. Der Ablauf ist wie folgt gegliedert:

- Elektronische Anmeldung über das Bewacherregister
- Überprüfung der Qualifikation durch die Industrie- und Handelskammern
- Überprüfung der Zuverlässigkeit durch die beteiligten Behörden
- Nach Erhalt einer Bewacherregisteridentifikationsnummer Mitteilung der erforderlichen personenbezogenen Daten mit den beabsichtigten Tätigkeiten an das Bewacherregister
- Elektronische Bestätigung durch das Bewacherregister mit den zulässigen Einsatzmöglichkeiten („Freischaltung“)
- Aufnahme der beruflichen Tätigkeit

3.3.4 Dienstanweisung § 17 BewachV

Mindestinhalt der Dienstanweisung

Der Gewerbetreibende muss in einer Dienstanweisung mindestens folgende Punkte aufführen:

- Hinweis, dass die Wachperson nicht die Eigenschaft und die Befugnisse eines Polizeibeamten, eines Hilfspolizeibeamten oder sonstigen Bediensteten einer Behörde besitzt
- Regelung, dass Schusswaffen, Hieb- und Stoßwaffen und Reizstoffsprühgeräte während des Dienstes nur mit Zustimmung des

Gewerbetreibenden geführt werden dürfen und jeder Gebrauch dieser Waffen unverzüglich der zuständigen Polizeidienststelle und dem Gewerbetreibenden anzuzeigen ist.

Darüber hinaus wird er die Durchführung der mit dem Auftraggeber vereinbarten Leistungen unter Beachtung der Unfallverhütungsvorschriften für das jeweilige Objekt festlegen (siehe § 4 DGUV 23).

Daraus ergibt sich, dass aus Zweckmäßigkeitsgründen in der Praxis in der Regel eine allgemeine Dienstanweisung, die u.a. die vorstehenden Mindestanforderungen enthält, und eine objektbezogene Dienstanweisung erstellt werden.

Der Gewerbetreibende hat der Wachperson einen Abdruck der Dienstanweisung sowie der Unfallverhütungsvorschrift einschließlich der dazu ergangenen Durchführungsanweisungen gegen Empfangsbescheinigung auszuhändigen.

Außerdem hat der Gewerbetreibende die in seinem Gewerbetrieb beschäftigten Personen vor der ersten Aufnahme der Bewachungstätigkeit schriftlich zu verpflichten, auch nach ihrem Ausscheiden Geschäfts- und Betriebsgeheimnisse Dritter, die ihnen in Ausübung des Dienstes bekannt geworden sind, nicht unbefugt zu offenbaren.

3.3.5 Ausweis, Kennzeichnung der Wachpersonen § 18 BewachV

Angaben auf dem Ausweis

Der Gewerbetreibende hat der Wachperson einen Ausweis auszustellen, dieser soll sich von amtlichen Ausweisen deutlich unterscheiden und muss enthalten:

- Familienname und Vornamen
- Name und Anschrift des Gewerbetreibenden
- Bezeichnung und Anschrift des Gewerbebetriebs, sofern diese abweichen von Namen oder Anschrift des Gewerbetreibenden
- Unterschriften der Wachperson sowie des Gewerbetreibenden, seines Vertreters oder seines Bevollmächtigten
- Bewacherregisteridentifikationsnummern der Wachperson und des Bewachungsunternehmers

Jede Wachperson ist verpflichtet, den Ausweis in Verbindung mit dem im Bewacherregister angegebenen Ausweis- oder Identifizierungsdokument während des Wachdienstes mitzuführen und auf Verlangen den Beauftragten der Vollzugsbehörden, insbesondere Ordnungsämter, Polizei- oder Zollbehörden vorzuzeigen.

Wachpersonen mit sachkundepflichtigen Tätigkeiten außer Schutz vor Ladendieben haben sichtbar ein Schild mit ihrem Namen oder eine Kennnummer sowie der Bezeichnung des Gewerbebetriebs zu tragen. Diese

Verpflichtung gilt auch für nicht leitende Personen in der Bewachung von Asylbewerberunterkünften und zugangsgeschützten Großveranstaltungen.

3.3.6 Dienstkleidung § 19 BewachV

„Deutliche" Dienstkleidung

Wenn der Gewerbetreibende sein Bewachungspersonal mit einer Dienstkleidung ausrüstet, hat er dafür zu sorgen, dass sie nicht mit Uniformen der Angehörigen von Streitkräften oder behördlichen Vollzugsorganen verwechselt werden kann und dass keine Abzeichen verwendet werden, die Amtsabzeichen zum Verwechseln ähnlich sind.

Wichtiger Hinweis:
Wachpersonen, die eingefriedetes Besitztum (vgl. Erläuterungen im Kapitel Strafrecht) in Ausübung ihres Dienstes betreten sollen, müssen eine Dienstkleidung tragen.

Diese Vorschrift soll dazu beitragen, dass bei Objektkontrollen der berufliche Auftrag der Bewachungsperson von Außenstehenden erkannt werden kann.

3.3.7 Behandlung der Waffen und Anzeigepflicht nach Waffengebrauch § 20 BewachV

Waffen: Sichere Aufbewahrung

Der Gewerbetreibende ist für die sichere Aufbewahrung einschließlich der ordnungsgemäßen Rückgabe der Waffen und der Munition verantwortlich. Weiter hat er für die Anzeige eines Waffengebrauchs an die zuständige Polizeidienststelle zu sorgen.

Voraussetzungen für das Führen von Schusswaffen und weitere Vorschriften zum Umgang mit Waffen ergeben sich aus dem Waffengesetz und der Unfallverhütungsvorschrift DGUV 23 und werden in den Kapiteln Unfallverhütungsvorschriften und Umgang mit Waffen behandelt.

3.3.8 Buchführung und Aufbewahrung § 21 BewachV

Aufzeichnungspflichten

Der Gewerbetreibende hat unverzüglich und in deutscher Sprache nachstehende Aufzeichnungen zu machen sowie Unterlagen und Belege übersichtlich wie folgt zu sammeln (Einzelheiten siehe Gesetzestext):

- Angaben über jeden Bewachungsvertrag
- Angaben zu den Wachpersonen
- Verpflichtung der Wachpersonen zur Mitführung und zum Vorzeigen des Ausweises
- Verpflichtung für bestimmte Wachpersonen, ein Namensschild oder eine Kennnummer zu tragen
- ordnungsgemäße Rückgabe der Schusswaffen und der Munition nach Beendigung des Dienstes
- Versicherungsvertrag
- Verpflichtung zur Wahrung von Geschäftsgeheimnissen

- Nachweise über Zuverlässigkeit, Unterrichtungen und Sachkundeprüfungen von Wachpersonen sowie Meldung der Wachpersonen vor Beschäftigung und nach dem Ausscheiden an die zuständige Behörde
- Dienstanweisung mit Empfangsbescheinigungen
- Vordruck eines Ausweises und Verzeichnis über die Ausgabe der Ausweise
- Anzeigen über Waffengebrauch

Grundsätzlich sind die Aufzeichnungen, Unterlagen und Belege bis zum Schluss des dritten auf den Zeitpunkt ihrer Entstehung folgenden Kalenderjahres in den Geschäftsräumen aufzubewahren.

Aufbewahrungs-frist

3.3.9 Folgen bei Nichtbeachtung / Ordnungswidrigkeiten § 22 BewachV

Bei fahrlässiger oder vorsätzlicher Nichtbefolgung sind in der Regel Ordnungswidrigkeiten-Tatbestände erfüllt (§§ 144 GewO, 16-21 BewachV), die mit Geldbußen geahndet werden können.
Außerdem kann die Nichtbefolgung der Unternehmerpflichten zur Gewerbeuntersagung führen.

Kontrollfragen

Frage 5

5. Was ist unter Bewachung im Sinne der Gewerbeordnung zu verstehen?

☐ Die Entwicklung eines Sicherheitskonzeptes für ein Objekt.
☐ Die nachbarschaftliche Übernahme der Bewachung eines Grundstückes während der Urlaubsabwesenheit der Besitzer.
☐ Eine Tätigkeit, die auf den Schutz von fremden Personen vor Gefahren für Leib, Leben oder Freiheit oder auf den Schutz von Sachen fremder Personen gegen Abhandenkommen, Beschädigung oder Zerstörung gerichtet ist.

Frage 6

6. Welche Voraussetzungen muss das Bewachungspersonal vor Aufnahme der Berufsausübung grundsätzlich erfüllen?

☐ Volljährigkeit, persönliche Zuverlässigkeit, Eignung für die jeweilige Aufgabe, Nachweis einer Unterrichtung bzw. der Sachkundeprüfung vor einer Industrie- und Handelskammer.
☐ Deutsche Staatsangehörigkeit und Ablegen einer Sachkundeprüfung vor einer Industrie- und Handelskammer.
☐ Polizeiliches Führungszeugnis und mindestens 21 Jahre alt.

3. Gewerberecht

Frage 7

7. An welchen Personenkreis richten sich die Verpflichtungen aus der Gewerbeordnung und Bewachungsverordnung?

- ☐ Vorrangig an die Gewerbetreibenden, aber auch an das Bewachungspersonal.
- ☐ Nur an die Gewerbetreibenden.
- ☐ Nur an das Bewachungspersonal.

Lösungen: ab Seite 187

4. Datenschutzrecht

Datenschutzrecht

Das Sachgebiet Datenschutzrecht in dem schriftlichen Aufgabensatz enthält **4 Fragen / Aufgaben**, deren vollständige richtige Beantwortung zu **4 Punkten** führt.

Die Fragen / Aufgaben beziehen sich auf
- Grundsätze des Datenschutzes im Kontext mit dem Bewachungsgewerbe
- die wichtigsten Bestimmungen der EU-Datenschutz-Grundverordnung (DSGVO) und des Bundesdatenschutzgesetzes
- weitere gesetzliche Normen zum Datenschutz.

Entsprechend sind die nachstehenden Ausführungen gegliedert.

Prüfungsziel: 4 Punkte

4.1 Datenschutz und Bewachungsgewerbe

Die Fotos stellen beispielhaft Tätigkeitsfelder des Bewachungsgewerbes mit einer unmittelbaren Berührung zum Datenschutz dar:
- Auf dem linken Foto werden Besucherscheine anhand der vorgelegten Personalpapiere und der Angaben des Besuchers ausgestellt - es geht also um die Erhebung und Verarbeitung personenbezogener Daten.
- Auf dem rechten Foto ist am Schutzobjekt der Hinweis auf Videoüberwachung angebracht - der Besucher muss damit rechnen, dass er beobachtet wird und dass von ihm Aufnahmen gespeichert werden.

Besucher-scheine

Video-überwachung

Es gibt kaum eine Tätigkeit im Bewachungsgewerbe, die vom Datenschutz unberührt bleibt. Immer wenn personenbezogene Daten, wie Personalien, aber auch gegebenenfalls Zeit und Ort der Feststellung, Grund und Dauer des Aufenthaltes, Kfz-Kennzeichen, mitgeführte Gegenstände oder sonstige Besonderheiten, festgestellt und verarbeitet, das heißt erhoben, gespeichert, ausgewertet, weitergegeben werden, sind die Grundsätze des Datenschutzes zu beachten.

Der sorgfältige und gewissenhafte Umgang mit personenbezogenen Daten ist nicht nur eine gesetzliche Forderung nach dem Bundesdatenschutzgesetz

Datenschutz ist Pflicht

und der Bewachungsverordnung (speziell § 17 BewachV: Dienstanweisung, Wahrung von Geschäftsgeheimnissen), sondern auch eine berufsethische Verpflichtung eines Dienstleisters.

Was ist nun grundsätzlich unter dem Datenschutz zu verstehen und welche Bedeutung ist ihm zuzumessen?

Recht auf informationelle Selbstbestimmung

Das Bundesverfassungsgericht hat 1983 im Volkszählungsurteil aus Artikel 1 GG (Schutz der Menschenwürde) und aus Artikel 2 GG (Allgemeines Persönlichkeitsrecht) das Grundrecht auf **informationelle Selbstbestimmung** abgeleitet. Hierunter ist das Recht des einzelnen zu verstehen, grundsätzlich selbst zu entscheiden, welche Lebenssachverhalte er offenbaren will. Jeder Mensch hat auch das Recht zu wissen, wer was wann wo über ihn erfasst, speichert, für oder gegen ihn verwendet.

Alle personenbezogenen Daten

Geschützt ist der Umgang mit **personenbezogenen Daten.**
Der Begriff der personenbezogenen Daten ist neu definiert worden (Art. 4 EU-Datenschutz-Grundverordnung sowie § 46 Bundesdatenschutzgesetz): „Personenbezogene Daten“ sind alle Informationen, die sich auf eine identifizierte oder identifizierbare natürliche Person (betroffene Person) beziehen (siehe auch 4.2.3 Begriffsbestimmungen).

Staatsaufgabe ist es, die individuellen Freiheits- und Persönlichkeitsrechte der Bürger zu schützen.

Schutzbestimmungen als Ausgleich zur Informationstechnik

Hierbei gewinnt das Recht auf informationelle Selbstbestimmung zunehmend an Bedeutung, da die sich immer weiter entwickelnde Informationstechnik eine umfassende Auswertung und Verknüpfung der personenbezogenen Daten ermöglicht.
Die staatliche Verantwortung gebietet daher Schutzvorkehrungen zur Gewährleistung der Intimsphäre und der Persönlichkeitsrechte.

EU-Datenschutz-Grundverordnung ab 25. Mai 2018

Grundlage für das derzeit geltende Datenschutzrecht ist die seit 25. Mai 2018 zu beachtende EU-Datenschutz-Grundverordnung (EU-DSGVO). Sie ersetzt die aus dem Jahre 1955 stammende Richtlinie 95/46/EG.

Grundsätzliches Ziel der Datenschutz-Grundverordnung ist die Vereinheitlichung der Regeln für die Verarbeitung von personenbezogenen Daten durch private Unternehmen und öffentliche Stellen innerhalb der EU. Dadurch soll einerseits der Schutz von personenbezogenen Daten, andererseits der freie Datenverkehr innerhalb der EU sichergestellt werden.

Im Gegensatz zu einer Richtlinie gilt die 2016 in Kraft getretene Datenschutz-Grundverordnung seit dem 25.Mai 2018 unmittelbar als geltendes Recht in allen EU-Mitgliedsstaaten.

Die Mitgliedsstaaten hatten also nach dem Inkrafttreten dieser Grundverordnung zwei Jahre Zeit, die Landesgesetze anzupassen.

4. Datenschutzrecht

Hier sind vorrangig zu nennen: Bundesdatenschutzgesetz (BDSG), Landesdatenschutzgesetze, aber auch andere Gesetze wie StGB, Sozialgesetzbuch, Kunsturhebergesetz.

Kein grenzenloser Datenschutz

Im Interesse der Gewährleistung der öffentlichen Sicherheit und Ordnung müssen aber den Persönlichkeitsrechten und dem Datenschutz Grenzen gesetzt werden.

Wichtige Informationen zur Verbrechensbekämpfung und zur Gefahrenabwehr (z.B. hinsichtlich der Planung terroristischer Anschläge) könnten sonst gar nicht oder zu spät den zuständigen staatlichen Stellen bekannt werden.

Bei dieser Grenzziehung, die in einem Rechtsstaat gesetzliche Grundlagen haben muss, kommt es häufig zu kontroversen Diskussionen.

Interessen-gegensätze

Videoüberwachungen beispielsweise auf Bahnhöfen ermöglichen einerseits eine schnelle Aufklärung von Straftaten und schrecken potenzielle Straftäter ab. Andererseits wird sich der Bürger wünschen, dass es auch Orte gibt, die nicht videoüberwacht werden.

Die gesetzlichen Rahmenbedingungen zur Videoüberwachung werden unter 4.2.7 erläutert.

4.2 Die wichtigsten Begriffsbestimmungen und Grundsätze der DSGVO und des BDSG

Anwendungsbereich

DSGVO und BDSG gelten für **öffentliche Stellen** und für **nicht-öffentliche Stellen.**

Geltungsbereich

Öffentliche Stellen

Öffentliche Stellen sind Behörden, Organe der Rechtspflege und andere öffentlich-rechtlich organisierte Einrichtungen des Bundes. Die Bundesländer sind erfasst, soweit der Datenschutz nicht durch Landesgesetz geregelt ist.

Nicht-öffentliche Stellen

Nicht-öffentliche Stellen sind natürliche und juristische Personen.

Natürliche Personen: Freiberufler, Gewerbetreibende etc.
Juristische Personen: Wirtschaftliche Vereine, eingetragene Idealvereine, Kapitalgesellschaften, Personengesellschaften des Handelsrechts etc.

Bewacher und der Datenschutz

Der Gewerbetreibende und seine Bewachungspersonen haben also in ihrer Berufsausübung die Vorschriften der DSGVO und des BDSG zu beachten.

Wenn die Verarbeitung personenbezogener Daten ausschließlich für persönliche und private Zwecke erfolgt, finden diese Gesetze keine Anwendung.

4.2.1 Allgemeines seit Inkrafttreten der DSGVO

Rechte der Betroffenen gestärkt

- Die früheren Grundsätze und Regelungen des Datenschutzes gelten überwiegend weiter, **wobei tendenziell die Rechte der Betroffenen gestärkt und die Pflichten der Verantwortlichen erhöht worden sind.**
- Das BDSG ist in vielen Bestimmungen gleichlautend, enthält aber auch aufgrund von **Öffnungsklauseln der DSGVO** weitergehende Bestimmungen (**Bespiel: § 38 BDSG, Datenschutzbeauftragter nicht-öffentlicher Stellen:** Die Bestellung eines Datenschutzbeauftragten ist unter anderem dann vorgeschrieben, wenn in der Regel **mehr als 20 Personen ständig mit der automatisierten Bearbeitung personenbezogener Daten** beschäftigt sind – diese Angaben sind **nicht im Art. 37 DSGVO** enthalten, die DSGVO lässt aber mit der dortigen Öffnungsklausel diese Konkretisierung zu).
- Die DSGVO bezieht sich in ihren Erwägungsgründen auf **Art. 8 der Charta der Grundrechte der EU** (Schutz der personenbezogenen Daten).

4.2.2 Zielsetzungen von DSGVO und BDSG

Stärkung der Stellung des Betroffenen

Transparenzanspruch

Transparenzanspruch des Betroffenen:
Jeder Betroffene soll und darf wissen, welche Unternehmen personenbezogene Daten über ihn verarbeitet haben. Dazu sehen die DSGVO und das BDSG erweiterte Informationsansprüche vor. Unternehmen müssen transparent darlegen, zu welchem Zweck und über welchen Zeitraum personenbezogene Daten verarbeitet wurden (vgl. Art. 5, 12 bis 20 DSGVO / §§ 33 bis 36, §§ 55 bis 58 BDSG).

Im Einzelnen:
- Informationspflichten der verantwortlichen Stelle
- Auskunftsrecht
- Recht auf Datenübertragbarkeit
- Recht auf Löschen / Recht auf „Vergessenwerden"
- Widerspruchsrecht

Rechenschaftspflicht für Unternehmen

Nachweispflicht

Unternehmen müssen nachweisen, dass dem Datenniveau entsprechende Sicherungsmaßnahmen getroffen werden (so genannte Beweislastumkehr).

Wenn dies nicht nachgewiesen werden kann, sind Schadensersatzansprüche einschließlich eines immateriellen Schadens möglich.

Informationssicherheitskonzept
Auf der Grundlage einer Risikoanalyse muss die Sicherung personenbezogener Daten durch ein entsprechendes Konzept garantiert werden.

Konzept

Datenschutzfolgeabschätzung
Wenn die Art der Datenverarbeitung voraussichtlich eine erhebliche Gefahr für die Rechtsgüter betroffener Personen zur Folge hat, so hat vorab der Verantwortliche eine Abschätzung der Folgen der vorgesehenen Datenverarbeitungsvorgänge für die betroffenen Personen durchzuführen (vgl. Art. 35,36 DSGVO / § 67 BDSG).

Folgen-abschätzung

Meldung von „Datenpannen"
Ein Unternehmen muss alle Verletzungen des Schutzes personenbezogener Daten binnen 72 Stunden nach Bekanntwerden der Aufsichtsbehörde melden, es sei denn, ein Risiko für persönliche Rechte und Freiheiten ist unwahrscheinlich. Hat die Verletzung ein hohes Risiko zur Folge, sind auch die betroffenen Personen unverzüglich zu informieren (vgl. Art. 33, 34 DSGVO / §§ 65, 66 BDSG).

Umgang mit Pannen

Folgen von Datenschutzverstößen
Straf- und Bußgeldvorschriften (vgl. Art. 83 DSGVO / §§ 42, 43 BDSG)

- Androhung von Geld- oder Freiheitsstrafen
- Bußgelder können bis zu 20 Mio. Euro bzw. bis zu 4 % vom Jahresumsatz betragen

Strafe, Bußgeld, Schadensersatz

Schadensersatz und Entschädigungsansprüche des Betroffenen (vgl. Art. 82 DSGVO / § 83 BDSG)

- Liegt ein Verstoß gegen die Datenschutzbestimmungen vor, hat der Betroffene einen Anspruch auf Schadensersatz und Entschädigung auch wegen eines immateriellen Schadens.

4.2.3 Begriffsbestimmungen (Fundstellen Art. 4 DSGVO / § 46 BDSG)

Die wichtigsten Begriffe des Gesetzes

Personenbezogene Daten: Alle Informationen, die sich auf eine identifizierte oder identifizierbare natürliche Person (betroffene Person) beziehen. Als identifizierbar wird eine natürliche Person angesehen, die direkt oder indirekt identifiziert werden kann, insbesondere mittels Zuordnung zu einer Kennung wie einem Namen, zu einer Kennnummer, zu Standortdaten, zu einer Online-Kennung oder zu einem oder mehreren besonderen Merkmalen, die Ausdruck der physischen, physiologischen,

Personen-bezogene Daten

genetischen, psychischen, wirtschaftlichen, kulturellen oder sozialen Identität dieser Person sind.

Verarbeitung	**Verarbeitung:** Das Erheben, das Erfassen, die Organisation, das Ordnen, die Speicherung, die Anpassung, die Veränderung, das Auslesen, das Abfragen, die Verwendung, die Offenlegung durch Übermittlung, Verbreitung oder eine andere Form der Bereitstellung, den Abgleich, die Verknüpfung, die Einschränkung, das Löschen oder die Vernichtung.
	Einschränkung der Verarbeitung: Die Markierung gespeicherter personenbezogener Daten mit dem Ziel, ihre künftige Verarbeitung einzuschränken.
Profiling	**Profiling:** Jede Art der Verarbeitung, bei der die Daten verwendet werden, um bestimmte persönliche Aspekte im Hinblick auf Arbeitsleistung, wirtschaftliche Lage, Gesundheit, persönliche Vorlieben usw. zu bewerten.
Pseudonymisierung	**Pseudonymisierung:** Die Verarbeitung in einer Weise, in der die Daten nicht mehr einer spezifischen betroffenen Person zugeordnet werden können.
Dateisystem	**Dateisystem:** Jede strukturierte Sammlung personenbezogener Daten, die nach bestimmten Kriterien zugänglich sind.
Verantwortlicher	**Verantwortlicher:** Die natürliche oder juristische Person, Behörde, Einrichtung oder andere Stelle, die allein oder gemeinsam mit anderen über die Zwecke und Mittel der Verarbeitung von personenbezogenen Daten entscheidet.
Auftragsverarbeiter	**Auftragsverarbeiter:** Eine natürliche oder juristische Person, Behörde, Einrichtung oder andere Stelle, die personenbezogene Daten im Auftrag des Verantwortlichen verarbeitet.
Empfänger	**Empfänger:** Eine natürliche oder juristische Person, Behörde, Einrichtung oder andere Stelle, der personenbezogene Daten offengelegt werden.
Verletzung	**Verletzung des Schutzes personenbezogener Daten:** Eine Verletzung der Sicherheit verarbeiteter personenbezogener Daten, die zur unbeabsichtigten oder unrechtmäßigen Vernichtung, zum Verlust, zur Veränderung oder zur unbefugten Offenlegung oder zum unbefugten Zugang geführt hat.
Genetische Daten	**Genetische Daten:** Personenbezogene Daten zu den ererbten oder erworbenen genetischen Eigenschaften einer natürlichen Person.
Biometrische Daten	**Biometrische Daten:** Mit speziellen technischen Verfahren gewonnene personenbezogene Daten zu den physischen, physiologischen oder verhaltenstypischen Merkmalen einer natürlichen Person, die die eindeutige Identifizierung ermöglichen oder bestätigen.

Gesundheitsdaten: Die personenbezogenen Daten, die sich auf die körperliche oder geistige Gesundheit einer natürlichen Person beziehen. **Gesundheitsdaten**

Besondere Kategorien personenbezogener Daten:

a) Daten, aus denen die rassische oder ethnische Herkunft, politische Meinungen, religiöse oder weltanschauliche Überzeugungen oder die Gewerkschaftszugehörigkeit hervorgehen,
b) genetische Daten
c) biometrische Daten zur eindeutigen Identifizierung einer natürlichen Person
d) Gesundheitsdaten und
e) Daten zum Sexualleben oder zur sexuellen Orientierung

Einwilligung: Jede von der betroffenen Person freiwillig für den bestimmten Fall in informierter Weise und unmissverständlich abgegebene Willensbekundung in Form einer Erklärung oder einer sonstigen eindeutigen bestätigenden Handlung, mit der die betroffene Person zu verstehen gibt, dass sie mit der Verarbeitung der sie betreffenden personenbezogenen Daten einverstanden ist. **Einwilligung**

4.2.4 Grundsätze

Datengeheimnis

Allen bei der Datenverarbeitung beschäftigten Personen ist es untersagt, personenbezogene Daten unbefugt zu verarbeiten oder zum eigenen Vorteil zu nutzen. **Datengeheimnis**

Datenvermeidung / Datensparsamkeit

Die Datenverarbeitungssysteme sollen so ausgerichtet sein, dass keine oder so wenig wie möglich personenbezogene Daten erhoben, verarbeitet oder genutzt werden. Außerdem soll – soweit zweckmäßig – die Möglichkeit der Anonymisierung oder Pseudonymisierung genutzt werden. **Datenvermeidung**

Direkterhebung beim Betroffenen

Personenbezogene Daten sind grundsätzlich bei Betroffenen zu erheben. **Direkterhebung**

Einwilligung des Betroffenen

Grundsätzlich setzt die Datenerhebung die Einwilligung des Betroffenen voraus. Sie bedarf der Schriftform, soweit nicht wegen besonderer Umstände eine andere Form angemessen ist. **Einwilligung**

Wichtiger Hinweis:

Unter Berücksichtigung des vorstehenden Grundsatzes sollte auf den Besucherscheinen die schriftliche Einwilligung des Besuchers zur Datenerhebung und Datenspeicherung mit Angabe des Zeitraumes eingeholt werden. Werden personenbezogene Daten aufgrund einer Rechtsvorschrift **Hinweis für Besucherscheine** erhoben, die zur Auskunft verpflichtet, so ist der Betroffene hierauf oder auf die Möglichkeit der Freiwilligkeit hinzuweisen.

Berechtigte Interessen / schutzwürdige Interessen

Abwägung der Wahrung berechtigter Interessen der verantwortlichen Stelle mit dem schutzwürdigen Interesse des Betroffenen
Die Erhebung und Verarbeitung personenbezogener Daten als Mittel für die Erfüllung eigener Geschäftszwecke ist dann zulässig, wenn ein berechtigtes Interesse vorliegt und das schutzwürdige Interesse des Betroffenen an dem Ausschluss der Verarbeitung oder der Nutzung nicht überwiegt. (Siehe auch Videoüberwachung 4.2.7)

Zweckbindung

Zweckbindung der Datenerhebung
Bei der Erhebung personenbezogener Daten sind die Zwecke, für die Daten verarbeitet oder genutzt werden sollen, konkret festzulegen.
Für andere Zwecke dürfen sie nur unter besonderen Voraussetzungen übermittelt oder genutzt werden.

Rechte des Betroffenen

Unabdingbare Rechte des Betroffenen
Der Betroffene kann Auskunft verlangen über Art und Umfang seiner gespeicherten personenbezogenen Daten, den Zweck der Speicherung und über eine Weitergabe.
Bei erstmaliger Speicherung ohne seine Kenntnis ist er grundsätzlich zu benachrichtigen.
Bei fehlerhaften personenbezogen Daten sind diese zu berichtigen.
Ist eine Speicherung unzulässig oder nicht mehr erforderlich, sind die Daten zu löschen.
An die Stelle einer Löschung kann unter besonderen Umständen eine Einschränkung der Verarbeitung treten (siehe § 35 BDSG).

4.2.5 Datenschutzbeauftragter nicht-öffentlicher Stelle – Betrieblicher Datenschutzbeauftragter (Fundstellen: Art. 37 DSGVO / § 38 BDSG)

Wann ein Datenschutzbeauftragter zu bestellen ist

Bei nicht-öffentlichen Stellen ist ein Datenschutzbeauftragter zu bestellen,

- wenn in der Regel mindestens 20 Personen ständig mit der automatisierten Verarbeitung personenbezogener Daten beschäftigt sind,
- wenn unabhängig von der Anzahl der Mitarbeiter
  - Verarbeitungen vorgenommen werden, die einer **Datenschutz-Folgeabschätzung** unterliegen,
  - geschäftsmäßig personenbezogene Daten verarbeitet werden zum **Zwecke der Markt- und Meinungsforschung**.

Erfordernisse

Der betriebliche Datenschutzbeauftragte muss die für seine Tätigkeit erforderlichen Fachkenntnisse besitzen. Er ist unmittelbar dem Inhaber, Vorstand oder Geschäftsführer unterstellt, unterliegt aber bei der Ausübung seiner fachlichen Tätigkeit keiner Weisung.

Seine wichtigsten Aufgaben und Pflichten sind:

Aufgaben des Datenschutzbeauftragten

- Gestaltung der innerbetrieblichen Organisation entsprechend den Anforderungen des Datenschutzes (siehe 4.2.6)
- Schulung der Mitarbeiter
- Überwachung der ordnungsgemäßen Anwendung der Datenverarbeitungsprogramme
- Durchführung der Vorabkontrolle der „Besonderen Kategorien personenbezogener Daten" (siehe 4.2.3)

4.2.6 Anforderungen an die Sicherheit der Datenverarbeitung (Fundstellen Art. 25 DSGVO / § 64 BDSG)

Sicherheitsanforderungen

Der Verantwortliche und der Auftragsverarbeiter haben die erforderlichen **technischen und organisatorischen Maßnahmen** zu treffen, um bei der Verarbeitung personenbezogener Daten ein dem Risiko angemessenes Schutzniveau zu gewährleisten, **insbesondere im Hinblick auf besondere Kategorien personenbezogener Daten.**

Dabei sind die einschlägigen Richtlinien und Empfehlungen des Bundesamtes für Sicherheit in der Informationstechnik zu berücksichtigen.

Die Maßnahmen sollen dazu führen, dass

- die Vertraulichkeit, Integrität, Verfügbarkeit und Belastbarkeit der Systeme und Dienste auf Dauer sichergestellt werden und
- die Verfügbarkeit der personenbezogenen Daten und der Zugang zu ihnen bei einem Zwischenfall rasch wiederhergestellt werden kann.

Nach einer **Risikobewertung** sind folgende Maßnahmen zu treffen:

Kontrollpflichten:

Zugang

Zugangskontrolle: Unbefugten ist der räumliche Zugang zur Verarbeitungsanlage zu verwehren.

Datenträger

Datenträgerkontrolle: Sie soll das unbefugte Lesen, Kopieren, Verändern oder Löschen von Datenträgern verhindern.

Speicher

Speicherkontrolle: Sie soll die unbefugte Eingabe sowie unbefugte Kenntnisnahme, Veränderung und Löschung personenbezogener Daten verhindern.

Benutzer

Benutzerkontrolle: Sie soll durch entsprechende Einrichtungen die unbefugte Nutzung automatisierter Datenverarbeitungssysteme verhindern.

Zugriff

Zugriffskontrolle: Sie soll gewährleisten, dass ausschließlich Berechtigte den von ihrer Zugangsberechtigung umfassten Zugang zu den personenbezogenen Daten haben.

Übertragung

Übertragungskontrolle: Sie soll die Überprüfung und Feststellung gewährleisten, an welche Stelle personenbezogene Daten übermittelt oder zur Verfügung gestellt wurden oder werden können.

Eingabe

Eingabekontrolle: Sie soll gewährleisten, dass nachträglich überprüft und festgestellt werden kann, welche personenbezogenen Daten zu welcher Zeit und von wem eingegeben oder verändert worden sind.

Transport

Transportkontrolle: Sie soll gewährleisten, dass bei der Übermittlung und dem Transport von Datenträgern Vertraulichkeit und Integrität der personenbezogenen Daten gewahrt wird.

Wiederherstellbarkeit

Wiederherstellbarkeit: Es soll gewährleistet werden, dass eingesetzte Systeme im Störungsfall wiederhergestellt werden können.

Zuverlässigkeit

Zuverlässigkeit: Es soll gewährleistet werden, dass alle Funktionen des Systems zur Verfügung stehen und auftretende Fehlfunktionen gemeldet werden.

Datenintegrität

Datenintegrität: Es soll gewährleistet werden, dass gespeicherte personenbezogene Daten nicht durch Fehlfunktionen des Systems beschädigt werden können.

Auftragsverarbeitung

Auftragskontrolle: Sie soll gewährleisten, dass die im Auftrag verarbeiteten personenbezogenen Daten nur entsprechend den Weisungen des Auftraggebers verarbeitet werden können.

Verfügbarkeit

Verfügbarkeitskontrolle: Sie soll gewährleisten, dass personenbezogene Daten gegen Zerstörung oder Verlust geschützt sind.

Trennbarkeit

Trennbarkeit: Es soll gewährleistet werden, dass zu unterschiedlichen Zwecken erhobene personenbezogene Daten getrennt verarbeitet werden können.

4.2.7 Videoüberwachung öffentlich zugänglicher Räume (Fundstellen Art. 6 DSGVO / § 4 BDSG)

Überwachung durch „optisch-elektronische Einrichtungen“

Öffentlich zugängliche Räume dürfen öffentliche Stellen und nicht-öffentliche Stellen unter folgenden Voraussetzungen und Bedingungen durch optisch-elektronische Einrichtungen überwachen:

- zur Aufgabenerfüllung öffentlicher Stellen
- zur Wahrnehmung des Hausrechts oder
- zur Wahrnehmung berechtigter Interessen für konkret festgelegte Zwecke.

Die Überwachung muss erforderlich sein, und es dürfen keine Anhaltspunkte bestehen, dass schutzwürdige Interessen der Betroffenen überwiegen.

Dabei gilt bei der Videoüberwachung von

- **öffentlich zugänglichen großflächigen Anlagen, wie insbesondere Sport-, Versammlungs- und Vergnügungsstätten, Einkaufszentren oder Parkplätzen, oder**
- **Fahrzeugen und öffentlich zugänglichen großflächigen Einrichtungen des öffentlichen Schienen-, Schiffs- und Busverkehrs**

der Schutz von Leben, Gesundheit oder Freiheit von dort aufhältigen Personen als besonders wichtiges Interesse.

„Besonders wichtiges Interesse“

Die Tatsache, dass beobachtet wird und wer verantwortlich ist, muss durch geeignete Maßnahmen erkennbar sein, z.B. durch Hinweisschilder.

Erkennbare Hinweise

Werden erhobene Daten einer bestimmten Person zugeordnet, so ist sie über die Nutzung bzw. Verarbeitung zu informieren.

Die Daten sind unverzüglich zu löschen, wenn sie zur Erreichung des Zwecks nicht mehr erforderlich sind oder das schutzwürdige Interesse der Betroffenen einer weiteren Speicherung entgegenstehen.

Löschung

4.3 Weitere gesetzliche Bestimmungen zum Datenschutz

Datenschutz im StGB

Neben dem speziellen Bundesdatenschutzgesetz enthält auch das Strafgesetzbuch Bestimmungen zum Datenschutz.

Verletzung des persönlichen Lebens- und Geheimbereichs

§ 201 Verletzung der Vertraulichkeit des Wortes
§ 201a Verletzung des höchstpersönlichen Lebensbereichs und von Persönlichkeitsrechten durch Bildaufnahmen
§ 202 Verletzung des Briefgeheimnisses
§ 202a Ausspähen von Daten

Erläuterungen dieser Vorschriften erfolgen im Kapitel Strafrecht unter 6.5.4

Kontrollfragen

Frage 8

8. Was ist unter dem Recht auf „informationelle Selbstbestimmung“ zu verstehen?

- ☐ Es ist das Recht des einzelnen, grundsätzlich selbst zu entscheiden, welche Lebenssachverhalte er offenbaren will.
- ☐ Es ist das Recht eines jeden Bürgers, sich umfassend informieren zu können.
- ☐ Es ist das Recht des einzelnen auch zu wissen, wer was wann wo über ihn erfasst, speichert, für oder gegen ihn verwendet.

4. Datenschutzrecht

9. Was sind personenbezogene Daten im Sinne der EU-Datenschutz-Grundverordnung und des Bundesdatenschutzgesetzes?

☐ Nur besondere unveränderbare Merkmale einer Person.
☐ Nur Daten, die im Personalausweis stehen.
☐ Es sind alle Informationen, die sich auf eine identifizierte oder identifizierbare natürliche Person (betroffene Personen) beziehen.

Frage 10

10. Die verantwortliche Stelle hat bestimmte technische und organisatorische Maßnahmen bei Datenerhebung und Datenverarbeitung zu treffen. Dazu gehört auch die Zugriffskontrolle. Was soll durch sie gewährleistet werden?

☐ Sie soll gewährleisten, dass die Berechtigten ausschließlich auf die ihrer Zugriffsberechtigung unterliegenden Daten zugreifen können.
☐ Sie soll gewährleisten, dass das Personal nur nach einem Speziallehrgang auf Daten zugreifen kann.
☐ Sie soll gewährleisten, dass personenbezogene Daten gegen zufällige Zerstörung oder Verlust geschützt sind.

Frage 11

11. Wann dürfen öffentlich zugängliche Räume mit optisch-elektronischen Einrichtungen überwacht werden?

☐ Wenn der Verantwortliche es allgemein für erforderlich hält; das schutzwürdige Interesse des einzelnen spielt keine Rolle.
☐ Wenn es beispielsweise zur Wahrnehmung des Hausrechtes erforderlich ist und das schutzwürdige Interesse der Betroffenen nicht überwiegt und diese Maßnahme z.B. durch Hinweisschilder erkennbar ist.
☐ Wenn es beispielsweise zur Aufgabenerfüllung öffentlicher Stellen erforderlich ist, das schutzwürdige Interesse der Betroffenen nicht überwiegt und auf diese Beobachtung durch geeignete Maßnahmen hingewiesen wird.

Lösungen: ab Seite 187

5. Bürgerliches Gesetzbuch

Bürgerliches Gesetzbuch

Prüfungsziel: 24 Punkte

Das Sachgebiet Bürgerliches Gesetzbuch in dem schriftlichen Aufgabensatz enthält **12 Fragen / Aufgaben**, deren vollständige richtige Beantwortung zu **24 Punkten** führt.

Die Fragen / Aufgaben beziehen sich auf
- Grundsätzliches zum Bürgerlichen Recht
- wesentliche Grundbegriffe des Bürgerlichen Rechts
- Unerlaubte Handlung – Schadensersatzpflicht aus Verschuldenshaftung
- weitere Schadensersatzpflichten
  und vor allem
- Jedermannsrechte / Rechtfertigungsgründe u. Schikaneverbot.

Entsprechend sind die nachstehenden Ausführungen gegliedert.

Wegen des systematischen Zusammenhangs und des besseren Verständnisses werden sämtliche für das Bewachungsgewerbe bedeutsamen Jedermannsrechte/Rechtfertigungsgründe im Kapitel 6 - Straf- und Verfahrensrecht detailliert erläutert. In diesem Kapitel werden unter Punkt 5.6 nur deren grundsätzliche Funktionen dargestellt.

5.1 Grundsätzliches zum Bürgerlichen Recht

BGB

Im Kapitel „Recht der öffentlichen Sicherheit und Ordnung" ist bereits erklärt worden, dass das Bürgerliche Recht die materiellen Rechtsbeziehungen der Bürger untereinander regelt. Dafür stellt es geeignete Handlungsformen zur Verfügung, und zwar vorrangig den Vertrag. Das Vertragsrecht ist grundsätzlich im **Bürgerlichen Gesetzbucl** geregelt und dort in dem zweiten Buch: „Das Recht der Schuldverhältnisse".

Das erste Buch beinhaltet den „Allgemeinen Teil", das zweite „Das Sachenrecht", das vierte „Das Familienrecht" und das fünfte „Das Erbrecht".

Dieser Hinweis soll eine Hilfe sein für den Fall, dass nach einer gesetzlichen Regelung bei einem streitigen Lebenssachverhalt gesucht wird. So hat der auf dem Foto dargestellte Nachbarschaftsstreit (der Mann auf dem Balkon verlangt von seinem Nachbarn die Unterlassung der Baumbeschneidung an der Grundstücksgrenze) eine gesetzliche Regelung im Sachenrecht und dort im § 910 BGB (Überhang). Danach kann der Eigentümer eines Grundstückes herüberragende Zweige abschneiden, allerdings muss er vorher dem Besitzer des Nachbargrundstücks eine angemessene Frist zur Beseitigung einräumen. Kommt es zwischen den beiden nicht zu einer Einigung, muss auf Initiative der Streitparteien eine zivilgerichtliche Entscheidung herbeigeführt werden.
Für viele Lebenssachverhalte sind also passende gesetzliche Regelungen vorhanden, die im Einzelfall nachzulesen sind. Aber da die Sprache im BGB antiquiert ist, die Sätze

kompliziert und die Begriffe abstrakt sind, ist meistens eine fachanwaltliche Ber zweckmäßig.

Auswahl für den Sicherheitsberuf

Diese Lerneinheit beschränkt sich naturgemäß auf die für die Berufsausübung und für die Sachkundeprüfung relevanten Grundsätze und Bestimmungen.

5.2 Eigentum, Besitz, Sache, Besitzdienerschaft und Hausrecht

Wesentliche Grundbegriffe des Bürgerlichen Rechts, die später auch im Kapitel „Straf- und Strafverfahrensrecht" benötigt werden, sollen nunmehr erklärt werden.

Wichtige Begriffe

5.2.1 Eigentum

Die Erläuterung des Eigentums soll durch ein Beispiel erfolgen:
Beispiel: Sicherheitskraft S. mietet zur Dokumentation eines Auftrags einen Computer bei der Firma C. Der Computer steht im Eigentum der Firma C., da die Firma C. die rechtlich anerkannte Sachherrschaft hat. Der Firma C. „gehört" der Computer nach dem allgemeinen Sprachgebrauch.

§ 903 BGB: Der Eigentümer einer Sache kann ... mit der Sache nach Belieben verfahren ...

5.2.2 Besitz

An demselben Beispiel soll der Besitz erklärt werden:
Sicherheitskraft S. ist während der Benutzung des Computers der Besitzer, da S. über die tatsächliche Sachherrschaft verfügt. S. „hat" den Computer nach dem allgemeinen Sprachgebrauch.

§ 854 Abs. 1 BGB: Der Besitz einer Sache wird durch die Erlangung der tatsächlichen Gewalt über die Sache erworben.

Nach Ablauf der Mietzeit kann die Firma C. als Eigentümerin die Rückgabe ihres Computers vom Besitzer S. fordern.

§ 985 BGB: Der Eigentümer kann von dem Besitzer die Herausgabe der Sache verlangen.

5.2.3 Sache/Tiere

Eine Sache im Sinne des Zivilrechts ist gemäß § 90 BGB ein körperlicher, d.h. fester, flüssiger oder gasförmiger Gegenstand, der beweglich oder unbeweglich (Grundstücke, Immobilien) sein kann. Tiere sind zwar keine Sachen. Die für die Sachen geltenden Vorschriften sind aber gemäß § 90a BGB auf Tiere anzuwenden. Zudem gibt es spezielle Regelungen zum Schutz von Tieren z.B. im Tierschutzgesetz.

Besitzdiener

5.2.4 Besitzdienerschaft

Die Besitzdienerschaft aus § 855 BGB ist dem bereits erläuterten Besitz ähnlich.

> *§ 855 BGB: Übt jemand die tatsächliche Gewalt über eine Sache für einen anderen in dessen Haushalt oder Erwerbsgeschäft oder in einem ähnlichen Verhältnis aus, vermöge dessen er den sich auf die Sache beziehenden Weisungen des anderen Folge zu leisten hat, so ist nur der andere Besitzer.*

Der Besitzdiener übt für einen anderen die tatsächliche Sachherrschaft weisungsgebunden über eine Sache in dessen Haushalt oder Erwerbsgeschäft aus. Regelmäßig wird Besitzdienern auch zugleich das Hausrecht übertragen, sodass sie dann die gleichen Rechte haben wie der Hausrechtsinhaber.

5.2.5 Hausrecht

Hausrecht

Das Hausrecht zu haben bedeutet, die Entscheidungsbefugnis darüber zu besitzen, wer sich innerhalb geschützter Räume bzw. des befriedeten Besitztums aufhalten darf und wer nicht. Der Inhaber des Hausrechts hat nämlich die Befugnis, über Zutritt und Dauer des Verweilens zu entscheiden. Der Hausrechtsinhaber kann diese Befugnis auch von bestimmten Bedingungen abhängig machen und z.B. den Zutritt für Personen unter 16 Jahren zu bestimmten Kinofilmen untersagen oder Personen ohne festliche Kleidung den Zutritt verweigern.

Der Inhaber des Hausrechts muss nicht zwangsläufig auch der Eigentümer des geschützten Objekts sein. So ist z.B. der Mieter Hausrechtsinhaber seiner Wohnung, obwohl diese im Eigentum des Vermieters steht.

Insbesondere an Sicherheitskräfte wird das Hausrecht häufig übertragen. Im Falle einer solchen Übertragung des Hausrechts besitzt dann die Sicherheitskraft die Befugnisse,

- über den Zugang und
- über die Dauer des Aufenthalts

zu entscheiden.

Das Hausrecht muss dem Recht der Person vorgehen, die das Hausrecht stört bzw. beeinträchtigt. Verletzungen des Hausrechts können eine unerlaubte Handlung im Sinne des § 823 Abs. 1 BGB bzw. einen Hausfriedensbruch im Sinne des § 123 StGB darstellen.
Verletzungen bzw. Störungen des Hausrechts können durch Anwendung der Jedermannsrechte beseitigt werden z.B. in Form der Notwehr/Nothilfe bzw. der Besitzwehr.

5.3 Unerlaubte Handlung – Schadensersatzpflicht aus Verschuldenshaftung

Unerlaubte Handlung kann zur Schadensersatzpflicht führen

Eine zentrale Vorschrift des Bürgerlichen Gesetzbuches (BGB) ist die Vorschrift zu der sogenannten unerlaubten Handlung des § 823 Absatz 1 BGB:

5. Bürgerliches Gesetzbuch

§ 823 BGB: (1) Wer vorsätzlich oder fahrlässig das Leben, den Körper, die Gesundheit, die Freiheit, das Eigentum oder ein sonstiges Recht eines anderen widerrechtlich verletzt, ist dem anderen zum Ersatz des daraus entstehenden Schadens verpflichtet.

Die unerlaubte Handlung ist, vereinfacht erklärt, eine widerrechtliche Verletzung eines Rechtes oder Rechtsguts einer anderen Person. Das Verschulden kann in Form von Vorsatz oder Fahrlässigkeit vorliegen.

Typische Sachverhalte

Beispiele:
Der Dieb D. schlägt zum Zwecke der Wegnahme eines Produktes eine Schaufensterscheibe vorsätzlich ein. D. muss gemäß § 823 Abs. 1 BGB die Kosten des Ersatzes der Scheibe bezahlen.

Der Jugendliche J. besprüht mit einer Lackspraydose absichtlich einen Automaten. J. muss die Kosten der Beseitigung des Lacks gemäß § 823 Abs. 1 BGB bezahlen.

Der Kraftfahrer K. beschädigt mit seinem Lkw beim Rückwärtsfahren versehentlich einen Blumenkübel. K. könnte als verantwortlicher Fahrer für den Schadensersatz der Kosten der Erneuerung des Blumenkübels z.B. gemäß § 823 Abs. 1 BGB herangezogen werden. Regelmäßig werden solche Schäden aber von der Kfz-Haftpflichtversicherung übernommen.

Das Merkmal „widerrechtlich" im Text des § 823 Abs. 1 BGB macht deutlich, dass die Schadensverursachung „gegen das Gesetz verstoßen muss“. Mithin kann es zu einer Schadensverursachung kommen, welche nicht „widerrechtlich" ist. Der entstandene Schaden könnte nicht als rechtswidrig bzw. widerrechtlich bezeichnet werden. Der Schadensverursacher könnte sich z.B. auf einen Rechtfertigungsgrund berufen.

Beispiel für eine widerrechtliche Schadensverursachung:
Kunde K. ärgert sich über Sicherheitskraft Z. K. gießt Z. absichtlich seinen Kakao über dessen weißes Hemd. Das Verhalten des K. ist widerrechtlich und verstößt gegen geltendes Recht. K. kann sich auf keinen Rechtfertigungsgrund berufen und wird Z. die Reinigungskosten nach § 823 Abs. 1 BGB bezahlen müssen.

Defensivnotstand

Beispiel für eine gerechtfertigte Schadensverursachung:
Sicherheitskraft Z. wehrt sich mit seiner Stabtaschenlampe gegen einen beißenden Hund und fügt diesem eine Verletzung zu, die tierärztlich behandelt werden muss. Z. handelt insgesamt nicht widerrechtlich und muss keinen Schadensersatz bezahlen. Das Verhalten des Z. ist nämlich erlaubt bzw. gerechtfertigt, denn Z. kann sich z.B. auf den Rechtfertigungsgrund des Defensivnotstandes des § 228 BGB bezüglich des Hundes berufen.

Mit Ausnahme der Sonderregelung des § 904 Satz 2 BGB (Erläuterung erfolgt später im Kapitel Straf- und Verfahrensrecht) befreien die Rechtfertigungsgründe bzw. Jedermannsrechte bei der Verursachung eines Schadens also grundsätzlich von der Schadensersatzpflicht.

Gesamtschuldner

Schadensersatzpflichten können grundsätzlich auch mehrere Personen als so genannte Gesamtschuldner treffen. Beispiele: Mittäter, Anstifter, Gehilfen oder sonstige Beteiligte (§ 830 BGB).

Der Schadensersatz besteht zunächst aus der Verpflichtung der Wiederherstellung des alten Zustandes; ist dies nicht möglich, muss ein gleichwertiger Ersatz beschafft werden; ist dies auch nicht möglich, ist ein Schadensersatz durch Geld zu erbringen.

Kinder

Kinder haften gemäß § 828 BGB bis zum Alter von unter 7 Jahren nicht für angerichtete Schäden. Allerdings kann es zu einer Haftung der Aufsichtsverpflichteten kommen gemäß § 832 BGB.

Ersatzansprüche sichern

Das Sicherheitsgewerbe hat die Aufgabe, etwaige Schadensersatzansprüche der Auftraggeber zu sichern. Sicherheitskräfte stehen im Konfliktfall vor der Frage, ob der Schadensverursacher ohne Nennung seiner Personalien gehen darf bzw. bleiben muss. Lösungen werden bei den Rechtfertigungs-gründen im Kapitel Straf- und Strafverfahrensrecht zu finden sein.

5.4 Schadensersatzpflicht aus Gefährdungshaftung

Es gibt nicht nur die bereits erläuterte Verschuldenshaftung aus § 823 BGB, sondern auch Haftungen für besondere Gefahren ohne Verschulden, d.h. ohne Vorsatz oder Fahrlässigkeit. Hier sind insbesondere die

Fahrzeug- und Tierhalterhaftung

- Haftung des Fahrzeughalters aus § 7 Straßenverkehrsgesetz und
- die Tierhalterhaftung aus § 833 BGB zu nennen.

5.5 Fundrecht

Anzeigepflicht für Fundsachen

Da Sicherheitskräfte sich häufig auch mit Fundsachen zu beschäftigen haben, sollen die Grundzüge des Fundrechts (§§ 965 ff. BGB) erläutert werden.
Das „Ansichnehmen" einer Fundsache führt gemäß § 965 BGB zu der Verpflichtung, den Fund anzuzeigen. Diese Anzeige muss beim Verlierer, Eigentümer oder einem sonstigen Empfangsberechtigten erfolgen. Ist dieses nicht möglich, muss die Anzeige bei der zuständigen Behörde erfolgen. Diese Pflicht zur Anzeige eines Fundes bei der zuständigen Behörde entfällt, wenn der Wert der Fundsache nicht mehr als 10,00 € beträgt.

Ausnahmen

Die Verletzung der Anzeigepflicht kann zu einer Bestrafung wegen Diebstahls oder Unterschlagung führen. Keine Anzeigepflicht eines Fundes besteht bei herrenlosen Sachen wie z.B. der ausgelesenen Tageszeitung in der U-Bahn oder weggeworfenen Pfanddosen oder Pfandflaschen.

Finderlohn

Der Finder hat gemäß § 971 BGB einen Anspruch auf Finderlohn. Die Höhe des Finderlohns (3 oder 5%) ist abhängig von Wert und Art der Fundsache. Der Anspruch auf Finderlohn besteht nicht bei einer Verletzung der Anzeigepflicht oder einem Verheimlichen des Fundes auf Nachfrage.

Bei Funden in Geschäftsräumen, Beförderungsmitteln, Behörden etc. muss die Fundsache an einen dortigen Angestellten übergeben werden. Der Anspruch auf Finderlohn (1,5 bis 2,5%) besteht hier nur bei Gegenständen mit Werten über 50,00 €.

5.6 Jedermannsrechte, Rechtfertigungsgründe, Schikaneverbot

Jedermanns-rechte

Jedermannsrechte werden auch Rechtfertigungsgründe genannt. Jedermannsrechte erlauben es, in Konfliktsituationen einen Straftatbestand tatbestandsmäßig zu erfüllen, ohne dafür bestraft zu werden bzw. eine unerlaubte Handlung zu begehen, ohne dafür Schadensersatz leisten zu müssen.

Beispiel:
Wer einer anderen Person ohne sachlichen Grund die Goldkette vom Hals reißt und diese dabei beschädigt, kann grundsätzlich wegen Sachbeschädigung gemäß § 303 StGB bestraft werden und muss grundsätzlich den Schaden gemäß § 823 Abs. 1 BGB ersetzen.

Notwehr

Dient die Beschädigung einer Sache aber z.B. in Notwehr gemäß §§ 227 BGB bzw. 32 StGB der Abwehr eines Angriffs, muss dafür kein Schadensersatz gezahlt werden bzw. es erfolgt keine Bestrafung.

Rechtfertigung für Rechtsverletzung

Die Jedermannsrechte bzw. Rechtfertigungsgründe erlauben es dem Sicherheitsgewerbe, in Konfliktsituationen ausnahmsweise Grundrechte, Rechte oder Rechtsgüter anderer Menschen zu verletzen und damit eine unerlaubte Handlung zu begehen oder einen Tatbestand des Strafgesetzbuches zu erfüllen, ohne Schadensersatz zahlen zu müssen bzw. dafür bestraft werden zu können.

Das Sicherheitsgewerbe darf deshalb gegen fremde Sachen oder andere Personen „Gewalt" nur dann anwenden und die Rechtsgüter anderer nur dann verletzen, wenn es ihnen ein Rechtfertigungsgrund bzw. ein Jedermannsrecht ausnahmsweise erlaubt.

Das System der Rechtfertigungsgründe bzw. Jedermannsrechte bedeutet vereinfacht dargestellt, dass das Recht dem Unrecht nicht weichen muss. Sofern die Polizei nicht zu erreichen bzw. anderweitige staatliche Hilfe nicht zu erlangen ist, darf jeder das Recht verteidigen und das Unrecht beseitigen.

5. Bürgerliches Gesetzbuch

Rechtfertigungswille

Die Rechtfertigungsgründe bestehen jeweils aus objektiven Elementen. Eine Person, die sich auf ein Jedermannsrecht berufen möchte, muss aber auch subjektiv mit einem so genannten Rechtfertigungswillen handeln.

Schikaneverbot

Als Begrenzung der Rechtfertigungsgründe im Zivilrecht ist deshalb das Schikaneverbot zu beachten. Motive wie Hass, Neid, Zorn oder Wut dürfen beim Verhalten in Konfliktsituationen keine Rolle spielen.

> *§ 226 BGB: Die Ausübung eines Rechts ist unzulässig, wenn sie nur den Zweck haben kann, einem anderen Schaden zuzufügen.*

Jedermannsrechte auf verschiedene Gesetze verteilt

Es gibt kein besonderes Gesetz für die Befugnisse des Sicherheitsgewerbes. Trotz der Änderung des § 34a Gewerbeordnung vor einigen Jahren sind die Jedermannsrechte nach wie vor nicht in einem Gesetz aufgeführt, sondern auf mehrere Gesetze verteilt: Bürgerliches Gesetzbuch (BGB), Strafgesetzbuch (StGB) und Strafprozessordnung (StPO). Diese Entscheidung des Gesetzgebers führt dazu, dass in einer Konfliktsituation sehr häufig auch mehrere Rechtfertigungsgründe anzuwenden sind.

Die ausführliche Darstellung der Jedermannsrechte/Rechtfertigungsgründe erfolgt – wie bereits erwähnt – im Kapitel „Straf- und Strafverfahrensrecht“.

Kontrollfragen

Frage 12

12. Wie unterscheiden sich Besitz und Eigentum?

- ☐ Jeder Eigentümer einer Sache ist auch Besitzer dieser Sache, aber nicht jeder Besitzer einer Sache ist auch der Eigentümer.
- ☐ Eigentum und Besitz müssen nicht identisch sein.
- ☐ Der Eigentümer hat die rechtliche Verfügungsgewalt über eine Sache, der Besitzer hat die tatsächliche Verfügungsgewalt über eine Sache.

Frage 13

13. Welche Rechte hat der Besitzdiener?

- ☐ Er hat die gleichen Rechte wie der Besitzer, nämlich sich gerade stattfindender verbotener Eigenmacht zu erwehren.
- ☐ Er hat nur dann die gleichen Rechte wie der Besitzer, wenn dieser nicht anwesend ist.
- ☐ Die Rechte, die er für den Besitzer ausübt, müssen von diesem für jeden Einzelfall konkret beschrieben sein.

5. Bürgerliches Gesetzbuch

Frage 14

14. Ein Kellner schüttet versehentlich einem Gast beim Servieren ein Glas Rotwein über den Anzug. Der Gast verlangt Schadensersatz. Wie ist dieser zu leisten?

- ☐ Es ist eine angemessene Entschädigung in Geld zu leisten.
- ☐ Der Gast hat immer Anspruch auf einen neuen Anzug.
- ☐ Grundsätzlich besteht nur die gesetzliche Verpflichtung auf Wiederherstellung des alten Zustandes, d.h. Übernahme der Reinigungskosten.

Frage 15

15. Ein sechsjähriger Junge beschädigt mit seinem Fahrrad ein in einer Spielstraße ordnungsgemäß parkendes Auto. Wer haftet für den entstandenen Sachschaden?

- ☐ Immer die Eltern des Kindes.
- ☐ Das Kind selbst.
- ☐ Die Eltern des Kindes, wenn ihnen Vernachlässigung der Aufsichtspflicht nachgewiesen werden kann.
- ☐ Wenn Eltern und Kind nicht haften, ggf. die Vollkaskoversicherung des Autobesitzers.

Frage 16

16. Ein Mitarbeiter im Sicherheitsdienst führt immer wieder eine Ausgangskontrolle bei einem Betriebsangehörigen durch, weil er sich über ihn geärgert hat. Gibt es eine Vorschrift im BGB, die dieses Verhalten verbietet?

- ☐ Ja, das Schikaneverbot.
- ☐ Nein, da dieses Verhalten sowieso nicht richtig ist, bedarf es auch keiner besonderen Verbotsnorm.

Lösungen: ab Seite 187

Hinweis:
Kontrollfragen zu den Jedermannsrechten aus dem BGB sind im nächsten Kapitel mit aufgeführt.

6. Straf- und Strafverfahrensrecht

Straf- und Strafverfahrensrecht

Das Sachgebiet Straf- und Strafverfahrensrecht in dem schriftlichen Aufgabensatz enthält **12 Fragen / Aufgaben**, deren vollständige richtige Beantwortung zu **24 Punkten** führt.

- Die Fragen / Aufgaben beziehen sich auf Zusammenwirken von Strafrecht und Strafverfahrensrecht
- bedeutsame Vorschriften des Strafverfahrensrechts
- Grundlagen des Strafrechts
- Bedeutung und Anwendung der Jedermannsrechte (auch aus dem BGB) als Rechtfertigungsgründe
- Tatbestände aus dem Besonderen Teil des StGB
- Vorschriften des Betäubungsmittelgesetzes.

Entsprechend sind die nachstehenden Ausführungen gegliedert.

Prüfungsziel: 24 Punkte

„Straf- und Verfahrensrecht" ist das umfangreichste Kapitel, weil die Jedermannsrechte wegen ihrer fundamentalen Funktion als Rechtfertigungsgründe sowie eine Vielzahl von für das Bewachungsgewerbe bedeutsamen Tatbeständen ausführlich erläutert werden müssen.

Wo umfangreiche Sachverhalte nicht ausreichend durch Kontrollfragen zu erfassen sind, finden Sie nach den einzelnen Abschnitten zum Teil statt Kontrollfragen Lernziele. Für diese gibt es keine gesonderten Lösungen. Sie helfen Ihnen aber, Ihr Wissen mit den Inhalten des jeweils vorangegangenen Abschnitts abzugleichen.

Lernziele

6.1 Zusammenwirken von Strafrecht und Strafverfahrensrecht

Das Strafgesetzbuch (StGB) wird als das materielle Strafrecht, die Strafprozessordnung (StPO) als das formelle Strafrecht bezeichnet. Während das StGB die Voraussetzungen der Strafbarkeit, die Arten der Strafe und die sonst auf Grund eines mit Strafe bedrohten Verhaltens zu verhängenden staatlichen Maßnahmen im Einzelnen beschreibt, befasst sich die StPO mit den Formen der Straftatenermittlung und regelt den Ablauf des Verfahrens von der Anzeige bis zur Strafvollstreckung. Daher ist die StPO grundsätzlich ein Gesetz für die Adressaten Polizei, Staatsanwaltschaften, Verteidiger und Gerichte. Die für das Bewachungsgewerbe bedeutsamen Vorschriften lesen sie im nächsten Kapitel.

Materielles und formelles Strafrecht

Lernziele:
- Unterscheidung StGB und StPO erklären können
- grundsätzliche Inhalte dieser beiden Gesetze darstellen können
- Zusammenwirken dieser beiden Gesetze erklären können

Prüfen Sie Ihr Wissen!

6. Straf- und Strafverfahrensrecht

6.2 Bedeutsame Vorschriften des Strafverfahrensrechts

6.2.1 Grundzüge der Aufgaben von Staatsanwaltschaft und Polizei

Staatliches Gewaltmonopol

Wie schon im Kapitel **2. Recht der öffentlichen Sicherheit und Ordnung** bei der Abgrenzung des privaten Sicherheitsgewerbes zu staatlichen Sicherheitsorganen **(Ziff. 2.4)** herausgestellt, ist die Gewährleistung der öffentlichen Sicherheit und Ordnung Aufgabe des Staates. Dazu ist er mit einem Gewaltmonopol ausgestattet. Die Ausübung der hoheitsrechtlichen Befugnisse ist als ständige Aufgabe in der Regel Angehörigen des öffentlichen Dienstes, die in einem öffentlich-rechtlichen Dienst- und Treueverhältnis stehen, übertragen.

Aufgaben der Polizei

Als sichtbarer Ausdruck der hoheitsrechtlichen Befugnisse wird zumeist die **Polizei** wahrgenommen. Sie wird tätig aufgrund von

- Polizei- und Ordnungswidrigkeitengesetzen zur Gefahrenabwehr und Ordnungswidrigkeitenverfolgung (Opportunitätsprinzip = Zweckmäßigkeitsprinzip)
  und
- § 163 StPO zur Strafverfolgung (Legalitätsprinzip = Verfolgungszwang).

Im zweiten Fall müssen alle Straftaten erforscht und die Erkenntnisse unverzüglich der Staatsanwaltschaft übermittelt werden.

Aufgaben der Staatsanwaltschaft

Die **Staatsanwaltschaft** als Anklagebehörde unterliegt ebenfalls dem Legalitätsprinzip. Sie ist verpflichtet, wegen aller verfolgbaren Straftaten einzuschreiten, sofern zureichende tatsächliche Anhaltspunkte vorliegen **(§ 152 StPO).**

Weitere Eingriffsermächtigungen der Strafprozessordnung **für Staatsanwaltschaft und Polizei** sind beispielsweise:

- § 81 Körperliche Untersuchung; Blutprobe
- §§ 94 ff Beschlagnahme
- §§ 102 ff Durchsuchung von Personen und Wohnungen
- §§ 112 Verhaftung und vorläufige Festnahme

6.2.2 Rechte und Pflichten eines Beschuldigten

Umgang mit Beschuldigten

Sicherheitskräfte geraten im beruflichen Alltag schnell in Konfliktsituationen. Es kann nicht ausgeschlossen werden, dass Sicherheitskräfte in die Rolle eines Beschuldigten kommen, zum Beispiel wegen einer Gegenstrafanzeige aus Rache. Mithin sollten Sicherheitskräfte die Grundzüge der Rechte des Beschuldigten in einem Strafverfahren wissen.

Immer wenn die Polizei oder Staatsanwaltschaft gezielte Ermittlungshandlungen wie Vernehmungen, Durchsuchungen, Beschlagnahmen, körperliche Untersuchungen gegen eine Person durchführt, erhält diese Person den Beschuldigtenstatus.

Dem Beschuldigten ist ein konkreter Tatvorwurf zu machen, und es sind ihm seine Rechte mitzuteilen:

6. Straf- und Strafverfahrensrecht

- Der Beschuldigte hat zwar nach § 111 Ordnungswidrigkeitengesetz (OWiG) die Pflicht, seinen Namen, seinen Geburtstag, seinen Geburtsort, seinen Beruf und seine Anschrift zu nennen. Zu den weiteren persönlichen Verhältnissen und zur Sache darf der Beschuldigte sowohl gegenüber der Polizei als auch gegenüber der Staatsanwaltschaft und vor Gericht schweigen (§ 136 StPO).
  Von diesem Recht sollte er grundsätzlich bei dem ersten Vernehmungsangebot Gebrauch machen. Eine spätere Aussage, ggf. nach Beratung durch einen Rechtsanwalt, ist immer noch möglich.

Das Recht zu schweigen

- Beschuldigte in Strafverfahren müssen zu Vernehmungen bei der Polizei nicht erscheinen. Diese Pflicht besteht nur gegenüber der Staatsanwaltschaft und den Gerichten. Bei Nichterscheinen dort drohen Vorführung oder Verhaftung.

Die Pflicht zu erscheinen

- Der Beschuldigte hat gemäß § 140 StPO u.a. dann einen Anspruch auf einen Pflichtverteidiger, wenn
  - ihm ein Verbrechen vorgeworfen wird
  - eine Strafe von mehr als einem Jahr zu erwarten ist
  - die Sach- oder Rechtslage schwierig ist.

Pflichtverteidiger

6.2.2 Rechte und Pflichten eines Zeugen

Die Sicherheitskraft als Zeuge

Sicherheitskräfte werden häufig auch als Zeugen benötigt. Mithin sollten Sicherheitskräfte Kenntnisse von den Rechten und Pflichten eines Zeugen haben. Für das Verständnis dieser Funktion, sollte sich ein Zeuge immer bewusst sein, dass das Verfahren sich nicht gegen ihn richtet, er aber durch seine Aussage zur Wahrheitsfindung beitragen kann. **Insofern ist der Zeuge ein Beweismittel und grundsätzlich zur Wahrheit verpflichtet.**

Erscheinen bei der Polizei

Auf Vorladung der Polizei muss ein Zeuge dann erscheinen und aussagen, wenn der Vorladende als Ermittlungsperson der Staatsanwaltschaft handelt und die Staatsanwaltschaft die Vorladung veranlasst hat (§ 163 Abs. 3 StPO).

Erscheinen vor Gericht

Bei der Staatsanwaltschaft und bei Gericht müssen Zeugen gemäß § 51 StPO erscheinen. Unentschuldigtes Nichterscheinen bei der Staatsanwaltschaft oder bei Gericht kann finanzielle Folgen in Form von Ordnungsgeld bzw. Auferlegung der Kosten des Verfahrens haben. Nichterscheinen kann auch zur Festnahme bzw. Festnahme zur Nachtzeit, zu Vorführungen oder Ordnungshaft führen.

Falsche Zeugenaussagen

Falsche Zeugenaussagen bei der Polizei oder der Staatsanwaltschaft können zu einer Bestrafung wegen zum Beispiel Falscher Verdächtigung oder Strafvereitelung führen. Falsche Aussagen vor einem Gericht können zu einer Bestrafung wegen Uneidlicher Falschaussage oder wegen eines Meineids bzw. Strafvereitelung führen.

Aussage-verweigerung

Zeugen haben das Recht, das Zeugnis (§ 52 StPO) oder die Auskunft (§ 55 StPO) zu verweigern. Niemand muss gegen sich selbst oder gegen ihm nahestehende Personen aussagen. Niemand muss sich, einen Angehörigen oder einen Lebenspartner belasten. Während das Zeugnisverweigerungsrecht eine pauschale Verweigerung der Aussage darstellt, kann das Auskunftsverweigerungsrecht nur auf eine konkrete Frage oder einen konkreten Vorhalt in Anspruch genommen werden.

> *§ 55 StPO: Jeder Zeuge kann die Auskunft auf solche Fragen verweigern, deren Beantwortung ihm ... die Gefahr zuziehen würde, wegen einer Straftat ... verfolgt zu werden.*

Wechselseitig Zeuge und Beschuldigter

Beispiel: A. setzt an, von einem Pkw eine Antenne abzubrechen. B. kann dieses durch Festhalten des A. verhindern und ihn vorläufig festnehmen. Beim Eintreffen der Polizei erstattet A. gegen B. eine Strafanzeige wegen Freiheitsberaubung. A. behauptet wahrheitswidrig, B. habe ihn ohne Grund mit Gewalt festgenommen.

Nach dem sogenannten Legalitätsprinzip besteht eine Verpflichtung der Polizei, zwei Strafanzeigen aufzunehmen bzw. zwei Strafverfahren einzuleiten. Das eine Verfahren richtet sich gegen den Beschuldigten A. wegen des Verdachts einer versuchten Sachbeschädigung. In diesem Verfahren wäre B. Zeuge.

Das andere Verfahren richtet sich gegen den Beschuldigten B. wegen des Verdachts einer Freiheitsberaubung. In diesem Verfahren wäre A. Zeuge.
Es wäre das Recht des Zeugen B. in dem Verfahren gegen A. ohne Beratung mit einem Rechtsanwalt gemäß § 55 StPO bei der Polizei, der Staatsanwaltschaft und beim Gericht die Auskunft zu verweigern.
In dem Strafverfahren gegen B. hätte er als Beschuldigter ohnehin das Recht, ohne Beratung mit einem Rechtsanwalt zu schweigen.

Prüfen Sie Ihr Wissen!

Lernziele:
- Rechte und Pflichten eines Beschuldigten nennen können
- Funktion eines Zeugen erläutern können
- Rechte und Pflichten eines Zeugen erklären können

Hinweis: Die wichtige Vorschrift des § 127 Abs. 1 StPO (vorläufige Festnahme) wird in dem kompakten Abschnitt 6.4 Jedermannsrechte erläutert.

6.3 Grundlagen des Strafrechts

6.3.1 Zusammenhang zwischen dem Allgemeinen und dem Besonderen Teil sowie Strafrechtsnebengesetzen

StGB: Allgemeiner und Besonderer Teil

Das Strafgesetzbuch besteht aus zwei Teilen:

§§ 1 – 79b StGB: **Allgemeiner Teil**
§§ 80a - 358 StGB: **Besonderer Teil**

6. Straf- und Strafverfahrensrecht

Im Allgemeinen Teil des Strafgesetzbuches stehen Vorschriften, die für alle Straftatbestände gelten, also auch für Tatbestände aus den Strafrechtsnebengesetzen.

Grundlagen

Hier finden sich die Vorschriften zu den Grundlagen

- der Strafbarkeit (§§ 13 - 21 StGB)
- des Versuchs (§§ 22 - 24 StGB)
- der Täterschaft, Anstiftung und Beihilfe (§§ 25 - 31 StGB)
- der Rechtfertigungs- und Entschuldigungsgründe (§§ 32 - 35 StGB)
- der Bestrafung (§§ 38 - 79b StGB).

Zu dem letztgenannten Aufzählungspunkt, der in der Verantwortung unabhängiger Gerichte liegt, gelten folgende Eckwerte:

Strafe nach Schuld

- Die Schuld des Täters ist Grundlage für die Zumessung der Strafe.

Zeitige Freiheitsstrafen

Bewährung

- Mindest- und Höchstmaß der zeitigen Freiheitsstrafe sind 1 Monat bis 15 Jahre Freiheitsstrafe. Das Höchstmaß der Freiheitsstrafe ist lebenslange Freiheitsstrafe. Freiheitsstrafen bis zu einer Höhe von zwei Jahren können für die Dauer von zwei bis fünf Jahren zur Bewährung ausgesetzt werden.

Geldstrafen

- Bei der Geldstrafe erfolgt eine Festlegung der Anzahl der Tagessätze und der Höhe eines Tagessatzes. Mindest- und Höchstmaß der Tagessätze sind 5 bis 720 Tagessätze. Mindest- und Höchstmaß der Tagessatzhöhe sind 1 € bis 30.000 €. Mindest- und Höchstmaß der Geldstrafe betragen als Summe insgesamt also 5 € bis 21.600.000 €.
- Geldstrafen dürfen regelmäßig in Raten gezahlt werden. Geldstrafen bis zu 180 Tagessätzen können für die Dauer von einem Jahr bis zu drei Jahren zur Bewährung ausgesetzt werden. Dieses wird Verwarnung mit Strafvorbehalt genannt.

Die einzelnen Straftatbestände

Im **Besonderen Teil** des Strafgesetzbuches sind die einzelnen Delikte/Straftatbestände enthalten. Der Besondere Teil des Strafgesetzbuches ist nach dem zu schützenden Rechtsgut gegliedert. Deliktsgruppen sind beispielsweise:

- Körperverletzungsdelikte (§§ 223 ff. StGB)
- Tötungsdelikte (§§ 211 ff. StGB)
- Eigentumsdelikte (§§ 242 ff. StGB)
- Vermögensdelikte (§§ 263 ff. StGB)

Strafrechtsnebengesetze

Das Strafgesetzbuch (StGB) enthält die meisten aber nicht alle Tatbestände, die auch Delikte genannt werden. Einige Tatbestände stehen in Strafrechtsnebengesetzen wie zum Beispiel dem später erläuterten Betäubungsmittelgesetz. Auch das Waffengesetz (siehe Kapitel „Umgang mit Waffen“) enthält Straftatbestände.
Die für das Bewachungsgewerbe wichtigsten Tatbestände werden in dem Abschnitt „Tatbestände aus dem Besonderen Teil des StGB“ erläutert.

6. Straf- und Strafverfahrensrecht

Prüfen Sie Ihr Wissen!

Lernziele:
- Vorschriften des Allgemeines Teils des StGB nennen können
- Bedeutung dieser Vorschriften für den Besonderen Teil exemplarisch darstellen können
- Strafrechtsnebengesetze nennen können
- Deliktsgruppen aus dem Besonderen Teil des StGB nennen können

6.3.2 Bestimmungen aus dem Allgemeinen Teil des StGB

Keine Strafe ohne Gesetz

Garantiefunktion des Rechts

§ 1 StGB: Eine Tat kann nur verfolgt werden, wenn die Strafbarkeit gesetzlich bestimmt war, bevor die Tat begangen wurde.

Aus dieser so genannten Garantiefunktion des Rechts lassen sich folgende Grundsätze ableiten:
- Schutz vor willkürlicher Bestrafung
- Bestimmtheit des Gesetzes (der Bürger muss erkennen können, was erlaubt und was verboten ist und welche Strafen drohen)
- Rückwirkungsverbot (strafbegründende oder strafverschärfende Gesetze gelten erst ab ihrem Erlass)

Personen- und Sachbegriffe

Begriffs-bestimmungen

§ 11 StGB definiert bestimmte Begriffe, wie Angehöriger, Amtsträger, rechtswidrige Tat usw. Diese Definitionen gelten für die Tatbestände in Strafgesetzen*.

Beispiel: Begriff des Amtsträgers bei Straftaten im Amt (§§ 331 ff. StGB)

Verbrechen und Vergehen

Die Delikte des Besonderen Teils des Strafgesetzbuches unterscheiden sich durch die Höhe der angedrohten Mindest- oder Höchststrafe.

Aus der Strafandrohung des Besonderen Teils des Strafgesetzbuches ergibt sich die Einteilung in Verbrechen und Vergehen.

Verbrechen

Verbrechen; § 12 Abs. 1 StGB: Verbrechen sind rechtswidrige Taten, die im Mindestmaß mit Freiheitsstrafe von einem Jahr oder darüber bedroht sind.

---

* Häufig wird in anderen Paragrafen zum Begriff "Inhalte" auf § 11 Abs. 3 StGB verwiesen. Er lautet: "Inhalte im Sinne der Vorschriften, die auf diesen Absatz verweisen, sind solche, die in Schriften, auf Ton- oder Bildträgern, in Datenspeichern, Abbildungen oder anderen Verkörperungen enthalten sind oder auch unabhängig von einer Speicherung mittels Informations- oder Kommunikationstechnik übertragen werden."

6. Straf- und Strafverfahrensrecht

Ein Beispiel für ein Verbrechen ist der Raub:

§ 249 Abs. 1 StGB: Wer mit Gewalt gegen eine Person oder unter Anwendung von Drohungen mit gegenwärtiger Gefahr für Leib oder Leben eine fremde bewegliche Sache einem anderen ....
wegnimmt, ...,
wird mit Freiheitsstrafe nicht unter einem Jahr bestraft.

Vergehen; § 12 Abs. 2 StGB: Vergehen sind rechtswidrige Taten, die im Mindestmaß mit einer geringeren Freiheitsstrafe (als einem Jahr Freiheitsstrafe) oder die mit Geldstrafe bedroht sind.

Vergehen

Ein Beispiel für ein Vergehen ist die Gefährliche Körperverletzung:

§ 224 Abs. 1 Nr. 2 StGB: Wer die Körperverletzung mittels einer Waffe ... begeht, wird mit Freiheitsstrafe von sechs Monaten bis zu zehn Jahren bestraft...

Beachten Sie bitte, dass trotz der Höchststrafe von zehn Jahren die gefährliche Körperverletzung als Vergehen eingestuft wird, da die Mindeststrafe unter einem Jahr liegt.

Entscheidend ist die Mindeststrafe

Die Einteilung in Verbrechen und Vergehen ist wichtig für die Frage, ob die Straftat als so genanntes Offizialdelikt von Amts wegen oder als so genanntes Antragsdelikt nur auf Strafantrag des Verletzten hin verfolgt wird (Erläuterung der Begriffe folgt in diesem Abschnitt). Verbrechen werden immer von Amts wegen verfolgt.

Verbrechen: Immer Offizialdelikte

Besonders bedeutsam ist die Unterscheidung zwischen Verbrechen und Vergehen für die Strafbarkeit des Versuchs. Bei einem Verbrechen ist der Versuch immer strafbar, bei einem Vergehen nur, wenn die Strafbarkeit des Versuchs im Besonderen Teil des StGB ausdrücklich genannt wird.

Verbrechen: Versuch immer strafbar

Zudem ergeben sich aus der Einteilung einige strafprozessuale Folgen. Verbrechen müssen vor dem Schöffen- oder Landgericht verhandelt werden. Beim Verdacht eines Verbrechens muss ein Verteidiger gemäß § 140 Abs. 1 Nr. 2 StPO bestellt werden. Die Wahrscheinlichkeit der Anordnung von Untersuchungshaft gemäß §§ 112 ff. StPO ist höher.

Strafprozessuale Folgen

Die meisten für das Sicherheitsgewerbe wichtigen Straftatbestände sind Vergehen.
Als Verbrechen bilden

- Meineid
- Schwere Körperverletzung
- Raub, Räuberischer Diebstahl, Räuberische Erpressung
- Brandstiftung

die Ausnahmen.

6. Straf- und Strafverfahrensrecht

Auch im Betäubungsmittelgesetz gibt es Verbrechen (z.B. Abgabe von Betäubungsmitteln an Minderjährige).

Wann beginnt die Strafbarkeit?

Planung, Versuch und Vollendung

Wann beginnt grundsätzlich strafbares Verhalten?

Das alte deutsche Volkslied „Die Gedanken sind frei!" gibt die Richtung vor. Kriminelle Gedanken sind grundsätzlich straflos, Planungen und Vorbereitungen auch (Ausnahmen z.B.: § 30 StGB – Versuch der Beteiligung, § 80 StGB – Vorbereitung eines Angriffskrieges –, § 149 StGB – Vorbereitung der Fälschung von Geld und Wertzeichen –).

Was ein Versuch im strafrechtlichen Sinn ist, besagt der Text des § 22 StGB:

> *Eine Straftat versucht, wer nach seiner Vorstellung von der Tat zur Verwirklichung des Tatbestandes unmittelbar ansetzt.*

Es kommt also darauf an, dass der Täter nach seiner Vorstellung von der Tat unmittelbar zur Durchführung ansetzt.

Hier will offensichtlich der Täter mit dem Schraubendreher das „Schloss stechen", um so den Pkw gewaltsam zu öffnen und aus dem Pkw etwas zu entwenden oder den Pkw selbst zu stehlen. Er setzt an zur Tatbestandsverwirklichung.

„Der Versuch ist strafbar…"

Ist nun dieses Verhalten strafbar?

Da es sich um ein versuchtes Vergehen handelt, muss der Besondere Teil des StGB die Strafbarkeit bestimmen. Das Ergebnis lautet: Ja.

> *Diebstahl § 242 StGB*
> *Abs.1: Wer eine fremde bewegliche Sache einem anderen in der Absicht wegnimmt, die Sache sich oder einem Dritten rechtswidrig zuzueignen, wird mit Freiheitsstrafe bis zu fünf Jahren oder Geldstrafe bestraft.*
> ***Abs. 2: Der Versuch ist strafbar.***

Nicht immer ist der Versuch eines Vergehens strafbar.
Bei folgenden für das Sicherheitsgewerbe wichtigen Vergehen ist er strafbar:

- Verletzung der Vertraulichkeit des Wortes; § 201 Abs. 4 StGB
- Körperverletzung; § 223 Abs. 2 StGB
- Freiheitsberaubung; § 239 Abs. 2 StGB
- Nötigung; § 240 Abs. 3 StGB

6. Straf- und Strafverfahrensrecht

- Diebstahl; § 242 Abs. 2 StGB
- Erpressung; § 253 Abs. 3 StGB
- Strafvereitelung; § 258 Abs. 4 StGB
- Hehlerei; § 259 Abs. 3 StGB
- Betrug; § 263 Abs. 2 StGB
- Computerbetrug; § 263a StGB
- Urkundenfälschung; § 267 Abs. 2 StGB
- Sachbeschädigung; § 303 Abs. 2 StGB
- bei einigen Vergehen des Betäubungsmittelgesetzes

Handeln und Unterlassen

Begehungsdelikte

Als so genannte Begehungsdelikte setzen die meisten Straftatbestände des Besonderen Teils des Strafgesetzbuches ein aktives Tun (Handeln) des Täters voraus. Eine Handlung ist jedes vom Willen getragene menschliche Verhalten. Reflexe und Körperreaktionen sind keine Tathandlungen.

In den nachfolgenden beiden **Beispielen** liegen keine Handlungen im Sinne des Strafgesetzbuches vor:
- Auf einer gefüllten abwärts fahrenden Rolltreppe stürzen die Menschen von oben herunter, da die Rolltreppe wegen eines technischen Defekts abrupt anhält.
- Der Kniereflex eines Menschen aufgrund der entsprechenden Untersuchung eines Arztes.

Unterlassungsdelikte

Ein Straftatbestand kann aber auch durch bloßes Nichtstun (Unterlassen) erfüllt werden. Die Unterscheidung zwischen echten und unechten Unterlassungsdelikten erleichtert die Zuordnung des strafbaren Verhaltens.

Echte Unterlassungsdelikte

Echt...

Wird durch eine rechtlich gebotene, aber unterlassene Handlung ein Straftatbestand des Besonderen Teils des Strafgesetzbuches erfüllt, spricht man von einem echten Unterlassungsdelikt.
Beispiel: Unterlassene Hilfeleistung; § 323c StGB:

> *Wer bei Unglücksfällen oder gemeiner Gefahr oder Not nicht Hilfe leistet, obwohl dies erforderlich und ihm den Umständen nach zuzumuten, insbesondere ohne erhebliche eigene Gefahr und ohne Verletzung anderer wichtiger Pflichten möglich ist, wird mit Freiheitsstrafe bis zu einem Jahr oder mit Geldstrafe bestraft.*

Das Gesetz verlangt vom Täter die gebotene Hilfe. Wird diese nicht erbracht, ist der Straftatbestand erfüllt.

Beispiele:
- Untätigbleiben eines Passanten, der bemerkt, dass ein Rollstuhlfahrer in einen See gerollt ist.
- Ferner Nichtanzeige eines geplanten Mordes; § 138 Abs. 1 Nr. 5 StGB

... oder unecht

Unechte Unterlassungsdelikte
Beim so genannten unechten Unterlassungsdelikt macht sich strafbar, wer trotz einer rechtlichen Verpflichtung den Eintritt des Erfolgs eines Straftatbestandes des Besonderen Teils des Strafgesetzbuches nicht verhindert.

> *§ 13 Abs. 1 StGB: Wer es unterlässt, einen Erfolg abzuwenden, der zum Tatbestand eines Strafgesetzes gehört, ist nach diesem Gesetz nur dann strafbar, wenn er rechtlich dafür einzustehen hat, dass der Erfolg nicht eintritt, und wenn das Unterlassen der Verwirklichung des gesetzlichen Tatbestandes durch ein Tun entspricht.*

Garantenstellung

Diese rechtliche Verpflichtung, den Eintritt eines Erfolges zu verhindern, nennt man Garantenpflicht bzw. Garantenstellung. Garantenstellungen können sich u.a. ergeben aus:

- einem Vertrag (z.B. zwischen Auftraggeber und Sicherheitsunternehmen)
- der Schaffung von Gefahren (Liegenbleiben eines Fahrzeugs auf der Autobahn)
- dem Gesetz (z.B. Eltern-Kind-Verhältnis)
- einer engen natürlichen Verbundenheit (z.B. Wohngemeinschaft; Ehe; Partnerschaft).

Beispiel: Der Passant aus dem obigen Beispiel zur unterlassenen Hilfeleistung steht zu dem Rollstuhlfahrer in einem besonderen Rechtsverhältnis als naher Angehöriger und bleibt untätig. Der Rollstuhlfahrer ertrinkt. Der nahe Angehörige könnte wegen eines Tötungsdeliktes durch Unterlassen bestraft werden.

Garantenstellung durch Dienstvertrag

Beispiel: Sicherheitskraft S. wird durch seine Dienstanweisung, die auf einem Vertrag seines Bewachungsunternehmens mit einem Autohaus basiert, verpflichtet, die Beschädigung von ausgestellten Fahrzeugen zu verhindern. S. hat eine Garantenstellung aus seiner Dienstanweisung bzw. aus dem Vertrag. Obwohl S. ausdrücklich verpflichtet ist, die Beschädigung der Fahrzeuge zu verhindern, bleibt er untätig, als ein Besucher eine Antenne eines Fahrzeugs abbricht. S. könnte wegen einer Sachbeschädigung durch Unterlassen gemäß §§ 303, 13 StGB bestraft werden.

„Strafbar ist vorsätzliches Handeln..."

Vorsatz und Fahrlässigkeit
Die meisten Delikte des Besonderen Teils des Strafgesetzbuches setzen vorsätzliches Handeln voraus:

> *§ 15 StGB: Strafbar ist nur vorsätzliches Handeln, wenn nicht das Gesetz fahrlässiges Handeln ausdrücklich mit Strafe bedroht.*

Diese allgemeine Regel für sämtliche Strafvorschriften des Besonderen Teils des Strafgesetzbuches lässt es zu, darauf zu verzichten, in jedem der Tatbestände das Wort „Vorsatz" oder „vorsätzlich" ausdrücklich zu erwähnen. Vorsatz bedeutet Wissen und Wollen der Verwirklichung des

Tatbestandes. Der Täter weiß, was er macht, und er will auch den zum Tatbestand gehörenden Erfolg.

An dem Beispiel der **Sachbeschädigung** wird dies besonders deutlich:

> *§ 303 Abs. 1 StGB: Wer rechtswidrig eine fremde Sache beschädigt oder zerstört, wird mit Freiheitsstrafe bis zu zwei Jahren oder mit Geldstrafe bestraft.*

Aus dem Zusammenhang zwischen § 15 und § 303 StGB ergibt sich, dass nur die vorsätzliche Sachbeschädigung strafbar ist.
Die fahrlässige Sachbeschädigung stellt grundsätzlich nur eine Unerlaubte Handlung nach § 823 BGB dar und kann Schadensersatzansprüche begründen (siehe Kapitel „Bürgerliches Gesetzbuch").

Fahrlässigkeit nur strafbar, wenn es so im Gesetz steht

Fahrlässiges Handeln steht nur dann unter Strafe, wenn der Begriff Fahrlässigkeit im jeweiligen Tatbestand des Besonderen Teils des Strafgesetzbuches ausdrücklich erwähnt ist.

Daher muss die Einstellung des Täters zu seiner Tat bei der Tatbestandsmäßigkeit geprüft werden (subjektiver oder innerer Tatbestand; die Erläuterung erfolgt nachfolgend unter der Überschrift „Deliktsaufbau").

Fahrlässigkeitsdelikte

Für das Sicherheitsgewerbe sind folgende Deliktsgruppen mit strafbarer fahrlässiger Begehungsweise von Bedeutung:

- Vorschriften zum Schutz des Lebens
  Beispiel: Fahrlässige Tötung; § 222 StGB
- Vorschriften zum Schutz der körperlichen Unversehrtheit
  Beispiel: Fahrlässige Körperverletzung; § 229 StGB
- Vorschriften zum Schutz vor Feuer
  Beispiel: Fahrlässige Brandstiftung; § 306d StGB
- Vorschriften zum Schutz der Umwelt
  Beispiel: Fahrlässige Gewässerverunreini gung; §§ 324 Abs. 3 StGB

Fahrlässigkeit liegt vor, wenn der Täter zwar den Erfolg nicht will, aber die im Verkehr erforderliche Sorgfalt außer Acht lässt, so dass der Erfolg eintritt. Eine Form der Fahrlässigkeit ist die Leichtfertigkeit. Bei der Leichtfertigkeit lässt der Täter die gebotene Sorgfalt in ungewöhnlich hohem Maße außer Acht.
Das **Foto** zeigt strafrechtlich eine Gefährliche Körperverletzung, wenn der Täter, der den Feuerwerkskörper entzündet hat, die Gesundheitsschädigung anderer Fußballfans durch den Rauch will oder billigend in Kauf nimmt.

Zumindest hätte er bedenken müssen, dass gesundheitsschädigende Folgen eintreten können. Insoweit ist fahrlässiges, d.h. schuldhaftes Handeln gegeben, so dass eine Bestrafung nach § 229 StGB, Fahrlässige Körperverletzung, möglich ist.

Täterschaft

Alleintäter/ Mittäter

Alleintäter – Mittäter – Mittelbarer Täter
Begeht nur eine Person eine Straftat, so wird diese nach § 25 Abs. 1 StGB **Alleintäter** genannt.

Begehen mindestens zwei oder mehrere Personen gemeinschaftlich eine Straftat, so spricht man von **Mittätern**.

> *§ 25 StGB - Täterschaft*
> *Abs. 1: Als Täter wird bestraft, wer die Straftat selbst ... begeht.*
> *Abs. 2: Begehen mehrere die Tat gemeinschaftlich, so wird jeder als Täter bestraft (Mittäter).*

Mittäterschaft liegt vor, wenn jeder Mittäter Interesse am Taterfolg hat und die Tat als eigene will, betrachtet und bewertet. In der Regel wird jeder Mittäter selbst eine Tathandlung am Tatobjekt bzw. Tatort begehen. Dieses ist aber nicht zwingend erforderlich.

Mittelbarer Täter

Der **Mittelbare Täter** setzt ein „menschliches Werkzeug" ein, z.B. ein schuldunfähiges Kind, welches zum Stehlen geschickt wird und nicht bestraft werden kann.

Teilnahme – Anstiftung – Beihilfe
Die Beteiligung an einer fremden Tat nennt man Teilnahme. **Fremd ist eine Tat, bei der man selbst kein eigenes Interesse am Taterfolg hat.**
Es gibt zwei Teilnahmeformen:
- Anstiftung gemäß § 26 StGB
- Beihilfe gemäß § 27 StGB.

Anstiftung

Anstiftung gemäß § 26 StGB:

> *§ 26 StGB; Anstiftung*
> *Als Anstifter wird gleich einem Täter bestraft, wer vorsätzlich einen anderen zu dessen vorsätzlich begangener rechtswidriger Tat bestimmt.*

Bestimmen bedeutet, in dem Täter den Entschluss zur Tat hervorzurufen, zum Beispiel durch Überreden, Belohnung, Drohung.

Die andere Form der Teilnahme ist die Beihilfe gemäß § 27 StGB: **Beihilfe**

> *§ 27 StGB; Beihilfe*
> *Abs. 1: Als Gehilfe wird bestraft, wer vorsätzlich einem anderen zu dessen vorsätzlich begangener rechtswidriger Tat Hilfe geleistet hat.*
> *Abs. 2: Die Strafe für den Gehilfen richtet sich nach der Strafandrohung für den Täter ... sie ist zu mildern ......*

Hilfeleisten ist die Förderung der Tat durch physische oder psychische Unterstützung. Beispiele: Zureden und Bestärken, wenn der Täter zwar bereits selbst auf den Gedanken zur Tatbegehung gekommen ist, aber noch Bedenken hat, die Tat zu begehen; Beschaffen eines Schlüsselabdrucks; Ausleihen einer Code-Karte.

Die Abgrenzung zwischen Mittäterschaft einerseits und Beihilfe / Anstiftung andererseits ist juristisch oftmals schwierig, weil neben den Tatbeiträgen die Einstellung des jeweiligen Täters zur Gesamttat ausschlaggebend ist.

Es ist auch nicht Aufgabe der Sicherheitskraft, dies zu entscheiden. Allerdings werden Kenntnisse über Zusammenhänge immer zur eigenen Rechtssicherheit beitragen.

Zu erwähnen ist noch die Bestimmung des § 14 StGB **Handeln für einen anderen**. Sie schließt eine strafrechtliche Lücke und ermöglicht, Personen strafrechtlich verantwortlich zu machen, die z.B. vertretungsberechtigt für eine Gesellschaft sind. **Handeln für einen anderen**

Offizial-, Antrags- und Privatklagedelikte

Offizialdelikte **Offizialdelikt**

Grundsätzlich ist es Aufgabe des Staates, Straftaten zu erforschen und zu verfolgen (besser noch zu verhindern). Demzufolge unterliegen Staatsanwaltschaft und Polizei dem so genannten Legalitätsprinzip, d.h. ihnen bekannt gewordene Straftaten müssen von Amts wegen verfolgt werden; bei vorsätzlicher Untätigkeit der Polizei oder der Staatsanwaltschaft droht eigene Strafbarkeit des Polizeibeamten oder des Staatsanwaltes. **Legalitätsprinzip**

Verbrechen müssen immer, Vergehen in der großen Mehrzahl von Amts wegen verfolgt werden.

Ein strafrechtliches Ermittlungsverfahren kann auf drei Arten in Gang gesetzt (eingeleitet) werden:

- eigene Wahrnehmung der Polizei / Staatsanwaltschaft (§ 152 Abs. 2 StPO)
- Strafanzeige (§ 158 Abs. 1 StPO)
- Strafantrag (§ 158 Abs. 2 StPO)

6. Straf- und Strafverfahrensrecht

Strafanzeige

Wenn der Staat bei einer Straftat nicht von sich aus ein Strafverfahren einleitet, kann er von jedem Bürger durch eine Anzeige auf eine Straftat hingewiesen werden. Die Strafanzeige ist an keine Form gebunden.

Es gibt Strafanzeigen gegen Bekannt und Unbekannt.

Bei einer Strafanzeige gegen Unbekannt zeigt ein Bürger an, dass eine unbekannte Person eine Straftat begangen haben soll (z.B. unbekannter Passant hat eine Schaufensterscheibe eingeschlagen und aus der Auslage ein Schmuckstück entwendet).

Bei einer Strafanzeige gegen eine bekannte Person zeigt ein Bürger an, dass eine bekannte Person eine Straftat begangen haben soll (z.B. er habe gesehen, dass der ihm bekannte Max Meier eine Schaufensterscheibe eingeschlagen und ein Schmuckstück entwendet hat).

Antragsdelikt

Antragsdelikte: Von der Strafanzeige ist der Strafantrag zu unterscheiden. Bei einigen Delikten ist die strafrechtliche Verfolgung von der Stellung eines Strafantrages abhängig.

Einen Strafantrag kann nur das Opfer bzw. der Antragsberechtigte stellen. Bei einem Strafantrag begehrt das Opfer, dass zum Beispiel die Person, die das Opfer geschlagen hat, bestraft wird.

Der Strafantrag ist an die schriftliche Form gebunden (§ 158 Abs. 2 StPO).

Absolute Antragsdelikte: Verfolgung nur auf Antrag möglich

Bei **absoluten** Antragsdelikten muss das Opfer einen Strafantrag gemäß § 77b StGB binnen drei Monaten nach Bekanntwerden der Tat und des Täters stellen. **Anderenfalls darf der Staat absolute Antragsdelikte nicht ahnden.**

Für das Sicherheitsgewerbe wichtige absolute Antragsdelikte sind:

- Hausfriedensbruch; § 123 Abs. 2 StGB
- Beleidigung; §§ 185, 194 StGB
- Verletzung des Briefgeheimnisses; § 205 StGB
- Verletzung der Vertraulichkeit des Wortes; § 205 StGB
- Ausspähen von Daten; § 205 StGB
- Haus- und Familiendiebstahl, Haus- und Familienhehlerei, Haus- und Familienbetrug, Haus- und Familienerschleichung von Leistungen, Haus- und Familiencomputerbetrug; § 247 StGB
- Begünstigung; § 257 Abs. 4 StGB, wenn die Vortat ein absolutes Antragsdelikt ist

Relative Antragsdelikte: Verfolgung auch ohne Antrag möglich

Es gibt neben den absoluten Antragsdelikten auch **relative Antragsdelikte.** Hier verfolgt der Staat die Straftat in der Regel ebenfalls nur, wenn das Opfer einen Strafantrag stellt. Ausnahmsweise werden bei **besonderem**

öffentlichen Interesse die Ermittlungen von der Polizei und der Staatsanwaltschaft eingeleitet.

In den Richtlinien für das Strafverfahren ist das besondere öffentliche Interesse erläutert. Es kann z.B. dann angenommen werden, wenn die Strafverfolgung wegen der besonderen Umstände der Tat ein gegenwärtiges Anliegen der Allgemeinheit darstellt. Dieses ist z.B. der Fall, wenn der Täter vorbestraft ist oder es sich um eine Gewalttätigkeit in der Öffentlichkeit handelt.

Für das Sicherheitsgewerbe wichtige relative Antragsdelikte sind:

- Körperverletzung; § 230 StGB
- Nachstellung; § 238 Abs. 4 StGB
- Diebstahl, Hehlerei, Betrug, Computerbetrug, Erschleichen von Leistungen, Begünstigung geringwertiger Sachen; § 248a StGB (Wertgrenze 50 €)
- Sachbeschädigung; § 303c StGB
- Datenveränderung; § 303c StGB

Einstellung wegen Geringfügigkeit und Verweisung auf die Privatklage

Privatklage

Bei einigen Straftaten liegt relativ geringes kriminelles Unrecht vor. Um eine Konzentration auf die Bekämpfung wesentlicher Straftaten zu ermöglichen, kann der Staat einerseits wegen Geringfügigkeit der Tat das Verfahren gemäß §§ 153 ff. StPO einstellen. Andererseits überlässt er es dem Opfer, eine Ahndung der Tat im Wege einer so genannten Privatklage zu bewirken.

Kommt es beispielsweise in der Familie oder der Nachbarschaft zu Straftaten wie Hausfriedensbruch (§ 123 StGB), Beleidigung (§ 185 StGB), Körperverletzung (§ 223 StGB), Bedrohung (§ 241 StGB) oder Sachbeschädigung (§ 303 StGB) mit geringen Schäden, so verzichtet die Staatsanwaltschaft bei Ersttätern gelegentlich auf eine Bestrafung und verweist die Opfer gemäß §§ 374, 376 StPO auf den **Privatklageweg.**

Diese Entscheidung der Staatsanwaltschaft muss der Privatkläger allerdings nicht akzeptieren. Der Privatkläger oder ein von ihm beauftragter Rechtsanwalt kann im Privatklageverfahren nach Durchführung eines Sühneversuchs (§ 380 StPO) und Einzahlung eines Gebührenvorschusses (§ 379a StPO) selbst eine (An-)Klage vor einem Strafgericht erheben, um eine Bestrafung des Täters zu erreichen.

Der Privatkläger übernimmt quasi die Rolle des Staatsanwaltes.

Die Staatsanwaltschaft ist allerdings zu einer Mitwirkung berechtigt (nicht verpflichtet). Das Gericht kann dem Staatsanwalt die Akten vorlegen, wenn es die Übernahme der Verfolgung durch ihn für geboten hält. Auch kann die Staatsanwaltschaft in jeder Lage der Sache bis zum Eintritt der Rechtskraft des

Urteils durch eine ausdrückliche Erklärung die Verfolgung übernehmen (§ 377 StPO).

In der Praxis werden Privatklagen nur sehr selten erhoben.

Wenn sie erhoben werden, bewirken sie selten eine Bestrafung des Täters, denn in der Regel bestätigen die Gerichte die Verfahrenseinstellung durch die Staatsanwaltschaft, indem eine Einstellung des Privatklageverfahrens wegen Geringfügigkeit ausgesprochen wird (§ 383 Abs. 2 Satz 1 StPO).

Die Praxis der Staatsanwaltschaften ist bei Einstellungen wegen Geringfügigkeit bzw. Verweisungen auf den Privatklageweg allerdings in den verschiedenen Bundesländern sehr unterschiedlich. Diesbezüglich sei auf das Phänomen der Nachstellung (Stalking § 238 StGB) hingewiesen. Hier wurde 2021 eine Verschärfung auf den Weg gebracht.

Bei diesem Nachbarschaftsstreit mit den Vorwürfen Beleidigung, Bedrohung, Sachbeschädigung kann die Staatsanwaltschaft auf den **Privatklageweg** verweisen.

Deliktsaufbau im Strafrecht

Merkmale einer Straftat

Eine Straftat liegt vor, wenn durch menschliches Handeln oder Unterlassen ein Tatbestand eines Strafgesetzes erfüllt wird und dieses Handeln oder Unterlassen außerdem rechtswidrig und schuldhaft ist.

Eine Straftat ist also eine
- **tatbestandsmäßige**
- **rechtswidrige**
- **schuldhafte**

Gesetzesverletzung (Strafgesetz).

6. Straf- und Strafverfahrensrecht

Voraussetzungen für eine verfolgbare Straftat

Verfolgbar für Polizei und Staatsanwaltschaft ist diese Straftat, wenn die so genannten **Verfahrens- bzw. Prozessvoraussetzungen** vorliegen, d. h.:

Straftat + Verfahrensvoraussetzungen = verfolgbare Straftat

Nachstehend werden diese Begriffe erläutert:

Objektiver und subjektiver Tatbestand

Tatbestandsmäßigkeit
Die Unrechtsmerkmale des Straftatbestandes des Besonderen Teils des Strafgesetzbuches bezeichnet man als den Tatbestand; die Verwirklichung durch einen Menschen nennt man die Tatbestandsmäßigkeit. Die Tatbestandsmäßigkeit untergliedert sich in den objektiven und den subjektiven Tatbestand.

Objektiver Tatbestand

\+

Subjektiver Tatbestand

=

T A T B E S T A N D S M Ä ß I G K E I T

Der objektive Tatbestand wird auch der äußere Tatbestand genannt. Er enthält die Umstände, die das äußere Erscheinungsbild der Tat prägen. Beschrieben werden:

- Tatsubjekt (wer begeht die Straftat?)
- Tatobjekt (gegen wen oder gegen was richtet sich die Straftat?)
- Ausführungshandlung (wie wird die Tat begangen?)
- evtl. besondere Begehensweisen
- evtl. Tatmittel (z.B. mittels eines gefährlichen Werkzeugs)
- evtl. besondere Tatmodalitäten

Darstellung am Beispiel des Diebstahls:

§ 242 Abs. 1 StGB: Wer eine fremde bewegliche Sache einem anderen ... wegnimmt, ...

Ein Mann mit gelbem Schutzhelm (Tatsubjekt) nimmt ohne Hilfsmittel (Ausführungshandlung) einen Kasten (Tatobjekt / bewegliche Sache) von der Wand und trägt ihn weg. Der Kasten steht im Firmeneigentum (fremd).

Ob wirklich der Tatbestand des Diebstahls vorliegt, zeigt erst der subjektive (innere) Tatbestand. Er beinhaltet die Umstände, die dem psychisch-seelischen Bereich sowie der Vorstellungswelt des Täters zuzuordnen sind.

Die meisten Straftatbestände des Besonderen Teils des Strafgesetzbuches verlangen im subjektiven Tatbestand gemäß § 15 StGB Vorsatz (wie in diesem Abschnitt bereits erläutert).

Zum Beispiel: Diebstahl

Diese Einstellung des Täters stellt der Tatbestand des Diebstahls besonders heraus:

> *§ 242 Abs. 1 StGB: Wer eine fremde bewegliche Sache einem anderen* ***in der Absicht*** *wegnimmt,* ***die Sache sich oder einem Dritten rechtswidrig zuzueignen****, wird mit Freiheitsstrafe bis zu fünf Jahren oder mit Geldstrafe bestraft.*

Es kommt auf die Absicht an

Der Mann müsste also die Absicht verfolgen, den Kasten für sich zu behalten oder einem Dritten zukommen zulassen. Das kann hier ohne weitere Informationen nicht angenommen werden.

Die rechtswidrige Zueignungsabsicht lässt sich häufig aus den äußeren Tatumständen ableiten, z.B. aus dem Täterverhalten.

Wenn also ein Mann in einem Technikkaufhaus nach mehrmaligem Umsichschauen einen USB-Stick blitzschnell in der Innentasche seiner Jacke verschwinden lässt, kann von der rechtswidrigen Zueignungsabsicht ausgegangen werden. Seine Einlassung, er wolle das Teil an der Kasse bezahlen, wird das Gericht in der Regel nicht akzeptieren.

Allerdings kann allein aus dem unbefugten Aufenthalt einer Person auf einem Betriebsgelände nicht immer der Tatbestand des Hausfriedensbruchs (§ 123 StGB) angenommen werden. Die Person müsste bewusst und gewollt den Hausfrieden brechen wollen. Erst nach erfolgloser Aufforderung eines Berechtigten, das Betriebsgelände zu verlassen, ist der Tatbestand sicher gegeben (Näheres hierzu im Abschnitt Tatbestände aus dem Besonderen Teil des StGB).

Rechtswidrigkeit

Wer ein Rechtsgut verletzt und damit einen Straftatbestand erfüllt, handelt **grundsätzlich rechtswidrig, erfüllt also die Rechtswidrigkeit (vgl. § 11 Abs. 1 Ziffer 5 StGB).** Man sagt, die Tatbestandsmäßigkeit zeigt die Rechtswidrigkeit an.

Rechtfertigungsgründe

In Ausnahmefällen kann das tatbestandsmäßige Handeln oder Unterlassen gerechtfertigt sein; es liegt ein **Rechtfertigungsgrund** vor.

Einwilligung

Anschaulich ist der Rechtfertigungsgrund **der Einwilligung**. Ein Chirurg wird sich grundsätzlich vor dem Eingriff eine meist schriftliche Einwilligung des Patienten geben lassen. Die tatbestandsmäßig vorliegende Gefährliche Körperverletzung ist dann nicht mehr rechtswidrig. Auch beim Kampfsport mit gegenseitig zugefügten Körperverletzungen schützt der Rechtfertigungsgrund der Einwilligung vor Strafverfolgung.

Grenze: Die guten Sitten

Allerdings sind der Einwilligung durch den § 228 StGB auch Grenzen gesetzt.

> *§ 228 StGB Einwilligung: Wer eine Körperverletzung mit Einwilligung der verletzten Person vornimmt, handelt nur dann rechtswidrig, wenn die Tat trotz der Einwilligung gegen die guten Sitten verstößt.*

Spezielle Rechtfertigungsgründe

Weiterhin gibt es spezielle Rechtfertigungsgründe, die **bestimmten Personen oder Personengruppen** im Einzelfall zustehen.

Beispiele:
- Ausübung einer Amts- oder Dienstpflicht (Eingriffsnormen der StPO und der Polizeigesetze)
- Pfandrecht des Vermieters (§§ 562 bis 562d BGB)
- Unternehmerpfandrecht (§ 647 BGB)
- Pfandrecht des Gastwirtes (§ 704 BGB)

Allgemeine Rechtfertigungsgründe: Jedermannsrechte

Außer diesen speziellen gibt es allgemeine Rechtfertigungsgründe, die für das Bewachungsgewerbe von besonderer Bedeutung sind.

6. Straf- und Strafverfahrensrecht

Sie sind grundsätzlich nicht an einen bestimmten Beruf, eine bestimmte Funktion oder Aufgabe gebunden (Ausnahme Besitzdiener).
Daher werden sie auch Jedermannsrechte genannt. Eine ausführliche Darstellung erfolgt im Abschnitt „6.4 Bedeutung und Anwendung der Jedermannsrechte“.

Schuld

Schuldfähigkeit/ Schuldunfähigkeit

Bei dem Begriff der Schuld in diesem Sinne geht es nicht um die Frage von „schuldig“ oder „überführt“.
Es geht vielmehr um die Problematik, ob die Gesellschaft dem Täter sein rechtswidriges Unrecht auch persönlich vorwerfen kann.

Schuldfähigkeit:

Grundsätzlich ist jeder Mensch schuldfähig, wenn er nicht ausnahmsweise zu den Schuldunfähigen zu zählen ist.

Schuldunfähigkeit:

Kinder und Menschen mit seelischen Störungen

Schuldunfähig sind Kinder und Menschen mit seelischen Störungen.

§ 19 StGB; Schuldunfähigkeit des Kindes
Schuldunfähig ist, wer bei Begehung der Tat noch nicht vierzehn Jahre alt ist.
§ 20 StGB; Schuldunfähigkeit wegen seelischer Störung
Ohne Schuld handelt, wer bei Begehung der Tat wegen einer krankhaften seelischen Störung, wegen einer tiefgreifenden Bewusstseinsstörung oder wegen Schwachsinns oder einer schweren anderen seelischen Abartigkeit unfähig ist, das Unrecht der Tat einzusehen oder nach dieser Einsicht zu handeln.

Entschuldigungsgründe:

Bei Vorliegen eines Entschuldigungsgrundes sind Unrechts- und Schuldgehalt so stark reduziert, dass für die Gesellschaft eine Bestrafung des Täters unangemessen erscheint.
In diesem Zusammenhang soll die Notwehrüberschreitung erwähnt werden:

Überschreiten der Notwehr; § 33 StGB

Notwehrüberschreitung

Es kann auch Situationen geben, bei welchen die Grenzen der Notwehr überschritten werden:

6. Straf- und Strafverfahrensrecht

§ 33 StGB:
Überschreitet der Täter die Grenzen der Notwehr aus Verwirrung, Furcht oder Schrecken, so wird er nicht bestraft.

Grundsätzlich darf niemand die Grenzen der Notwehr überschreiten. Es kann aber zu Situationen kommen, in welchen unverhältnismäßige Mittel eingesetzt werden, da die Auswahl des Mittels in Konfliktsituationen zum Teil in Bruchteilen von Sekunden erfolgen muss.

Nur bei Verwirrung, Furcht oder Schrecken

Werden Grenzen der Notwehr überschritten, also mehr zur Verteidigung getan als erforderlich ist, wird regelmäßig ein Straftatbestand des Besonderen Teils des Strafgesetzbuches tatbestandsmäßig und rechtswidrig erfüllt.

Es muss aber nicht zwangsläufig auch zu einer Bestrafung kommen. Lagen dem Verlassen der Grenzen der Notwehr nämlich Verwirrung, Furcht oder Schrecken zugrunde, unterbleibt eine Bestrafung. Die Begriffe Verwirrung, Furcht und Schrecken erklären sich aus dem Sprachgebrauch und sind klar abzugrenzen gegenüber Wut, Zorn, Hass oder Kampfeslust.

Bei der Überprüfung wird bei Sicherheitskräften ein strenger Maßstab anzulegen sein.

Putativnotwehr

Hier wird eine Notwehr- bzw. Gefahrenlage irrtümlich angenommen. Inwieweit das Gericht diesen Irrtum berücksichtigt, ist abhängig von der individuellen Beurteilung der Personen und Situationen.

Irrtum über Notwehrlage

Beispiel:
Während einer nächtlichen Objektüberprüfung wird der Revierfahrer S. plötzlich von einer Person von hinten an der Schulter berührt. S. befürchtet einen Angriff und schlägt mit seiner Handleuchte auf den vermeintlichen Angreifer ein. Tatsächlich handelt es sich um den Hausmeister.
S. erfüllt tatbestandsmäßig, rechtswidrig und schuldhaft das Delikt einer Gefährlichen Körperverletzung gemäß §§ 223, 224 Abs. 1 Nr. 2 StGB und wäre mit mindestens 6 Monaten Freiheitsstrafe zu bestrafen.
S. hatte sich aber einen Angriff und mithin eine Notwehrlage vorgestellt, so dass wegen seines Irrtums (Putativnotwehr) im subjektiven Tatbestand der Vorsatz entfällt. S. kann also nicht wegen einer Gefährlichen Körperverletzung gemäß §§ 223, 224 Abs. 1 Nr. 2 StGB, sondern allenfalls wegen einer Fahrlässigen Körperverletzung gemäß § 229 StGB bestraft werden.

Verfahrensvoraussetzungen

Verfahrens- oder Prozessvoraussetzungen müssen vorliegen, damit Straftaten von Polizei und Staatsanwaltschaften sowie Gerichten verfolgt

Prozess-voraussetzungen

werden können. Es wurde bereits erläutert, dass bei einigen Delikten eine Strafverfolgung nur möglich ist, wenn das Opfer einen Strafantrag stellt. **Dieser Strafantrag ist bei den absoluten Antragsdelikten eine Verfahrensvoraussetzung.**

Weitere Verfahrensvoraussetzungen sind u.a.:

- dass der Beschuldigte lebt
- die Tat noch nicht verjährt ist
- die Aufhebung der Immunität bei Abgeordneten

6. Straf- und Strafverfahrensrecht

Prüfen Sie Ihr Wissen!

Lernziele:

Der Leser sollte erklären können:

- was der Unterschied zwischen Vergehen und Verbrechen ist
- weshalb zwischen Vergehen und Verbrechen unterschieden werden muss
- was ein Versuch ist und unter welchen Voraussetzungen dieser strafbar ist

---

- was unter Handlung und Unterlassen zu verstehen ist
- was echte und unechte Unterlassungsdelikte sind
- was unter einer Garantenstellung zu verstehen ist
- woraus sich Garantenstellungen ergeben können

- was unter Vorsatz zu verstehen ist
- was unter Fahrlässigkeit zu verstehen ist
- in welchen Deliktsbereichen eine fahrlässige Begehung strafbar ist
- was unter Putativnotwehr zu verstehen ist
- welche rechtlichen Konsequenzen sich aus einer Putativnotwehr ergeben

---

- welche Täterschaftsformen es gibt
- welche Teilnahmeformen es gibt

- was Offizialdelikte sind
- was Antragsdelikte sind und welche beide Formen von Antragsdelikten es gibt
- was Privatklagedelikte sind

- den Deliktsaufbau im Strafrecht
- den Begriff der Tatbestandsmäßigkeit
- die Begriffe objektiver und subjektiver Tatbestand
- den Begriff der Rechtswidrigkeit
- die Begriffe Jedermannsrechte bzw. Rechtfertigungsgründe
- den Begriff der Schuld
- die Begriffe der Schuldunfähigkeit

- was unter einer Notwehrüberschreitung zu verstehen ist
- den Begriff der Verfahrensvoraussetzungen

6. Straf- und Strafverfahrensrecht

6.4 Bedeutung und Anwendung der Jedermannsrechte

Tatbestandsmäßig, aber nicht rechtswidrig

Jedermannsrechte sind Rechtfertigungsgründe.
Sie erlauben es jedermann, in bestimmten Situationen eine tatbestandsmäßige Handlung zu begehen, ohne rechtswidrig bzw. widerrechtlich zu handeln, d.h. bestraft oder zum Schadensersatz herangezogen werden zu können.

Beispiel: Wer eine andere Person ohne sachlichen Grund körperlich misshandelt oder an der Gesundheit schädigt, kann gemäß § 223 StGB bestraft werden und muss grundsätzlich für die zivilrechtlichen Folgen (z.B. Arztkosten) aufkommen.

Dient die Körperverletzung aber in Notwehr gemäß §§ 32 StGB bzw. 227 BGB der Abwehr eines rechtswidrigen Angriffs, erfolgt keine Bestrafung und es muss nicht für die Arztkosten aufgekommen werden.

Rechtsgrundlage für das Sicherheitsgewerbe

Auf diese Rechte muss das Sicherheitsgewerbe zurückgreifen, denn es gibt kein spezielles Eingriffsrecht für das Sicherheitsgewerbe (siehe Kapitel Recht der öffentlichen Sicherheit und Ordnung Abschnitt 2.4.).

Auch der geänderte § 34a Gewerbeordnung verweist auf die Jedermannsrechte, die in verschiedenen Gesetzen verankert sind:

Vorläufige Festnahme

StPO
- § 127 Vorläufige Festnahme

Notwehr und Notstand

StGB
- § 32 Notwehr
- § 34 Rechtfertigender Notstand

BGB-Rechte

BGB
- § 227 Notwehr
- § 228 Defensiver Notstand
- § 904 Aggressiver Notstand
- § 859 Selbsthilfe des Besitzers
- § 860 Selbsthilfe des Besitzdieners
- § 229 Selbsthilfe

Insgesamt 8 Rechte, die Sie kennen müssen!

Es handelt sich letztlich um acht Bestimmungen, da Notwehr zweimal erfasst ist. Da die Jedermannsrechte in verschiedenen Gesetzen verankert sind, können bei einer Konfliktlage mehrere Bestimmungen zur Anwendung kommen.

Die Jedermannsrechte bestehen aus objektiven und subjektiven Elementen.

Rechtfertigungswille erforderlich

Es muss objektiv eine entsprechende Situation vorhanden sein, aber die Sicherheitskraft, die sich auf das Jedermannsrecht berufen will, muss auch subjektiv mit Rechtfertigungswillen handeln.

6. Straf- und Strafverfahrensrecht

Schikaneverbot

Als Begrenzung der Rechtfertigungsgründe ist das zivilrechtliche Schikaneverbot zu beachten. Motive wie Hass, Neid, Zorn oder Wut dürfen keine Rolle spielen.

§ 226 BGB: Die Ausübung eines Rechts ist unzulässig, wenn sie nur den Zweck haben kann, einem anderen Schaden zuzufügen.

Hausrechts-übertragung an Besitzdiener

Oft wird die Übertragung des Hausrechtes als Rechtsgrundlage für das Einschreiten des Sicherheitsgewerbes genannt.
Im Prinzip ist dies die verkürzte Darstellung der „Besitzdienerschaft“:

Um dieses Rechtskonstrukt zu verstehen, müssen zunächst die Selbsthilferechte des Besitzers erläutert werden:

Selbsthilfe des Besitzers

Selbsthilfe des Besitzers; § 859 BGB
Gemäß § 854 Abs. 1 BGB wird der Besitz einer Sache durch die Erlangung der tatsächlichen Gewalt über die Sache erworben.

Besitzwehr/ Besitzkehr

Die Selbsthilfe des Besitzers gemäß § 859 Abs. 1 BGB wird **Besitzwehr** genannt.
Die Selbsthilfe des Besitzers gemäß § 859 Abs. 2 BGB wird **Besitzkehr** genannt.

§ 859 BGB:
Abs. 1: Der Besitzer darf sich verbotener Eigenmacht mit Gewalt erwehren.
Abs. 2: Wird eine bewegliche Sache dem Besitzer mittels verbotener Eigenmacht weggenommen, so darf er sie dem auf frischer Tat betroffenen oder verfolgten Täter mit Gewalt wieder wegnehmen.

In beiden Fällen darf sich der Besitzer verbotener Eigenmacht mit (angemessener) Gewalt erwehren.
Verbotene Eigenmacht heißt, dass sich ein anderer nicht an allgemein gesetzliche Regeln oder an die vom Besitzer im Rahmen seines Hausrechts erlassenen Regeln hält.

Danach begeht beispielsweise ein Besucher eines Betriebes eine verbotene Eigenmacht, wenn er seinen Pkw auf Sperrflächen abstellt. Möglich wäre gemäß § 859 Abs. 1 BGB das kostenpflichtige Umsetzen des Pkw, wenn der Fahrer / Halter kurzfristig nicht zu erreichen ist.

Verhältnismäßigkeit beachten!

Auch die Rechtfertigungsgründe der Besitzwehr und Besitzkehr unterliegen dem Verhältnismäßigkeitsprinzip. Sie dürfen nur angemessen ausgeübt werden. Bei geringfügigen Beeinträchtigungen sind die Möglichkeiten der Selbsthilfe erheblich eingeschränkt.

Ziel der Besitzwehr und Besitzkehr darf es nur sein, die Besitzstörung zu beseitigen.

6. Straf- und Strafverfahrensrecht

Selbsthilfe des Besitzdieners

Selbsthilfe des Besitzerdieners; §§ 855, 860 BGB
Der Begriff des Besitzdieners (§ 855 BGB) ist bereits im Kapitel Bürgerliches Recht unter Punkt 5.2.4 erläutert worden.
Zur Erinnerung: Der Besitzdiener übt für einen anderen die tatsächliche Sachherrschaft weisungsgebunden über eine Sache in dessen Haushalt oder Erwerbsgeschäft aus.

Gemäß § 860 BGB hat der Besitzdiener die gleichen Rechte wie der Besitzer:

> *§ 860 BGB: Zur Ausübung der dem Besitzer nach § 859 BGB zustehenden Rechte ist auch derjenige befugt, welcher die tatsächliche Gewalt nach § 855 BGB für den Besitzer ausübt.*

Danach ist dem Besitzdiener grundsätzlich das Hausrecht vom Besitzer übertragen worden.

Was bedeutet „Hausrecht“?

Wesentlicher Inhalt des Hausrechts ist die Entscheidungsbefugnis darüber, wer sich innerhalb der geschützten Räume bzw. des befriedeten Besitztums aufhalten darf. Der Inhaber des Hausrechts hat die Befugnis, über Zutritt und Dauer des Verweilens zu entscheiden. Der Hausrechtsinhaber kann diese Befugnis auch von bestimmten Bedingungen abhängig machen (z.B. kein Zutritt für Jugendliche, kein Zutritt für Personen mit verbotenen Gegenständen). Der Inhaber des Hausrechts ist nicht zwangsläufig auch Eigentümer des geschützten Objekts. So ist zum Beispiel der Pächter Hausrechtsinhaber seiner Gaststätte, die im Eigentum des Verpächters steht.

Insbesondere an Sicherheitskräfte kann das Hausrecht übertragen werden. Im Falle der Übertragung des Hausrechts besitzt dann die Sicherheitskraft die Befugnis, über den Zugang zu den bzw. den Aufenthalt in den geschützten Räumlichkeiten zu entscheiden.

Das Hausrecht der Sicherheitskraft muss dem Recht des Störers vorgehen.

Konsequenzen aus dem Hausrecht

Verletzungen des Hausrechts können einen Hausfriedensbruch darstellen.

Über Besitzwehr bzw. Selbsthilfe des Besitzdieners ist es Sicherheitskräften also zum Beispiel möglich:

- Störer/Betrunkene aus Stadien, von Veranstaltungen oder aus Gaststätten zu entfernen,
- das Hausrecht gegen Personen durchzusetzen, die sich trotz Hausverbots in einem Objekt aufhalten,
- jede sonstige Form einer Besitzstörung zu verbieten und zu beenden.

6. Straf- und Strafverfahrensrecht

Kontrollfragen:

Frage 17

17. Wann ist im Falle einer verbotenen Eigenmacht eine Besitzkehr gemäß § 859 Abs. 2 BGB bei beweglichen Sachen zulässig?

- ☐ Eine Besitzkehr ist ohne zeitliche Grenzen möglich, wenn der Täter mit der beweglichen Sache angetroffen wird.
- ☒ Eine Besitzkehr ist zulässig, wenn der Täter auf frischer Tat betroffen wird.
- ☒ Eine Besitzkehr ist zulässig, wenn der Täter auf frischer Tat verfolgt wird.

Frage 18

18. Ein Gast einer Diskothek hat Eintritt bezahlt. Im Laufe des Abends hat der Gast so viel Alkohol getrunken, dass er immer wieder andere Gäste versehentlich anrempelt. Welche Befugnisse hat die Sicherheitsmitarbeiterin B., der das Hausrecht übertragen worden ist?

- ☐ B. kann gar nichts machen, da der Gast regulär Eintritt bezahlt hat.
- ☒ B. kann den Gast auffordern, die Diskothek zu verlassen und ihn notfalls auch der Diskothek verweisen.
- ☐ B. hat nur die Möglichkeit, die Polizei zu rufen und diese zu bitten, das Problem zu lösen.

Frage 19

19. Welche Rechte hat der Hausrechtsinhaber?

- ☒ Der Hausrechtsinhaber kann jederzeit entscheiden, ob eine Person im Hausrechtsbereich verweilen darf oder diesen sofort verlassen muss.
- ☒ Der Hausrechtsinhaber kann jederzeit entscheiden, ob eine andere Person den Hausrechtsbereich betreten darf oder nicht.
- ☐ Um eine Person aus einem Hausrechtsbereich entfernen zu dürfen, muss diese Person sich straf- oder zivilrechtlich falsch verhalten haben.

Lösungen: ab Seite 187

6. Straf- und Strafverfahrensrecht

Notwehr; § 32 StGB; § 227 BGB

Zwei Notwehrparagraphen

§ 32 StGB:
Abs. 1: Wer eine Tat begeht, die durch Notwehr geboten ist, handelt nicht rechtswidrig.
Abs. 2: Notwehr ist die Verteidigung, die erforderlich ist, um einen gegenwärtigen rechtswidrigen Angriff von sich oder einem anderen abzuwenden.
§ 227 BGB:
Abs. 1: Eine durch Notwehr gebotene Handlung ist nicht widerrechtlich.
Abs. 2: Notwehr ist diejenige Verteidigung, welche erforderlich ist, um einen gegenwärtigen rechtswidrigen Angriff von sich oder einem anderen abzuwenden.

„Angriff"

Die Konfliktlage bei der Notwehr ist ein gegenwärtiger rechtswidriger Angriff. Unter einem Angriff versteht man die von einem **Menschen** drohende Verletzung rechtlich geschützter Interessen. Durch Notwehr dürfen also entgegen weit verbreiteter Meinung nicht nur Angriffe gegen Personen (Leben, Leib, Freiheit, Ehre), sondern auch Angriffe gegen Sachen (Eigentum oder Besitz) abgewehrt werden
Notwehrfähig ist also jedes individuelles Rechtsgut.
Die Nichteinhaltung der allgemeinen Rechtsordnung (z.B. permanentes Linksfahren auf der Autobahn) ist dagegen nicht notwehrfähig.

„Gegenwärtig"

Gegenwärtig ist der Angriff, der unmittelbar bevorsteht, begonnen hat oder noch andauert.

„Rechtswidrig"

Rechtswidrig ist der Angriff, wenn er im Widerspruch zur Rechtsordnung, das heißt im Widerspruch zum geltenden Recht steht bzw. wenn der Täter/Verursacher keinen Rechtfertigungsgrund hat.

Nothilfe

Notwehr ist nicht nur zur Abwehr eines Angriffs gegen sich selbst (von sich), sondern auch als **Nothilfe** zur Abwehr eines Angriffs auf ein Rechtsgut eines Dritten (oder eines anderen) erlaubt. Mithin ist es Sicherheitskräften auch erlaubt, Angriffe gegen die Rechtsgüter des Auftraggebers (z.B. Beschmieren der Wände des Auftraggebers mit Farbe) abzuwehren.

Ziel: Beendigung des Angriffs

Die zulässige Handlung bei der Notwehr ist die Verteidigung.
Verteidigung ist jedes Verhalten des Angegriffenen gegen die Rechtsgüter des Angreifers, welches der Beendigung des Angriffs dient.

Verhältnismäßigkeit

Jeder Rechtfertigungsgrund unterliegt dem Verhältnismäßigkeitsprinzip. Die Begrenzung der Verteidigungshandlung bei der Notwehr ergibt sich aus dem Begriff der Erforderlichkeit.

Erforderlich zur Abwehr eines Angriffs ist jede Handlung, welche notwendig und geeignet ist, den Angriff sofort zu beenden. Stehen dem Angegriffenen mehrere gleich wirksame Verteidigungshandlungen zur Verfügung, muss er diejenige wählen, welche den geringsten Schaden verursacht. Er muss das sogenannte **mildeste Mittel** wählen.

Erforderlichkeit beachten

Mildestes Mittel

Jeder Rechtfertigungsgrund enthält auch subjektive Elemente. Der Angegriffene muss bei der Notwehr einen **Verteidigungswillen** haben. Bei einer Schlägerei „unter Männern" handeln die Beteiligten nicht mit einem Verteidigungswillen. Sie können wegen Körperverletzung bestraft werden, und auch zivilrechtliche Folgen wären möglich.

Warum nun die doppelte Aufführung der Notwehrbestimmung im StGB und BGB?

Antwort:

- Notwehr im Sinne des StGB führt dazu, dass die Notwehrhandlung nicht rechtswidrig und mithin nicht strafbar ist.
- Notwehr im Sinne des BGB führt dazu, dass die Notwehrhandlung nicht widerrechtlich ist und mithin kein Schadensersatz gezahlt werden muss.

Folgen der Notwehr im StGB und im BGB

6. Straf- und Strafverfahrensrecht

Kontrollfragen:

Frage 20

20. Welche Aussagen zur Notwehr sind richtig?

- [x] Ein Angriff geht von einem Menschen aus. Durch den Angriff droht die Verletzung rechtlich geschützter Interessen.
- [ ] Ein Angriff kann nur von einem Menschen ausgehen, der mindestens 14 Jahre alt ist, da erst mit diesem Alter die Schuldfähigkeit beginnt.
- [x] Ein Angriff kann auch von einem Menschen ausgehen, der noch keine 14 Jahre alt ist.

Frage 21

21. Welche Rechtsgüter können durch eine Notwehrhandlung verteidigt werden?

- [ ] Es kann nur Leib oder Leben verteidigt werden.
- [x] Es kann jedes individuelle Rechtsgut verteidigt werden.
- [ ] Auch allgemeine Verstöße gegen die Rechtsordnung können von Bürgern im Rahmen der Notwehr unterbunden werden.

Frage 22

22. Was ist unter Nothilfe zu verstehen?

- [x] Nothilfe ist die Verteidigung, um einen gegenwärtigen rechtswidrigen Angriff von einem anderen abzuwenden.
- [ ] Nothilfe liegt vor, wenn der Angriff beispielsweise eines bissigen Hundes abgewehrt wird.

Frage 23

23. Was ist unter dem Begriff der „Erforderlichkeit“ bei der Notwehr zu verstehen?

- [ ] Hierunter fällt jedes geeignete Mittel, um den Angriff zu beenden.
- [x] Bei mehreren geeigneten Mitteln ist das Mittel auszuwählen, welches den geringsten Schaden verursacht.

Lösungen: ab Seite 187

6. Straf- und Strafverfahrensrecht

Rechtfertigender Notstand; § 34 StGB

> *§ 34 StGB:*
> *Wer in einer gegenwärtigen, nicht anders abwendbaren Gefahr für Leben, Leib, Freiheit, Ehre, Eigentum oder ein anderes Rechtsgut eine Tat begeht, um die Gefahr von sich oder einem anderen abzuwenden, handelt nicht rechtswidrig, wenn bei Abwägung der widerstreitenden Interessen namentlich der betroffenen Rechtsgüter und des Grades der ihnen drohenden Gefahren, das geschützte Interesse das beeinträchtigte wesentlich überwiegt. Dies gilt jedoch nur, soweit die Tat ein angemessenes Mittel ist, die Gefahr abzuwenden.*

Die Konfliktlage beim rechtfertigenden Notstand ist eine gegenwärtige Gefahr.

„Gegenwärtige Gefahr“

Eine Gefahr ist ein Zustand, bei dem eine vernünftige Einschätzung der Situation dazu führt, dass der Eintritt eines Schadens wahrscheinlich ist. Hinsichtlich des Begriffs gegenwärtig kann auf die vorstehenden Ausführungen zur Notwehr verwiesen werden.

Beim Notstand wird die zulässige Handlung zur Gefahrenabwehr als Notstandshandlung bezeichnet.

Die Gefahr muss nur durch die Notstandshandlung und nicht anders abwendbar sein.

Nicht anders abwendbar

Beim Notstand müssen die Rechtsgüter gegeneinander abgewogen werden. Das geschützte Interesse muss das durch die Notstandshandlung beeinträchtigte Interesse wesentlich überwiegen.

Güterabwägung

Beispiel:
Bei der Ausfahrtkontrolle eines Lkw bemerkt der Torposten, dass der Fahrer erheblich angetrunken ist. Er verhindert die Abfahrt, indem er dem Fahrer den Zündschlüssel wegnimmt.

Betrunkener Fahrer

Wenn der Lkw-Fahrer betrunken in den öffentlichen Verkehrsraum gefahren wäre, hätte es zu einem Unfall mit Schäden für Leib, Leben oder Eigentum anderer kommen können.

Durch das Eingreifen des Torpostens wird nur der Besitz am Schlüssel entzogen. Zudem wird die Fortbewegungsfreiheit des Fahrers etwas eingeschränkt.

Die Rechtsgüter Leib und Leben gehen aber den Rechtsgütern Besitz und Freiheit vor.

Mithin schützt der Torposten höherwertige Rechtsgüter. Die Wegnahme des Schlüssels ist zulässig.

Auch hier muss ein subjektives Element gegeben sein. Beim rechtfertigenden Notstand ist dieses die Absicht, die Gefahr von sich oder anderen abzuwehren.

Im Beispiel will der Torposten die Gefahren für andere Verkehrsteilnehmer abwenden.

Kontrollfrage:

Frage 24

24. Eine Mitarbeiterin in einer Telefonzentrale nimmt einen Drohanruf entgegen. Der anonyme Anrufer kündigt die Zündung von mehreren Sprengsätzen in dem Betrieb an. Die Telefonzentrale verfügt über die technische Möglichkeit der Aufzeichnung von Anrufen. Darf die Mitarbeiterin beim Erkennen des Drohanrufes die Aufzeichnungsvorrichtung aktivieren?

☐ Ja, sie kann auch ohne Einwilligung des Anrufers das Gespräch aufzeichnen. Die Bestimmung des Rechtfertigenden Notstandes erlaubt es.

☐ Nein, sie braucht immer die Einwilligung des Anrufers, denn sonst macht sie sich strafbar nach § 201 StGB (Verletzung der Vertraulichkeit des Wortes).

Lösung: ab Seite 187

6. Straf- und Strafverfahrensrecht

Defensivnotstand; § 228 BGB

Der Defensivnotstand gemäß § 228 BGB wird auch Verteidigungsnotstand bzw. Sachwehr genannt.

„Verteidigungs-notstand"

> *§ 228 BGB:*
> *Wer eine fremde Sache beschädigt oder zerstört, um eine durch sie drohende Gefahr von sich oder einem anderen abzuwenden, handelt nicht widerrechtlich, wenn die Beschädigung oder die Zerstörung zur Abwendung der Gefahr erforderlich ist und der Schaden nicht außer Verhältnis zu der Gefahr steht ...*

Hinsichtlich des Begriffs der Gefahr kann auf die Erläuterungen beim Rechtfertigenden Notstand gemäß § 34 StGB verwiesen werden.

Hier reicht es, dass die Gefahr droht. Die Gefahr muss noch nicht gegenwärtig aber konkret sein, d.h. es ist in kurzer Zeit mit einem Schadenseintritt zu rechnen.

Die Gefahr muss beim Defensivnotstand von einer Sache ausgehen.

Gefahrenquelle: „Sachen" oder Tiere

Tiere sind zwar keine Sachen, da sie durch besondere Gesetze geschützt werden. Die Vorschriften über Sachen werden aber auf Tiere angewendet, sofern nichts anderes bestimmt ist (§ 90a BGB). Folglich ist es gemäß § 228 BGB erlaubt, angreifende Tiere abzuwehren.

Beim Defensivnotstand richtet sich die Notstandshandlung gegen die Sache, von der die Gefahr ausgeht.

Auf dem Beispielfoto tritt der Mann nach dem angreifenden Hund. Ziel ist die drohende Gefahr, nämlich von dem Hund gebissen zu werden, abzuwehren.

Bei der Abwehrhandlung muss der Verhältnismäßigkeitsgrundsatz beachtet werden.

Das bedeutet, dass

- einerseits die Beschädigung oder die Zerstörung der Sache zur Abwendung der Gefahr erforderlich sein muss,
- andererseits der durch die Notstandshandlung verursachte Schaden zur Gefahr nicht außer Verhältnis stehen darf.

Nicht strafbar...

Ein gezielter Fußtritt kann hier mit Sicherheit als verhältnismäßige Abwehr bezeichnet werden. Durch den Hund drohen dem Mann Gefahren für Leib (Bisse; Kratzer) sowie sein Eigentum (Hose, Jacke). Er darf den Hund nach § 228 BGB beschädigen (verletzen durch Wegtreten als geeignete erforderliche Maßnahme), um die von dem Hund ausgehende Gefahr zu beseitigen. Da Gefahren auch für seinen Leib drohen, steht der Schaden an der Sache (dem Hund) dazu auch nicht außer Verhältnis.

... und nicht schadenersatz-pflichtig

Er muss deshalb den möglicherweise verursachten Schaden in Form der Tierarztkosten nicht an den Hundehalter bezahlen. Er kann auch nicht wegen der tatbestandsmäßigen Begehung einer Sachbeschädigung gemäß § 303 StGB oder wegen Tierquälerei bestraft werden, da er sich auf das Jedermannsrecht des Defensivnotstandes gemäß § 228 BGB berufen kann. Er handelt mithin weder widerrechtlich noch rechtswidrig.

Auch in Fällen eines drohenden Schadens durch Gegenstände kann der Defensivnotstand zum Tragen kommen.

Gefährlicher Antennenmast

Beispiel:
Sicherheitskraft S. stellt bei einem Kontrollgang auf dem Gelände der Firma R. fest, dass eine Antenne auf dem Dach eines Gebäudes aus der Verankerung zu brechen droht. Es könnten Passanten verletzt werden. S. sichert die Gefahrenstelle ab. S. entfernt die Antenne durch Abbrechen der Halterung.
S. muss den entstandenen Schaden nicht bezahlen. Zudem wird S. auch hier nicht wegen einer Sachbeschädigung gemäß § 303 StGB bestraft. S. kann sich auf den Rechtfertigungsgrund des Defensivnotstandes gemäß § 228 BGB berufen.

Bei Gefahren aus der Natur bzw. von Menschen ist der Defensiv-notstand nicht anwendbar.

Kontrollfrage:

Frage 25

25. Welche Aussagen zum Defensivnotstand gemäß § 228 BGB sind richtig?
- ☐ Er erlaubt die Abwehr von Gefahren aus der Natur.
- ☒ Er erlaubt die Abwehr eines angreifenden Tieres.
- ☒ Er erlaubt die Beschädigung einer Sache, von der eine Gefahr ausgeht.
- ☐ Er erlaubt die Abwehr eines angreifenden Menschen.

Lösung: ab Seite 187

6. Straf- und Strafverfahrensrecht

Aggressivnotstand; § 904 BGB

Der Aggressivnotstand gemäß § 904 BGB wird Angriffsnotstand genannt.

„Angriffs-notstand"

> *§ 904 BGB:*
> *Der Eigentümer einer Sache ist nicht berechtigt, die Einwirkung eines anderen auf die Sache zu verbieten, wenn die Einwirkung zur Abwendung einer gegenwärtigen Gefahr notwendig und der drohende Schaden gegenüber dem aus der Einwirkung dem Eigentümer entstehenden Schaden unverhältnismäßig groß ist ...*

Die zulässige Notstandshandlung ist hier die Einwirkung auf eine Sache, von der die Gefahr nicht ausgeht.

Opferbereitschaft in Notlagen

Die Solidarität in unserer Gesellschaft gebietet in besonderen Notlagen eine Opferbereitschaft eines jeden. Aus diesem Grund muss ein Eigentümer einer Sache eine Einwirkung auf seine Sache hinnehmen, damit eine gegenwärtige Gefahr abgewehrt werden kann.

Kommen wir zurück auf das Beispiel mit dem angreifenden Hund. Dem Mann ist es offensichtlich nicht gelungen, den Hund mit einem gezielten Fußtritt zu vertreiben. Er greift zu einem stärkeren Mittel, nämlich einer Holzlatte, die er aus dem Gartenzaun eines fremden Grundstücks herausbrechen will.

Auch hier ist der Grundsatz der Verhältnismäßigkeit zu berücksichtigen. Die Einwirkung auf die Sache muss zur Abwendung der gegenwärtigen Gefahr notwendig sein. Ferner darf der durch die Notstandshandlung verursachte Schaden nicht unverhältnismäßig groß sein.

Der Mann wirkt auf eine Sache (Jägerzaun) ein, die im Eigentum eines anderen steht. Ziel ist es, eine vom Hund ausgehende Gefahr abzuwehren. Da dem Mann Gefahren für seinen Leib drohen, ist der von ihm verursachte Schaden am Jägerzaun auch nicht unverhältnismäßig.

Schadensersatz-anspruch

Der Eigentümer des Jägerzaunes kann seinen Schadensersatzanspruch (Instandsetzungsaufwand) gegen die Gesamtschuldner (Mann und Hundehalter) geltend machen (§ 904 Satz 2 BGB). Wahrscheinlich wird der Hundehalter den Schaden begleichen müssen aus der Tierhalterhaftung des § 833 BGB. Sollte der Hundehalter diesen Schaden nicht zahlen können und auch keine Tierhalterhaftpflicht besitzen, könnte auch der handelnde Mann zum Schadensersatz gemäß § 904 Satz 2 BGB herangezogen werden.

Tatbestandsmäßig, aber nicht rechtswidrig

Zwar verletzt der Mann strafrechtlich betrachtet den objektiven und den subjektiven Tatbestand einer Sachbeschädigung gemäß § 303 StGB. Er kann aber nicht bestraft werden, da er sich auf das Jedermannsrecht des Aggressivnotstandes gemäß § 904 BGB berufen kann. Er handelte also nicht rechtswidrig.

Auch in Fällen des drohenden Schadens durch Gegenstände kann der Aggressivnotstand zum Tragen kommen.

Gefahr durch Gegenstände

Beispiel:
Auf einer stark abschüssigen Fahrbahn kommt ein unbesetzter Pkw ins Rollen in Richtung eines stark besuchten Marktplatzes. Ein entschlossener Passant schiebt ein fremdes am Fahrbahnrand stehendes Motorrad vor den Pkw und bringt dadurch diesen zum Halten. Das Motorrad wird stark beschädigt.

Ähnlich wie bei dem vorherigen Beispiel ist diese Maßnahme zur Abwehr des drohenden Schadens durch § 904 BGB gedeckt. Für den Schaden wird hier die Pflichtversicherung des Pkw-Halters aufkommen müssen.

Kontrollfrage:

Frage 26

26. Welche Aussagen zu den Notständen der §§ 228, 904 BGB sind zutreffend?

- [x] Beim Notstand gemäß § 228 BGB erfolgt eine Einwirkung auf eine Sache, von der die Gefahr ausgeht.
- [ ] Beim Notstand gemäß § 228 BGB erfolgt eine Einwirkung auf eine Sache, von der die Gefahr nicht ausgeht.
- [x] Beim Notstand gemäß § 904 BGB erfolgt eine Einwirkung auf eine Sache, von der die Gefahr nicht ausgeht.
- [ ] Beim Notstand gemäß § 904 BGB erfolgt eine Einwirkung auf eine Sache, von der die Gefahr ausgeht.

Lösung: ab Seite 187

6. Straf- und Strafverfahrensrecht

Vorläufige Festnahme; § 127 Abs. 1 StPO

> *§ 127 Abs. 1 StPO:*
> *Wird jemand auf frischer Tat betroffen oder verfolgt, so ist, wenn er der Flucht verdächtig ist oder seine Identität nicht sofort festgestellt werden kann, jedermann befugt, ihn auch ohne richterliche Anordnung vorläufig festzunehmen ...*

Ausnahme-vorschrift

Festnahmen dürfen grundsätzlich nur durch Bedienstete des Staates erfolgen. Die Ausnahmevorschrift des § 127 Abs. 1 StPO erlaubt aber jedermann eine Festnahme. Dabei ist zu beachten, dass Sinn und Zweck der Vorschrift allein ist, dem Staat zu ermöglichen, die gebotene Strafverfolgung zu tätigen.

Bei der Vorläufigen Festnahme muss als Konfliktlage vorliegen, dass jemand auf frischer Tat betroffen oder verfolgt wird. Auf frischer Tat betroffen ist, wer bei Erfüllung eines Straftatbestandes am Tatort angetroffen wird.

So, wie sich diese Situation hier darstellt, liegt kein „Betreffen auf frischer Tat" vor! Man kann zwar von dem Verdacht ausgehen, dass ein Diebstahl aus einem Pkw gerade stattfindet, aber Verdacht ist nicht Betreffen auf frischer Tat!

Sicherlich würde die Polizei hier einschreiten, aber sie hat andere Rechtsgrundlagen. Jedermann soll es nur gestattet sein, bei klar vorliegenden, gerade stattfindenden Straftaten oder bei sofortiger Verfolgung in diesem Sinne tätig zu werden.

Straftatbestand, rechtswidrig <u>und</u> schuldhaft

Es muss also eine tatbestandsmäßige, rechtswidrige sowie schuldhafte Verwirklichung eines Straftatbestandes vorliegen. Daraus folgt, dass Personen, die offensichtlich schuldunfähig sind, nicht festgenommen werden dürfen. Die Vorläufige Festnahme von Kindern unter 14 Jahren ist somit unzulässig. Auch bei Ordnungswidrigkeiten wie zum Beispiel bei einem Rotlichtverstoß an einer Lichtzeichenanlage ist eine Vorläufige Festnahme nicht zulässig.

Strafantrag nicht erforderlich

Bei den absoluten Antragsdelikten ist die Vorläufige Festnahme nicht von der vorherigen Stellung eines Strafantrages des Opfers abhängig (§ 127 Abs. 3 StPO).

„Verfolgung auf frischer Tat"

Verfolgung auf frischer Tat liegt vor, wenn sich der Täter bereits vom Tatort entfernt hat, aber sichere Anhaltspunkte auf ihn als Täter hinweisen und seine Verfolgung zum Zweck seiner Personalienfeststellung

Fluchtverdacht oder Identität nicht feststellbar

aufgenommen wird. **Als Festnahmegrund muss wahlweise vorliegen, dass der Täter der Flucht verdächtig oder seine Identität nicht sofort feststellbar ist.**
Fluchtverdacht bedeutet, dass die begründete Annahme besteht, dass der Täter sich vom Tatort entfernt, um sich der Strafverfolgung zu entziehen.

Ist die Person bekannt bzw. die Identität sofort feststellbar, zum Beispiel da der Täter glaubhafte Angaben zu seinen Personalien macht oder sich ausweisen kann, darf eine Vorläufige Festnahme nicht erfolgen. **Ziel der Vorläufigen Festnahme ist nämlich nur die Sicherung der Identität des Täters und nicht die Übergabe des Täters an die Polizei. Eine Durchsuchung nach Identitätspapieren ist jedoch unzulässig!**

Notfalls auch Festhalten, Einsperren oder Fesseln erlaubt

§ 127 Abs. 1 StPO erlaubt die Festnahme in Form des Ansprechens, An- oder Festhaltens des Täters. Als so genannte Annexkompetenz (angehängte Kompetenz) erlaubt der Rechtfertigungsgrund der Vorläufigen Festnahme auch einfache körperliche Gewalt gegen den Täter und möglicherweise sogar das Einsperren oder Fesseln des Täters jeweils in Abhängigkeit zur Schwere der verübten Straftat.

Notwehrrechte bei rechtswidriger Gegenwehr

Nicht selten wird der Täter nicht wissen, dass jedermann zur Festnahme befugt ist und sich aus diesem oder anderen Gründen gegen die Festnahme zur Wehr setzen. Die Gegenwehr gegen die Vorläufige Festnahme wäre ein rechtswidriger Angriff des Täters gegen den Festnahmeberechtigten und löst die Notwehrrechte der §§ 227 BGB, 32 StGB aus. Erfolgt die Gegenwehr mittels einer Waffe, so darf der Täter gemäß § 34 StGB (Rechtfertigender Notstand) notfalls auch gewaltsam entwaffnet werden.

Nicht alle Mittel sind zulässig

Grundsätzlich hängt das Recht zur Vorläufigen Festnahme nicht von der Schwere der verübten Straftat ab. Eine Vorläufige Festnahme ist auch bei relativ geringen Straftaten zulässig. Erhebliche körperliche Gewalt wird aber nur bei schwereren Straftaten zur Anwendung gebracht werden dürfen, um die Festnahme durchführen bzw. aufrechterhalten zu können. Der Einsatz von gezielten Schüssen oder Würgegriffen ist für Private zum Zwecke der Festnahme stets unzulässig.

Kontrollfrage:

Frage 27

27. Sicherheitskraft A. hat einen Straftäter gemäß § 127 Abs. 1 StPO vorläufig festgenommen. Welche weiteren Handlungen sind dem A. nach § 127 Abs. 1 StPO erlaubt?

- ☒ A. darf den Straftäter gegebenenfalls auch gewaltsam festhalten, wenn dieser versucht, sich durch Flucht zu entfernen.
- ☐ Auch wenn die Personalien des Straftäters sicher feststehen bzw. dieser dem A. persönlich bekannt ist, darf und muss A. ihn bis zum Eintreffen der Polizei festhalten.
- ☐ A. darf den Straftäter gegen seinen Willen durchsuchen, um seine Personalien z.B. anhand seines Bundespersonalausweises festzustellen.

Lösung:
ab Seite 187

6. Straf- und Strafverfahrensrecht

Selbsthilfe; § 229 BGB

> *§ 229 BGB:*
> *Wer zum Zwecke der Selbsthilfe eine Sache wegnimmt, zerstört oder beschädigt oder wer zum Zwecke der Selbsthilfe einen Verpflichteten, welcher der Flucht verdächtig ist, festnimmt oder den Widerstand des Verpflichteten gegen eine Handlung, die dieser zu dulden verpflichtet ist, beseitigt, handelt nicht widerrechtlich, wenn obrigkeitliche Hilfe nicht rechtzeitig zu erlangen ist und ohne sofortiges Eingreifen die Gefahr besteht, dass die Verwirklichung des Anspruchs vereitelt oder wesentlich erschwert wird.*

Selbsthilfe nur ausnahmsweise

Nach dem Rechtsstaatsprinzip müssen Bürger grundsätzlich ihre Ansprüche auf gewaltfreiem Wege durchsetzen. So können sie sich zum Beispiel durch Erhebung einer Klage an ein Gericht wenden.

Die allgemeine Selbsthilfe bildet eine Ausnahme von diesem Grundsatz.

Grundlage ist ein zivilrechtlicher Anspruch. Einen Anspruch zu haben bedeutet, von einem anderen etwas verlangen zu dürfen, zum Beispiel Zahlungen aus Verträgen, Zahlung von Schadensersatz, Herausgabe von Gegenständen.

Es besteht nun die Gefahr, dass die Verwirklichung dieses Anspruchs entweder vereitelt oder wesentlich erschwert wird, weil obrigkeitliche Hilfe nicht rechtzeitig zu erlangen ist.

„Obrigkeitliche Hilfe“

Unter obrigkeitlicher Hilfe sind die zuständigen Zivilgerichte zu verstehen, die außerhalb der normalen Öffnungszeiten kaum bzw. nur zu bestimmten Zeiten erreichbar sind.

Die staatlichen Behörden – insbesondere die Polizeibehörden – sind für die Sicherung zivilrechtlicher Ansprüche grundsätzlich nur insoweit zuständig, dass sie die Personalien der Parteien feststellen und austauschen.

Ein **Beispiel** aus dem Alltag soll diese Situation verdeutlichen:
In einer Menschenansammlung brennt ein unachtsamer Zigarrenraucher Z. ein Loch in den Mantel einer neben ihm stehenden Person P. Als P. Schadensersatz verlangt, bagatellisiert Z. den Schaden und ist auch nicht bereit, seine Personalien anzugeben.

Sicherung eines Anspruchs

Z. ist schadensersatzpflichtig aus der Verschuldenshaftung (§ 823 BGB, siehe Kapitel Bürgerliches Gesetzbuch, Abschnitt 3.).
Wenn P. nicht sofort etwas unternimmt, wird er seinen Schadensersatzanspruch nicht durchsetzen können, denn „obrigkeitliche Hilfe“ ist nicht zugegen.

Festhalten, bis die Polizei kommt

Also muss es P. möglich sein, den Z. festzuhalten und die Polizei zu rufen. Diese wird dann die Personalien feststellen und austauschen, um ein zivilrechtliches Verfahren zu ermöglichen.

Das Recht für diese Selbsthilfehandlung ergibt sich aus § 229 BGB. Leistet der Verpflichtete Widerstand gegen die vorgenannte Selbsthilfehandlung, so wäre es auch zulässig, diesen Widerstand zu beseitigen.

Bei dem vorstehenden Beispiel waren die Personalien der Parteien nicht bekannt. Es sind auch Fälle vorstellbar, wo trotz bekannter Personalien der Parteien Selbsthilfehandlungen möglich sind. Das ist dann gegeben, wenn sich der Verpflichtete plötzlich dem Zugriff der deutschen Justiz entziehen will.

Selbsthilfehandlungen können auch aus der Wegnahme, Zerstörung oder Beschädigung von Sachen bestehen.

Übertragung auf Dritte

Zivilrechtliche Ansprüche können auf Dritte vertraglich übertragen werden, so dass diese in die Lage versetzt werden, auch Selbsthilfe gemäß § 229 BGB gegenüber dem Verpflichteten auszuüben.

Die Möglichkeiten der Selbsthilfe sind gemäß § 230 BGB begrenzt. Insbesondere muss die gebotene obrigkeitliche Hilfe so schnell wie möglich eingeholt werden, um die „Selbstjustiz" zu beenden. In der Regel wird man sich an ein Gericht oder eine Behörde wenden müssen. Eine irrtümliche Selbsthilfe kann gemäß § 231 BGB Schadensersatz zur Folge haben.

Kontrollfrage:

Frage 28

28. Die Selbsthilfe nach § 229 BGB hat das Ziel:
- ☐ Gewährleistung der Strafverfolgung
- ☐ Entlastung der Zivilgerichte
- ☒ Sicherstellung zivilrechtlicher Ansprüche

Lösung: ab Seite 187

6. Straf- und Strafverfahrensrecht

Lernziele:

Der Leser sollte nennen können:
- alle acht für das Bewachungsgewerbe bedeutsamen Jedermannsrechte
- in welchen Gesetzen diese Jedermannsrechte stehen

Der Leser sollte anhand berufsbezogener Beispiele erklären können:
- warum bei einem Sachverhalt mehrere Jedermannsrechte vorliegen können
- was das jeweilige Jedermannsrecht im Einzelfall bewirkt
- welche Rechte der Besitzer hat und welche Bedingungen vorliegen müssen
- was ein Besitzdiener ist
- welche Rechte der Besitzdiener hat
- was unter dem Hausrecht zu verstehen ist
- was die allgemeine oder erlaubte Selbsthilfe beinhaltet
- wie sich defensiver und aggressiver Notstand unterscheiden
- was die Notwehrbestimmung beinhaltet
- was unter Nothilfe zu verstehen ist
- was ein Rechtfertigender Notstand ist
- welche Voraussetzungen bei der Vorläufigen Festnahme vorliegen müssen

Prüfen Sie Ihr Wissen!

6. Straf- und Strafverfahrensrecht

6.5 Tatbestände aus dem Besonderen Teil des StGB

Im Folgenden: Einzelne wichtige Straftatbestände

In den nachfolgenden Abschnitten sollen nunmehr die für Sicherheitskräfte wichtigsten Straftatbestände des Besonderen Teils des Strafgesetzbuchs sowie des Betäubungsmittelgesetzes erläutert werden.

Als Orientierung dient der aktuelle Rahmenplan für die Sachkundeprüfung (Stand: September 2019)

Aufzählung der prüfungsrelevanten Straftatbestände aus dem Besonderen Teil des StGB:

6.5.1 Straftaten gegen die öffentliche Ordnung: §§ 123, 132, 132a

6.5.2 Falsche uneidliche Aussage, Meineid, falsche Verdächtigung: §§ 153, 154, 164

6.5.3 Beleidigung: § 185

6.5.4 Verletzung des persönlichen Lebens- und Geheimbereichs; §§201, 201a, 202, 202a

6.5.5 Straftaten gegen die körperliche Unversehrtheit: §§ 223, 224, 226, 229

6.5.6 Straftaten gegen die persönliche Freiheit: §§ 238, 239, 240

6.5.7 Diebstahl und Unterschlagung: §§ 242, 243, 244, 246, 248a

6.5.8 Raub, Räuberischer Diebstahl, Erpressung: §§ 249, 252, 253

6.5.9 Begünstigung und Hehlerei: §§ 257, 259

6.5.10 Betrug, Erschleichen von Leistungen §§ 263, 265a,

6.5.11 Urkundenfälschung: § 267

6.5.12 Missbrauch von Ausweispapieren: § 281

6.5.13 Sachbeschädigung: § 303

6.5.14 Brandstiftung: § 306

6.5.15 Unterlassene Hilfeleistung: 323c

6.5.16 Gesetzespaket gegen Hass und Hetze

6. Straf- und Strafverfahrensrecht

6.5.1 Straftaten gegen die öffentliche Ordnung

Hausfriedensbruch; § 123 StGB

Abs. 1: Wer in die Wohnung, in die Geschäftsräume oder in das befriedete Besitztum eines anderen oder in abgeschlossene Räume, welche zum öffentlichen Dienst oder Verkehr bestimmt sind, widerrechtlich eindringt, oder wer, wenn er ohne Befugnis darin verweilt, auf die Aufforderung des Berechtigten sich nicht entfernt, wird mit Freiheitsstrafe bis zu einem Jahr oder mit Geldstrafe bestraft.
Abs. 2: Die Tat wird nur auf Antrag verfolgt.

Schutz des Hausrechts

Die Vorschrift schützt das so genannte Hausrecht, welches bereits bei den Jedermannsrechten erläutert wurde. Kern des Hausrechts ist die Freiheit der Entscheidung darüber, wer sich innerhalb der geschützten Räume und des befriedeten Besitztums aufhalten darf und wer nicht. Der Hausrechtsinhaber muss nicht zwingend Eigentümer des Tatobjekts sein. Es reicht, dass ihm die Befugnis zusteht, über den Zugang und den Aufenthalt in der geschützten Räumlichkeit entscheiden zu können.

Objektiver Tatbestand
Geschützt als Tatobjekte sind alternativ
- Wohnungen,
- Geschäftsräume,
- das befriedete Besitztum oder
- zum öffentlichen Dienst oder Verkehr bestimmte abgeschlossene Räume.

Wohnungen

Wohnungen sind Räume, die Menschen zum Wohnen dienen. Dazu gehören beispielsweise auch Keller, Speicher, Hausflure, Hotelzimmer, Wohnwagen, Zelte und Schiffe. Kraftfahrzeuge sind keine Wohnungen, sondern Beförderungsmittel.

Geschäftsräume

Geschäftsräume sind unbewegliche oder auch mobile Räumlichkeiten, die gewerblichen, künstlerischen, wissenschaftlichen oder ähnlichen Zwecken dienen. Dazu gehören beispielsweise Gasthäuser, Büros, Werkstätten, Lagerhallen oder Marktbuden.

Befriedetes Besitztum

Das befriedete Besitztum ist ein äußerlich erkennbar gegen Betreten gesichertes Grundstück. Befriedet ist es, wenn es zum Beispiel durch Mauern, Zäune, Gräben, Draht oder Bepflanzungen eingehegt ist. Dazu gehören beispielsweise Friedhöfe, eingefriedete Äcker, Wiesen, Weiden und Schonungen; ferner Höfe und Vorgärten.

Abgeschlossene öffentliche Räume

Zum öffentlichen Dienst oder Verkehr bestimmte abgeschlossene Räume sind zum Beispiel Schulen, Kirchen, Gerichte, öffentliche Verkehrsmittel und -einrichtungen, Bahnhöfe und Flughäfen. Bushaltestellen in der Form von nicht abgeschlossenen Räumen gehören nicht dazu.

Tathandlungen sind ebenfalls alternativ

- widerrechtlich einzudringen (eindringen = handeln) oder
- unbefugt zu verweilen und sich auf die Aufforderung des Berechtigten nicht zu entfernen (verweilen = unterlassen).
  In dieser Alternative ist Hausfriedensbruch ein echtes Unterlassungsdelikt (siehe Erläuterungen in dem Abschnitt „6.3.2 Bestimmungen aus dem Allgemeinen Teil des StGB").

„Widerrechtlich eindringen"

Widerrechtlich einzudringen bedeutet, gegen oder ohne den Willen des Hausrechtsinhabers mit dem Körper oder mit einem Teil des Körpers in die geschützte Räumlichkeit zu gelangen. **Beispiele:** Übersteigen des Zaunes des Werkgeländes; Hineingreifen zwecks Lösens der Sicherungskette.
Das Einverständnis des Hausrechtsinhabers schließt ein widerrechtliches Eindringen aus, auch dann, wenn dieses erschlichen ist.

Bei Räumlichkeiten, die dem allgemeinen Publikumsverkehr offenstehen, wie zum Beispiel Geschäften, Museen, Behörden oder Verkehrsmittel liegt eine generelle Zutrittserlaubnis für jedermann vor. Hier macht sich nur des Hausfriedensbruchs schuldig, wer sich trotz zuvor ausdrücklich erteilten Hausverbots in diese Räumlichkeit begibt.

„Unbefugt verweilen"

Unbefugtes Verweilen und sich auf die Aufforderung des Berechtigten nicht zu entfernen bedeutet, dass der Aufenthalt in der geschützten Räumlichkeit zunächst rechtmäßig war und das Recht zum Aufenthalt dann erloschen ist. Dieses ist beispielsweise in einem Kaufhaus der Fall, wenn alle Kunden vom Personal gebeten werden, das Kaufhaus zu verlassen, da in Kürze geschlossen werden soll.

Subjektiver Tatbestand

Vorsatz

Der subjektive Tatbestand des Hausfriedensbruchs verlangt Vorsatz. Der fahrlässige Hausfriedensbruch ist straflos.

Falls Sie nicht ganz sicher sind, lesen Sie bitte nach! (Seite 70 und 77)

Erinnern Sie sich an die Grafik und die Fotos, welche in dem Abschnitt „6.3.2 Bestimmungen aus dem Allgemeinen Teil des StGB" zur Veranschaulichung von vorsätzlichem und fahrlässigem Handeln bzw. des subjektiven (inneren) Tatbestandes dienten?

Vergehen

Der Hausfriedensbruch ist ein Vergehen.
Der versuchte Hausfriedensbruch ist straflos.

Antragsdelikt Privatklagedelikt

Der Hausfriedensbruch ist ein absolutes Antragsdelikt sowie ein Privatklagedelikt gemäß § 374 Abs. 1 Nr. 1 StPO.

6. Straf- und Strafverfahrensrecht

Amtsanmaßung; § 132 StGB

§ 132 StGB: Wer unbefugt sich mit der Ausübung eines öffentlichen Amtes befasst oder eine Handlung vornimmt, welche nur kraft eines öffentlichen Amtes vorgenommen werden darf, wird mit Freiheitsstrafe bis zu zwei Jahren oder mit Geldstrafe bestraft.

Die Bevölkerung muss Vertrauen in die Echtheit und Zuverlässigkeit von Hoheitsakten haben dürfen. Mithin schützt diese Vorschrift die staatliche Organisation und die Staatsgewalt vor unbefugter Ausübung eines öffentlichen Amtes.

Schutz des Vertrauens in Hoheitsakte

Alternativ sind zwei Tathandlungen strafbedroht:
- sich unbefugt mit der Ausübung eines öffentlichen Amtes zu befassen oder
- eine Handlung vorzunehmen, die nur kraft eines öffentlichen Amtes vorgenommen werden darf

Beispiel: Zulässig bei dieser Ausfahrtkontrolle ist eine Nachschau, die auf der Grundlage von Betriebsvereinbarungen bzw. Vereinbarungen mit Besuchern beruht. Nicht zulässig ist eine Durchsuchung des Pkw gegen den Willen des Fahrers. Bei im Fahrzeuginneren liegenden Decken und dergleichen ist der Fahrer zu bitten, diese anzuheben und Behältnisse zu öffnen. Bei Weigerung ist grundsätzlich eine Meldung zu fertigen. Zwangsmaßnahmen sind nur unter den Voraussetzungen der Selbsthilferechte des Besitzers / Besitzdieners zulässig (siehe Abschnitt „6.4 Bedeutung und Anwendung der Jedermannsrechte'").

Die Straftatbestimmung der Amtsanmaßung korrespondiert mit der Bewachungsverordnung. Dort ist im § 17 Dienstanweisung u.a. aufgeführt:

Die Dienstanweisung muss den Hinweis enthalten, dass die Wachperson nicht die Eigenschaft und die Befugnisse eines Polizeivollzugsbeamten, oder eines sonstigen Bediensteten einer Behörde besitzt.

Subjektiver Tatbestand

Der subjektive Tatbestand verlangt Vorsatz. Die fahrlässige Amtsanmaßung ist straflos.

Vorsatz

Sonstiges

Die Amtsanmaßung ist ein Vergehen.

Vergehen

Die versuchte Amtsanmaßung ist straflos.

Die Amtsanmaßung ist ein Offizialdelikt.

Offizialdelikt

6. Straf- und Strafverfahrensrecht

Missbrauch von Titeln, Berufsbezeichnungen und Abzeichen; § 132a StGB

§ 132a StGB (Auszug und Vereinfachung aus 1. und 2. Absatz):
Wer unbefugt
1. inländische oder ausländische Amts- oder Dienstbezeichnungen, akademische Grade, Titel oder öffentliche Würden führt,
2. Berufsbezeichnungen wie Arzt, Apotheker oder Rechtsanwalt führt,
3. die Bezeichnung öffentlich bestellter Sachverständiger führt oder
4. Uniformen, Amtskleidungen oder Amtsabzeichen trägt,
oder etwas führt oder trägt, was zum Verwechseln ähnlich ist, wird mit Freiheitsstrafe bis zu einem Jahr oder mit Geldstrafe bestraft.

Schutz vor falschem Schein

Die Vorschrift schützt die Allgemeinheit vor dem Auftreten von Personen, die einen falschen Schein erwecken. Sie ergänzt die Straftatbestimmung der Amtsanmaßung insoweit, dass hier keine Amtshandlungen vorgenommen werden müssen.

Tathandlungen sind alternativ:

- Führen der genannten Titel oder ähnlicher Titel
- Tragen der genannten Dinge oder ähnlicher Dinge

Beispiel: Dienstkleidung

Auch hier können wir eine Verbindung zur Bewachungsverordnung herstellen. Im § 19 BewachV ist festgelegt, dass die Dienstkleidung so beschaffen sein muss, dass sie nicht mit Uniformen der Angehörigen von Streitkräften oder behördlichen Vollzugsorganen verwechselt werden kann. Das gleiche gilt für Abzeichen.

Subjektiver Tatbestand

Vorsatz

Der subjektive Tatbestand verlangt Vorsatz. Die fahrlässige Begehung ist straflos.

Sonstiges

Vergehen

Der Missbrauch von Titeln ist ein Vergehen.
Der Versuch ist straflos.

Offizialdelikt

Es ist ein Offizialdelikt.

6.5.2 Falsche uneidliche Aussage, Meineid, falsche Verdächtigung

Falsche uneidliche Aussage; § 153 StGB

> *§ 153 StGB:*
> *Wer vor einem Gericht als Zeuge falsch aussagt, wird mit Freiheitsstrafe von 3 Monaten bis zu 5 Jahren bestraft.*

Schutz der Rechtspflege

Die Vorschrift schützt die staatliche Rechtspflege.
Erinnern Sie bitte die Funktion des Zeugen, die im Abschnitt „6.2.2 Rechte und Pflichten des Zeugen“ dargestellt wurde.

Objektiver Tatbestand

„Falsche Aussage“

Der objektive Tatbestand setzt eine falsche Aussage voraus. Eine Aussage ist falsch, wenn sie objektiv nicht der Wahrheit entspricht.

Subjektiver Tatbestand

Vorsatz

Der subjektive Tatbestand verlangt Vorsatz. Die fahrlässige Falsche uneidliche Aussage ist straflos.

Sonstiges

Vergehen

Die Falsche uneidliche Aussage ist ein Vergehen.
Der Versuch ist straflos.

Offizialdelikt

Es ist ein Offizialdelikt.

Meineid; § 154 StGB

> *§ 154 StGB (verkürzt)*
> *Abs. 1: Wer vor Gericht falsch schwört, wird mit Freiheitsstrafe nicht unter einem Jahr bestraft.*

Die Vorschrift schützt als Qualifikation der Falschen uneidlichen Aussage ebenfalls die staatliche Rechtspflege.

Qualifikation

Qualifikation bedeutet eine Norm mit einer höheren Strafandrohung als der Grundtatbestand.

Objektiver Tatbestand

Der objektive Tatbestand setzt voraus,
dass die falsche Aussage beschworen wird.

Subjektiver Tatbestand

Vorsatz — Der subjektive Tatbestand verlangt Vorsatz.

Sonstiges

Verbrechen — Der Meineid ist ein Verbrechen.

Versuch strafbar — Der Versuch ist strafbar.

Offizialdelikt — Es ist ein Offizialdelikt.

Falsche Verdächtigung; § 164 StGB

> *§ 164 StGB (verkürzt)*
> *Abs. 1: Wer einen anderen bei einer Behörde oder einem zur Entgegennahme von Anzeigen zuständigen Amtsträger oder militärischen Vorgesetzten oder öffentlich wider besseres Wissen einer rechtswidrigen Tat oder der Verletzung einer Dienstpflicht in der Absicht verdächtigt, ein behördliches Verfahren oder andere behördliche Maßnahmen gegen ihn herbeizuführen oder fortdauern zu lassen, wird mit Freiheitsstrafe bis zu fünf Jahren oder mit Geldstrafe bestraft.*

Schutz für Unschuldige — Die Vorschrift schützt die inländische staatliche Rechtspflege sowie den Unschuldigen vor irrtumsbedingten staatlichen Maßnahmen.

Objektiver Tatbestand

Dieser setzt voraus, dass eine andere Person falsch verdächtigt wird. Durch Mitteilung an eine Behörde, im Regelfall Polizei oder Staatsanwaltschaft, wird ein unwahrer Verdacht gegen eine bestimmte identifizierbare Person erhoben.

Subjektiver Tatbestand

Vorsatz und „wider besseres Wissen" — Der Täter handelt vorsätzlich und in Kenntnis der Unwahrheit der geäußerten Verdächtigung, d.h. wider besseres Wissen. Außerdem hat er die Absicht der Herbeiführung eines behördlichen Verfahrens. Er will also im Regelfall, dass ein Ermittlungsverfahren eingeleitet wird. Alternativ kann die Absicht auch auf die Herbeiführung einer behördlichen Maßnahme gerichtet sein, z.B. die vorläufige Entziehung der Fahrerlaubnis.

Sonstiges

Vergehen — Die falsche Verdächtigung ist ein Vergehen.

Versuch straflos — Der Versuch ist straflos.

Offizialdelikt — Es ist ein Offizialdelikt.

6.5.3 Beleidigung; § 185 StGB

§ 185 StGB
Die Beleidigung wird mit Freiheitsstrafe bis zu einem Jahr oder mit Geldstrafe und, wenn die Beleidigung öffentlich, in einer Versammlung, durch Verbreiten eines Inhalts (§ 11 Abs. 3 StGB) *oder mittels einer Tätlichkeit begangen wird, mit Freiheitsstrafe bis zu zwei Jahren oder mit Geldstrafe bestraft.*

§ 11 Abs. 3 StGB Personen- und Sachbegriffe
Inhalte im Sinne der Vorschriften, die auf diesen Absatz verweisen, sind solche, die in Schriften, auf Ton- oder Bildträgern, in Datenspeichern, Abbildungen oder anderen Verkörperungen enthalten sind oder auch unabhängig von einer Speicherung mittels Informations- oder Kommunikationstechnik übertragen werden.

Schutz der Ehre

Die Vorschrift schützt die persönliche Ehre, also den inneren Wert und die Würde des Menschen.

Tathandlung des objektiven Tatbestandes ist die Beleidigung.

„Beleidigen"

Beleidigen bedeutet die Kundgabe der Miss- oder Nichtachtung gegenüber einem anderen, die von jemandem zur Kenntnis genommen werden muss. Die Kundgabe der Beleidigung erfolgt regelmäßig in mündlicher Form, sie kann aber auch durch Schrift, Bild, Symbol oder eine Tätlichkeit (z.B. Anspucken) erfolgen.

Beleidigung im Netz

Wer öffentlich im Netz Menschen beleidigt, kann mit bis zu zwei Jahren Freiheitsstrafe bestraft werden.

Der Gesetzgeber hat bewusst darauf verzichtet, Beispiele der Beleidigung zu normieren. Zeitlicher Wandel in der Deutung der Begriffe sowie kulturelle Unterschiede lassen dies auch nicht zweckmäßig erscheinen.

„Geiler Opa"

War früher die Bezeichnung „geiler Opa" generell eine Missachtung, so kann sich heute beispielsweise ein älterer Motorradfahrer einer besonderen Wertschätzung sicher sein, wenn er insbesondere von jungen Leuten als „geiler Opa mit Moped" tituliert wird.

Subjektiver Tatbestand

Vorsatz

Der subjektive Tatbestand der Beleidigung verlangt Vorsatz. Die fahrlässige Beleidigung ist straflos.

Sonstiges

Vergehen

Die Beleidigung ist ein Vergehen.

Die versuchte Beleidigung ist straflos.

Antragsdelikt

Die Beleidigung ist grundsätzlich ein absolutes Antragsdelikt (Ausnahmen: § 194 StGB*).

Wie Sie beruflich zweckmäßig mit Beleidigungen umgehen sollten, um nicht in den Kreislauf der Konflikteskalation zu geraten und Ihren beruflichen Auftrag aus den Augen zu verlieren, können Sie in dem Lehrheft „Umgang mit Menschen" aus dem Leitfaden Sachkundeprüfung nachlesen.

Besonderer Rechtfertigungsgrund für die Beleidigung ist § 193 StGB:

> *§ 193 StGB:*
> *Tadelnde Urteile über wissenschaftliche, künstlerische oder gewerbliche Leistungen, desgleichen Äußerungen, welche zur Ausführung oder Verteidigung von Rechten oder zur Wahrnehmung berechtigter Interessen gemacht werden, sowie Vorhaltungen und Rügen der Vorgesetzten gegen ihre Untergebenen, dienstliche Anzeigen oder Urteile von Seiten eines Beamten und ähnliche Fälle sind nur insofern strafbar, als das Vorhandensein einer Beleidigung aus der Form der Äußerung oder aus den Umständen, unter welchen sie geschah, hervorgeht.*

Tatbestandsmäßig, aber nicht rechtswidrig

Beispiel: Der Strafverteidiger V. bewertet in seinem Schlussplädoyer den Zeugen Z. als total unglaubwürdigen Aufschneider, da dieser über eigene Erlebnisse berichtete, die er nachweislich selbst nicht wahrnehmen konnte. V. erfüllt den objektiven und den subjektiven Tatbestand einer Beleidigung gemäß § 185 StGB. Er kann aber nicht bestraft werden, denn er handelt nicht rechtswidrig. Das Verhalten des V. ist nach § 193 StGB erlaubt, da er im Rahmen seiner Verteidigeraufgabe berechtigte Interessen wahrnimmt.

Weitere Ehrverletzungsdelikte sind die
- Üble Nachrede (§ 186 StGB) sowie die
- Verleumdung (§ 187 StGB).

* § 194 StGB: …Ist die Tat in einer Versammlung oder dadurch begangen, dass ein Inhalt (§ 11 Absatz 3**) verbreitet oder der Öffentlichkeit zugänglich gemacht worden ist, so ist ein Antrag nicht erforderlich, wenn der Verletzte als Angehöriger einer Gruppe unter der nationalsozialistischen oder einer anderen Gewalt- und Willkürherrschaft verfolgt wurde, diese Gruppe Teil der Bevölkerung ist und die Beleidigung mit dieser Verfolgung zusammenhängt. In den Fällen der §§ 188 (Gegen Personen des politischen Lebens gerichtete Beleidigung, üble Nachrede und Verleumdung) und 192a (Verhetzende Beleidigung) wird die Tat auch dann verfolgt, wenn die Strafverfolgungsbehörde wegen des besonderen öffentlichen Interesses an der Strafverfolgung ein Einschreiten von Amts wegen für geboten hält. Die Taten nach den Sätzen 2 und 3 können jedoch nicht von Amts wegen verfolgt werden, wenn der Verletzte widerspricht…
** Text auf der vorigen Seite.

6.5.4 Verletzung des persönlichen Lebens- und Geheimbereichs

Diese Rechtsvorschriften sind im Rahmenplan zwar nicht aufgeführt, aber der Sicherheitsdienst kann mit diesen Bestimmungen in bestimmten Situationen durchaus konfrontiert werden. So stellt sich beispielsweise die Frage eines Rechtfertigungsgrundes in der beruflichen Aufnahme von Drohanrufen (Seite 111, 112: Verletzung der Vertraulichkeit des Wortes; § 201 StGB).

Verletzung der Vertraulichkeit des Wortes; § 201 StGB

§ 201 StGB:
Abs. 1: Mit Freiheitsstrafe bis zu drei Jahren oder mit Geldstrafe wird bestraft, wer unbefugt
1. das nichtöffentlich gesprochene Wort eines anderen auf einen Tonträger aufnimmt oder
2. eine so hergestellte Aufnahme gebraucht oder einem Dritten zugänglich macht.

Abs. 2: Ebenso wird bestraft, wer unbefugt
1. das nicht zu seiner Kenntnis bestimmte nichtöffentlich gesprochene Wort eines anderen mit einem Abhörgerät aufnimmt oder
2. das nach Abs. 1 Nr. 1 aufgenommene oder nach Abs. 2 Nr. 1 abgehörte nicht öffentlich gesprochene Wort eines anderen im Wortlaut oder seinem wesentlichen Inhalt nach einem anderen mitteilt.
Die Tat nach Satz 1 Nr. 2 ist nur strafbar, wenn die öffentliche Mitteilung geeignet ist, berechtigte Interessen eines anderen zu beeinträchtigen. Sie ist nicht rechtswidrig, wenn die öffentliche Mitteilung zur Wahrnehmung überragender öffentlicher Interessen gemacht wird.

Abs. 4: Der Versuch ist strafbar.

Das geschützte Rechtsgut ist das vertrauliche Gespräch der Menschen untereinander.

Schutz des vertraulichen Gesprächs

Objektiver Tatbestand

Tatobjekt ist das nichtöffentlich gesprochene Wort. Es handelt sich also um Äußerungen, die nicht für die Allgemeinheit bestimmt sind, z.B. Gespräche in der eigenen Wohnung, Betriebsversammlungen, Vorstandssitzungen pp. Tathandlungen sind alternativ:

- Auf einen Tonträger aufnehmen
- Gebrauchen einer Aufnahme: Abspielen, Vorspielen, Kopieren
- Aufnahme Dritten zugänglich machen: Übergeben des Tonträgers
- Abhören mit einem Anhörgerät: Wanzen, Anzapfen des Telefons
- Öffentlich machen des Aufgenommenen oder Abgehörten: Verbreiten

Subjektiver Tatbestand

Vorsatz

Der subjektive Tatbestand verlangt Vorsatz.

Sonstiges

Vergehen
Versuch strafbar
Absolutes Antragsdelikt

Es handelt sich um ein Vergehen.
Der Versuch ist gemäß § 201 Abs. 4 strafbar.
Die Verfolgung ist nur möglich, wenn der Geschädigte einen Strafantrag stellt (absolutes Antragsdelikt).

Interessen-abwägung

§ 201 Abs. 2 StGB verlangt eine **Interessenabwägung zur Feststellung der Rechtswidrigkeit:** Das Interesse am Schutz der Intimsphäre muss gegebenenfalls überragenden öffentlichen Interessen weichen – vgl. Rechtfertigender Notstand, § 34 StGB, Kontrollfrage 24, Aufnahme von Drohanrufen auch ohne Einwilligung des Anrufers.

Verletzung des höchstpersönlichen Lebensbereichs und von Persönlichkeitsrechten durch Bildaufnahmen; § 201a StGB

§ 201a StGB
Abs. 1: Mit Freiheitsstrafe bis zu 2 Jahren oder Geldstrafe wird bestraft, wer
1. von einer anderen Person, die sich in einer Wohnung oder einem gegen Einblick besonders geschützten Raum befindet, unbefugt eine Bildaufnahme herstellt oder überträgt und dadurch den höchstpersönlichen Lebensbereich der abgebildeten Person verletzt,
2. eine Bildaufnahme, die die Hilflosigkeit einer Person zur Schau stellt, unbefugt herstellt oder überträgt und dadurch den höchstpersönlichen Lebensbereich der abgebildeten Person verletzt.

Abs. 2: Ebenso wird bestraft, wer unbefugt von einer anderen Person eine Bildaufnahme, die geeignet ist dem Ansehen der Person erheblich zu schaden, einer dritten Person zugänglich macht.

Abs. 3: (verkürzt) Herstellen oder Anbieten gegen Entgelt von Bildaufnahmen von anderen Personen unter 18 Jahren, die die Nacktheit dieser Personen zum Gegenstand hat.

Geschützte Rechtsgüter

- Generell die Menschenwürde
- Insbesondere der höchstpersönliche Lebensbereich in Wohnungen, auf Privatgrundstücken oder als Unfallopfer
- Das Ansehen der Menschen in der Gemeinschaft
- Der besondere Schutz von Kindern und Jugendlichen

Menschenwürde
Ansehen
Jugendschutz

Objektiver Tatbestand

- Jede Art von Bildaufnahmen sind erfasst
- **Unbefugt** sind die Aufnahmen, wenn offensichtlich der Geschädigte keine ausdrückliche Zustimmung gegeben hat oder geben konnte
- Das gilt auch grundsätzlich für das Überfliegen des Nachbargrundstücks mittels einer zivilen **Drohne** zur Herstellung oder Übertragung von Bildaufnahmen anderer Personen

Subjektiver Tatbestand
Der subjektive Tatbestand verlangt Vorsatz.

Vorsatz

Sonstiges
Es handelt sich um ein Vergehen und

- gemäß § 205 Abs. 1 Satz 2 StGB um ein relatives Antragsdelikt und
- gemäß § 374 Abs. 1 Nr. 2a StPO um ein Privatklagedelikt.

Vergehen

Relatives Antragsdelikt
Privatklagedelikt
Versuch straflos

Der Versuch ist straflos.

Das grundgesetzlich geschützte Recht der Medien zur Berichterstattung kann mit dem Persönlichkeitsrecht des Einzelnen kollidieren.

Außerdem können Bildaufnahmen im Rahmen einer hoheitlichen Maßnahme (Straftaten- und Unfallaufklärung) erforderlich sein.

6. Straf- und Strafverfahrensrecht

Verletzung von Briefgeheimnissen; § 202 StGB

§ 202 StGB
Abs. 1: Wer unbefugt
1. einen verschlossenen Brief oder ein anderes verschlossenes Schriftstück, die nicht zu seiner Kenntnis bestimmt sind, öffnet oder
2. sich vom Inhalt eines solchen Schriftstücks ohne Öffnung des Verschlusses unter Anwendung technischer Mittel Kenntnis verschafft, wird mit Freiheitsstrafe bis zu einem Jahr oder mit Geldstrafe bestraft, sofern die Tat nicht nach § 206 StGB (Verletzung des Post- und Fernmeldegeheimnisses) mit Strafe bedroht ist.

Abs. 2: Ebenso wird bestraft, wer sich unbefugt vom Inhalt eines Schriftstücks, das nicht zu seiner Kenntnis bestimmt und durch ein verschlossenes Behältnis gegen Kenntnisnahme besonders gesichert ist, Kenntnis verschafft, nachdem er dazu das Behältnis geöffnet hat.

Schutz des Briefgeheimnisses

Das geschützte Rechtsgut ist das Briefgeheimnis.

Objektiver Tatbestand

Tatobjekte sind alternativ:
- Briefe und verschlossene Schriftstücke, wie Tagebücher, Pläne
- in einem Behältnis verschlossene Schriftstücke, wie Tresor, Kassette, Schrank, verschließbare Aktentasche

Arten der Kenntnisnahme

Tathandlungen sind alternativ:
- Öffnen bedeutet Verletzung oder Überwindung des Verschlusses, wie Lösen der Verklebung des Briefumschlages über Wasserdampf
- Kenntnisnahme unter Verwendung technischer Mittel, wie Durchleuchtungsvorrichtung
- Öffnen des Behältnisses zum Zwecke der Kenntnisnahme

Subjektiver Tatbestand

Der subjektive Tatbestand verlangt Vorsatz.

Vergehen
Privatklagedelikt
Versuch straflosr
Absolutes Antragsdelikt

Sonstiges

Es handelt sich um ein Vergehen und ein Privatklagedelikt.
Der Versuch ist straflos.
Die Verfolgung ist nur möglich, wenn der Geschädigte einen Strafantrag stellt (absolutes Antragsdelikt).

6. Straf- und Strafverfahrensrecht

Ausspähen von Daten; § 202a StGB

§ 202a StGB
Abs. 1: Wer unbefugt Daten, die nicht für ihn bestimmt und die gegen unberechtigten Zugang besonders gesichert sind, sich oder einem Dritten verschafft, wird mit Freiheitsstrafe bis zu drei Jahren oder mit Geldstrafe bestraft.
Abs. 2: Daten im Sinne des Absatzes 1 sind nur solche, die elektronisch, magnetisch oder sonst nicht unmittelbar wahrnehmbar gespeichert sind oder übertragen werden.

Die Vorschrift schützt Datenbanken und Datenverarbeitungssysteme vor unbefugten Zugriffen.

Schutz vor unbefugtem Zugriff

Objektiver Tatbestand
Tatobjekte sind Daten im Sinne des Absatzes 2:
- Der Datenbegriff geht über personenbezogene Daten im Sinne von § 4 DSGVO und § 46 BDSG hinaus.
- Daten dürfen mit den natürlichen Sinnen nicht, sondern nur künstlich wahrnehmbar sein, wie Mikroskop, Sensor, Drucker, Bildschirm.
- Daten können gespeichert sein, z.B. digital oder analog; Festplatten, Diskette, CD etc.
- Daten können übermittelt werden, z.B. Online-Daten-Übertragung
- Daten können „sonst" gespeichert sein, z.B. CD-ROM, neue Speichermethoden.

Tathandlung
- Daten sich oder einem Dritten verschaffen, z.B. Kopieren von Datenträgern oder durch Computerhacken in das System eines anderen gelangen.

Subjektiver Tatbestand
Der subjektive Tatbestand verlangt Vorsatz.

Vorsatz

Sonstiges
Es handelt sich um ein Vergehen und gemäß § 205 Abs. 1 Satz 2 StGB um ein relatives Antragsdelikt. Der Versuch ist straflos.

Vergehen Relatives Antragsdelikt Versuch straflos

Datenveränderungen sind gemäß § 303a StGB strafbar.
Darunter ist das Löschen, Unterdrücken, Unbrauchbarmachen oder Verändern von Daten zu verstehen. Hier ist der Versuch strafbar. Es handelt sich um ein relatives Antragsdelikt.

Datenveränderung

6.5.5 Straftaten gegen die körperliche Unversehrtheit

Vorsätzliche Körperverletzung; § 223 StGB

§ 223 StGB:
Abs. 1: Wer eine andere Person körperlich misshandelt oder an der Gesundheit beschädigt, wird mit Freiheitsstrafe bis zu fünf Jahren oder Geldstrafe bestraft.
Abs. 2: Der Versuch ist strafbar.

Schutz der Unversehrtheit

Die Körperverletzungsdelikte schützen die körperliche Unversehrtheit des Menschen unter Einschluss seines körperlichen und gesundheitlichen Wohlbefindens.

Geschützt als Tatobjekt ist jeder andere lebende Mensch. Selbstverletzungen sind grundsätzlich straflos und allenfalls als (zur Zeit nicht relevante) Wehrpflichtentziehung nach § 17 Wehrstrafgesetzbuch bzw. § 109 StGB strafbar.

Objektiver Tatbestand
Tathandlungen der sogenannten einfachen Körperverletzung sind alternativ

- körperliches Misshandeln oder
- Beschädigen der Gesundheit.

„Misshandlung"

Eine körperliche Misshandlung ist jede üble, unangemessene Behandlung, durch die das Opfer in seinem körperlichen Wohlbefinden oder in seiner körperlichen Unversehrtheit nicht nur unerheblich beeinträchtigt wird.
Beispiele: Zufügen von Prellungen oder Wunden, Zähne ausschlagen, durch extreme Geräuschentwicklung eine starke Beeinträchtigung des körperlichen Wohlbefindens herbeiführen.

„Gesundheitsschädigung"

Eine Gesundheitsschädigung ist das Hervorrufen oder Steigern eines vom Normalzustand der körperlichen Funktionen des Opfers nachteilig abweichenden krankhaften Zustandes körperlicher oder seelischer Art. Eine Schmerzzufügung ist nicht erforderlich.
Beispiele: Übertragung einer Krankheit, wie z.B. HIV, Betäubung, Verabreichung von Drogen, Herbeiführung eines Schockzustandes.

Subjektiver Tatbestand
Der subjektive Tatbestand der einfachen Körperverletzung verlangt Vorsatz.

Vergehen
Versuch strafbar
Relatives Antragsdelikt
Privatklagedelikt

Sonstiges
Die vorsätzliche Körperverletzung ist ein Vergehen.
Der Versuch ist gemäß § 223 Abs. 2 StGB strafbar.
Die vorsätzliche Körperverletzung ist gemäß § 230 StGB ein relatives Antragsdelikt sowie Privatklagedelikt gemäß § 374 Abs. 1 Nr. 4 StPO.

6. Straf- und Strafverfahrensrecht

Fahrlässige Körperverletzung; § 229 StGB

> *§ 229 StGB:*
> *Wer durch Fahrlässigkeit die Körperverletzung einer anderen Person verursacht, wird mit Freiheitsstrafe bis zu drei Jahren oder mit Geldstrafe bestraft.*

Objektiver Tatbestand
Siehe vorsätzliche Körperverletzung

Subjektiver Tatbestand
Fahrlässige Begehungsweise **Fahrlässigkeit**

Sonstiges
Die fahrlässige Körperverletzung ist ein Vergehen. **Vergehen**
Der Versuch ist nicht strafbar.
Die fahrlässige Körperverletzung ist gemäß § 230 StGB ein relatives Antragsdelikt sowie Privatklagedelikt gemäß § 374 Abs. 1 Nr. 4 StPO. **Antragsdelikt** **Privatklagedelikt**

Gefährliche Körperverletzung; § 224 StGB

Die einfache Körperverletzung wird durch eine besondere Art und Weise der Begehung als Gefährliche Körperverletzung höher bestraft. Dieses nennt man, wie bereits ausgeführt, Qualifikation.

> *§ 224 StGB:*
> *Abs. 1: Wer die Körperverletzung*
> *1. durch Beibringen von Gift oder anderen gesundheitsschädlichen Stoffen,*
> *2. mittels einer Waffe oder eines anderen gefährlichen Werkzeugs,*
> *3. mittels eines hinterlistigen Überfalls,*
> *4. mit einem anderen Beteiligten gemeinschaftlich*
> *oder*
> *5. mittels einer das Leben gefährdenden Behandlung*
> *begeht, wird mit Freiheitsstrafe von sechs Monaten bis zu zehn Jahren, in minder schweren Fällen mit Freiheitsstrafe von drei Monaten bis zu fünf Jahren bestraft.*
> *Abs. 2: Der Versuch ist strafbar.*

Objektiver Tatbestand
Tatbestandsalternativen des objektiven Tatbestandes sind:

„Gesundheitsschädliche Stoffe"

Nr. 1: Gifte sind Stoffe, die durch chemische oder chemisch-physikalische Wirkung die Gesundheit zerstören. **Beispiele:** Knollenblätterpilz, Schlangengifte, Rauschgifte, Arsen, Blei, Zyankali
Gesundheitsschädliche Stoffe wirken mechanisch oder thermisch.
Beispiele: Säuren, Reizgas, heiße Flüssigkeit

„Werkzeuge"

Nr. 2: Waffen sind Waffen im technischen Sinne.
Beispiele: Schusswaffen, Hieb-, Stich- oder Stoßwaffen
Werkzeuge sind bewegliche Gegenstände, die nach der Art ihrer Beschaffenheit und nach der Art ihrer Benutzung konkret geeignet sind, erhebliche Verletzungen herbeizuführen.
Beispiele: Baseball-Schläger, bissige Hunde.
Körperteile auch der Kampfsportler und Boxer scheiden aus, da sie keine Gegenstände sind. Der „feste" Schuh am Fuß kann abhängig von seiner Beschaffenheit aber ein anderes gefährliches Werkzeug sein. Mauern und Wände etc. scheiden aus, da diese nicht beweglich sind.

„Hinterlist"

Nr. 3: Ein Überfall ist jeder plötzliche, unerwartete Angriff, auf welchen sich das Opfer nicht vorbereiten kann.
Hinterlist bedeutet, dass der Täter seine wahre Absicht verdeckt und mit List vorgeht, um dem Angegriffenen die Verteidigung zu erschweren oder auszuschließen.
Beispiele: Stolperdraht spannen, Hand zur Versöhnung geben und dann schlagen oder treten, Opfer aus Versteck auflauern

„Gemeinschaftlich"

Nr. 4: Die Tat wird von mehreren gemeinschaftlich verübt, wenn das Opfer mindestens zwei Angreifer antrifft und sich dadurch eingeschüchtert und in seiner Verteidigung gehemmt fühlt. Es ist nicht erforderlich, dass alle Angreifer das Opfer selbst attackieren.

„Das Leben gefährdend"

Nr. 5: Mittels einer das Leben gefährdenden Behandlung bedeutet, dass die Verletzungshandlung den konkreten Umständen nach generell bzw. abstrakt geeignet war, das Leben des Opfers in Gefahr zu bringen. Die tatsächliche Verletzung muss nicht lebensgefährlich sein.
Beispiele: Tritte und massive Schläge auf Unterleib oder Kopf, Flasche auf den Kopf schlagen, Würgen, Drosseln, in eiskaltes Wasser werfen, Partner mit HIV infizieren

Subjektiver Tatbestand

Vorsatz

Der subjektive Tatbestand der Gefährlichen Körperverletzung verlangt ebenfalls Vorsatz.

Sonstiges

Vergehen

Die Gefährliche Körperverletzung ist ein Vergehen.

Versuch strafbar

Die versuchte Gefährliche Körperverletzung ist gemäß § 224 Abs. 2 StGB strafbar.

Offizialdelikt

Die Gefährliche Körperverletzung ist ein Offizialdelikt.

6. Straf- und Strafverfahrensrecht

Schwere Körperverletzung; § 226 StGB

Die Schwere Körperverletzung stellt ebenfalls eine Qualifikation zur einfachen Körperverletzung dar, und zwar mit einer Strafandrohung von einem Jahr bis zu zehn Jahren (Verbrechen). Im Gegensatz zur Gefährlichen Körperverletzung, bei der die Art und Weise der Begehung strafverschärfend wirkt, sind hier die schweren Folgen der Körperverletzung ausschlaggebend.

Qualifikation

Schwere Folgen

§ 226 Schwere Körperverletzung
Abs. 1: Hat die Körperverletzung zur Folge, dass die verletzte Person
1.das Sehvermögen auf einem Auge oder beiden Augen, das Gehör, das Sprechvermögen oder die Fortpflanzungsfähigkeit verliert,
2. ein wichtiges Glied des Körpers verliert oder dauernd nicht mehr gebrauchen kann oder
3.in erheblicher Weise dauernd entstellt wird oder in Siechtum, Lähmung oder geistige Krankheit oder Behinderung verfällt,
so ist die Strafe Freiheitsstrafe von einem Jahr bis zu zehn Jahren.

Abs. 2: Verursacht der Täter eine der in Absatz 1 bezeichneten Folgen absichtlich oder wissentlich, so ist die Strafe Freiheitsstrafe nicht unter drei Jahren.

Abs. 3: In minder schweren Fällen des Absatzes 1 ist auf Freiheitsstrafe von sechs Monaten bis zu fünf Jahren, in minder schweren Fällen des Absatzes 2 auf Freiheitsstrafe von einem Jahr bis zu zehn Jahren zu erkennen.

Objektiver Tatbestand
Siehe vorsätzliche und Gefährliche Körperverletzung

Subjektiver Tatbestand
Für die Begehung ist Vorsatz gefordert. Die Folgen müssen zumindest fahrlässig verursacht sein.
Werden die Folgen absichtlich oder wissentlich verursacht, so ist die Freiheitsstrafe nicht unter drei Jahren (§ 226 Abs. 2 StGB).

Vorsatz (für die Folgen: Fahrlässigkeit)

Sonstiges
Die Schwere Körperverletzung ist ein Verbrechen. Der Versuch ist strafbar.
Die Schwere Körperverletzung ist ein Offizialdelikt.

Verbrechen
Versuch strafbar
Offizialdelikt

Weitere Körperverletzungsdelikte sind:

- § 227 StGB: Körperverletzung mit Todesfolge (Verbrechen)
- § 225 StGB: Misshandlung von Schutzbefohlenen
- § 231 StGB: Beteiligung an einer Schlägerei

6. Straf- und Strafverfahrensrecht

6.5.6 Straftaten gegen die persönliche Freiheit

Nachstellung/Stalking, § 238 StGB

Hinweis

Im Rahmenplan für die Sachkundeprüfung ist der § 238 StGB **nicht** aufgeführt. Er kann aber in der Berufspraxis eine Rolle spielen.

Bild: Joerch /Adobe Stock

§ 238 StGB:

Abs. 1: Mit Freiheitsstrafe bis zu drei Jahren oder mit Geldstrafe wird bestraft, wer einer anderen Person in einer Weise unbefugt nachstellt, die geeignet ist, deren Lebensgestaltung nicht unerheblich zu beeinträchtigen, indem er wiederholt

1. die räumliche Nähe dieser Person aufsucht,

2. unter Verwendung von Telekommunikationsmitteln oder sonstigen Mitteln der Kommunikation oder über Dritte Kontakt zu dieser Person herzustellen versucht,

3.unter missbräuchlicher Verwendung von personenbezogenen Daten dieser Person

a) Bestellungen von Waren oder Dienstleistungen für sie aufgibt oder

b) Dritte veranlasst, Kontakt mit ihr aufzunehmen

4. diese Person mit der Verletzung von Leben, körperlicher Unver-sehrtheit, Gesundheit oder Freiheit ihrer selbst, eines ihrer Ange-hörigen oder einer anderen ihr nahestehenden Person bedroht,

5. zulasten dieser Person, eines ihrer Angehörigen oder einer anderen ihr nahestehenden Person eine Tat nach § 202a, § 202b oder § 202c begeht,*

6. eine Abbildung dieser Person, eines ihrer Angehörigen oder einer anderen ihr nahestehenden Person verbreitet oder der Öffentlichkeit zugänglich macht,

*7. einen Inhalt (§ 11 Absatz 3**), der geeignet ist, diese Person verächtlich zu machen oder in der öffentlichen Meinung herabzuwürdigen, unter Vortäuschung der Urheberschaft der Person verbreitet oder der Öffentlichkeit zugänglich macht*

***Abs. 2:** In besonders schweren Fällen des Absatzes 1 Nummer 1 bis 7 wird die Nachstellung mit Freiheitsstrafe von drei Monaten bis zu fünf Jahren bestraft. Ein besonders schwerer Fall liegt in der Regel vor, wenn der Täter*

1. durch die Tat eine Gesundheitsschädigung des Opfers, eines Angehörigen des Opfers oder einer anderen dem Opfer nahestehenden Person verursacht,

2. das Opfer, einen Angehörigen des Opfers oder eine andere dem Opfer nahestehende Person durch die Tat in die Gefahr des Todes oder einer schweren Gesundheitsschädigung bringt.

* § 202a Ausspähen von Daten, § 202b Abfangen von Daten, § 202c Vorbereiten des Ausspähens und Abfangens von Daten

**§ 11 StGB Personen- und Sachbegriffe:

(3) Inhalte im Sinne der Vorschriften, die auf diesen Absatz verweisen, sind solche, die in Schriften, auf Ton- oder Bildträgern, in Datenspeichern, Abbildungen oder anderen Verkörperungen enthalten sind oder auch unabhängig von einer Speicherung mittels Informations- oder Kommunikationstechnik übertragen werden.

3. dem Opfer durch eine Vielzahl von Tathandlungen über einen Zeitraum von mindestens sechs Monaten nachstellt,
4. bis 6 ....
7. über einundzwanzig Jahre ist und das Opfer unter sechzehn Jahre ist.
***Abs. 3**: Verursacht der Täter durch die Tat den Tod des Opfers, eines Angehörigen des Opfers oder einer anderen dem Opfer nahestehenden Person, so ist die Strafe Freiheitsstrafe von einem Jahr bis zu zehn Jahren.*

Geschütztes Rechtsgut — **Schutz der Freiheit**
Freiheit der persönlichen Lebensgestaltung.

Objektiver Tatbestand
Mehr als nur eine bloße Belästigung; — **Mehr als Belästigung**
Beispiele:
- Aufsuchen, Anschleichen, Auflauern, Verfolgen, Anlocken;
- Beobachten des Hauses, der Wohnung oder des Arbeitsplatzes;
- Mails, SMS , MMS, Anrufe, Briefe, Warensendungen bestellen;
- Diffamierung des Opfers in der Öffentlichkeit oder im Internet

„Wiederholt“ bedeutet ca. fünf Handlungen; zwei oder drei Handlungen reichen wohl nicht aus
Die **Tathandlung** muss geeignet sein, die Lebensgestaltung des Opfers nicht unerheblich zu beeinträchtigen. — **Tathandlungen**
Beispiele:
- Einschränkung der sozialen Kontakte des Opfers
- Treffen von Schutzvorkehrungen
- Wechseln des Wohnortes oder des Arbeitsplatzes

Subjektiver Tatbestand
Vorsatz.. — **Vorsatz**

Rechtswidrigkeit:
Das Nachstellen muss unbefugt sein, d.h. gegen die Rechtsordnung verstoßen.

Besonders schwere Folgen:
Sie können zu einer Bestrafung wegen eines besonders schweren Falles nach Absatz 2 führen.
Beispiele:
- Gefahr des Todes oder
- Gefahr einer schweren Gesundheitsschädigung

Sonstiges
Vergehen (Abs. 1) — **Vergehen**
Verbrechen (Abs. 3) — **Verbrechen**
Versuch des Vergehens (Abs. 1) straflos — **Versuch**
Versuch des Verbrechens (Abs. 3) strafbar
Offizialdelikt — **Offizialdelikt**

6. Straf- und Strafverfahrensrecht

Freiheitsberaubung; § 239 StGB

§ 239 StGB:
Abs. 1: Wer einen Menschen einsperrt oder auf andere Weise der Freiheit beraubt, wird mit Freiheitsstrafe bis zu fünf Jahren oder mit Geldstrafe bestraft.
Abs. 2: Der Versuch ist strafbar

Der Tatbestand der Freiheitsberaubung schützt die Freiheit der Willensentschließung und Willensbetätigung bezogen auf die persönliche Fortbewegungsfreiheit, also die Freiheit, einen bestimmten Ort jederzeit ungehindert verlassen zu können.

Objektiver Tatbestand

Schutz der Bewegungsfreiheit

Geschützt als Tatobjekt sind andere Personen, die in der Lage sind, ihren Aufenthaltsort willkürlich zu verändern. Mithin scheiden beispielsweise Säuglinge, Schlafende und Bewusstlose aus.
Tathandlungen sind alternativ

- Einsperren oder
- auf sonstige Weise der Freiheit zu berauben.

„Einsperren"

Einsperren bedeutet, dass jemand durch äußere Vorrichtungen und gegen seinen Willen am Verlassen des Raumes gehindert wird, zum Beispiel Einschließen, Bewachung durch einen Hund.

„Sonstige Freiheitsberaubung"

Auf sonstige Weise der Freiheit zu berauben bedeutet, dem Opfer durch ein anderes Mittel die Möglichkeit der Fortbewegung zu nehmen, zum Beispiel durch Fesseln, Festbinden, Betäuben.

Subjektiver Tatbestand

Vorsatz

Der subjektive Tatbestand der Freiheitsberaubung verlangt Vorsatz. Die fahrlässige Freiheitsberaubung ist straflos.

Sonstiges

Vergehen
Versuch strafbar
Offizialdelikt

Die Freiheitsberaubung ist ein Vergehen.
Die versuchte Freiheitsberaubung ist gemäß § 239 Abs. 2 StGB strafbar.
Die Freiheitsberaubung ist ein Offizialdelikt.

Weitere Freiheitsberaubungsdelikte sind:

- § 239 Abs. 3 StGB: Schwere Freiheitsberaubung
- § 239 Abs. 4 StGB: Freiheitsberaubung mit Todesfolge
- § 239a StGB: Erpresserischer Menschenraub
- § 239b StGB: Geiselnahme

6. Straf- und Strafverfahrensrecht

Unterschied zur Nötigung

Wird eine Person gezwungen, den gegenwärtigen Aufenthaltsort zu verlassen, oder wird sie daran gehindert, einen bestimmten Ort aufsuchen zu können, erfüllt dieses nicht den Tatbestand der Freiheitsberaubung, sondern möglicherweise den nachfolgend erläuterten Tatbestand der Nötigung gemäß § 240 StGB.

Freiheitsberaubung durch Sicherheitskraft

Hinweis: Am Delikt der Freiheitsberaubung wird deutlich, dass eine Sicherheitskraft beispielsweise bei der vorläufigen Festnahme eines Straftäters (Bild: Der unbekannte Mann wurde beim Diebstahl durch eine Überwachungskamera beobachtet – der vorgezeigte Personalausweis ist gefälscht) den objektiven und subjektiven Tatbestand einer Freiheitsberaubung erfüllt (Bewachung durch den Diensthund).

Tatbestandsmäßig, aber nicht rechtswidrig

Gleichwohl kann eine Bestrafung der Sicherheitskraft nicht erfolgen. Die Sicherheitskraft handelt nicht rechtswidrig. Es greift der Rechtfertigungsgrund der Vorläufigen Festnahme nach § 127 Abs. 1 StPO ein. Mithin mangelt es an der Rechtswidrigkeit.

6. Straf- und Strafverfahrensrecht

Nötigung; § 240 StGB

§ 240 StGB:
Abs. 1: Wer einen Menschen rechtswidrig mit Gewalt oder durch Drohung mit einem empfindlichen Übel zu einer Handlung, Duldung oder Unterlassung nötigt, wird mit Freiheitsstrafe bis zu drei Jahren oder mit Geldstrafe bestraft.
Abs. 2: Rechtswidrig ist die Tat, wenn die Anwendung der Gewalt oder die Androhung des Übels zu dem angestrebten Zweck als verwerflich anzusehen ist.
Abs. 3: Der Versuch ist strafbar.

Schutz der Willensfreiheit

§ 240 StGB schützt die Freiheit der Willensentschließung und Willensbetätigung vor Angriffen, die mit Gewalt oder durch Drohung mit einem empfindlichen Übel begangen werden.
Die Vorschrift ist wie folgt aufgebaut: Ein bestimmtes Mittel (Gewalt oder Drohung mit einem empfindlichen Übel) wird eingesetzt (Nötigungshandlung), um das Opfer zu einem Nötigungserfolg (Handlung, Duldung oder Unterlassung) zu bringen, dessen Zweck verwerflich ist (§ 240 Abs. 2 StGB).

Objektiver Tatbestand
Nötigungsmittel können alternativ
- Gewalt oder
- Drohung mit einem empfindlichen Übel

sein.

Gewalt

Gewalt ist der körperlich vermittelte Zwang zur Überwindung eines geleisteten oder erwarteten Widerstandes. Dabei kann die Gewalt so intensiv sein, dass sie die Gegenwehr des Opfers ganz ausschließt oder den Willen des Opfers beugt.
Auch die Verwendung von Fahrzeugen wie zum Zwecke der Blockade, absichtliches Linksfahren oder Drängeln auf einer Autobahn, Ausbremsen bei hoher Geschwindigkeit kann Gewaltausübung bedeuten.

„Drohung“

Drohung mit einem empfindlichen Übel ist die Einschüchterung des Opfers mit dem Ziel, dass es erhebliche Nachteile oder Einbuße an Werten zu erwarten habe, wie zum Beispiel Drohen mit der Entlassung, Drohen mit der Enterbung, Aufnahme in schwarze Listen etc.

Dieses Tatbestandsmerkmal ist nicht erfüllt, wenn beispielsweise gedroht wird, die Freundschaft zu kündigen, eine Dienstaufsichtsbeschwerde zu erheben, eine Strafanzeige zu erstatten oder vor Gericht zu ziehen, da dieses rechtlich zulässige Vorgehensweisen sind.

Zwang zum Handeln, Dulden oder Unterlassen

Der Nötigungserfolg muss alternativ als
- Handlung
- Duldung oder
- Unterlassung vorliegen.

Das Opfer wird also durch die Nötigungsmittel gezwungen, zu handeln oder etwas hinzunehmen oder ein beabsichtigtes Handeln zu unterlassen.

Subjektiver Tatbestand

Vorsatz

Der subjektive Tatbestand der Nötigung verlangt Vorsatz. Die fahrlässige Nötigung ist straflos.

Sonstiges

Vergehen
Versuch strafbar
Offizialdelikt

Die Nötigung ist ein Vergehen.
Die versuchte Nötigung ist gemäß § 240 Abs. 3 StGB strafbar.
Die Nötigung wird als Offizialdelikt ohne Strafantrag von Amts wegen verfolgt.

Nötigung durch Sicherheitskraft

Tatbestandsmäßig, aber nicht rechtswidrig

Hinweis: Das Delikt der Nötigung macht deutlich, dass jede Sicherheitskraft, die zum Beispiel gewaltsam den Zutritt eines Betrunken zu einer Diskothek verhindern muss, den objektiven und subjektiven Tatbestand der Nötigung verletzt. Gleichwohl kann die Sicherheitskraft nicht bestraft werden, da sie nicht rechtswidrig handelt. Sie kann sich auf den Rechtfertigungsgrund der Besitzwehr und bei einem Angriff zusätzlich auf Notwehr berufen, so dass die Rechtswidrigkeit entfällt.

Verwerflicher Zweck

Besonderheit des Nötigungstatbestandes ist, dass neben der Rechtswidrigkeit im eigentlichen Sinne auch der Zweck des Nötigungserfolgs verwerflich sein muss. Darunter versteht man einen erhöhten Grad sittlicher Missbilligung; das Verhalten muss sozial unerträglich sein. Zu einheitlichen Lösungen und Auffassungen wird man hier nicht kommen.

Demonstrieren beispielsweise Kernkraftgegner und blockieren Zufahrtswege zum Zwischenlager, so wird ein Teil unserer Gesellschaft dieses nicht beanstanden. Andere Interessengruppen nehmen dazu eine deutlich andere Position ein.

6.5.7 Diebstahl und Unterschlagung

Diebstahl; § 242 StGB

§ 242 StGB:
Abs. 1: Wer eine fremde bewegliche Sache einem anderen in der Absicht wegnimmt, die Sache sich oder einem Dritten rechtswidrig zuzueignen, wird mit Freiheitsstrafe bis zu fünf Jahren oder mit Geldstrafe bestraft.
Abs. 2: Der Versuch ist strafbar.

Im Bereich der Vermögens- und Eigentumsdelikte im weiteren Sinne ist im Diebstahl die zentrale Vorschrift zum Schutz des Eigentums zu sehen.

Objektiver Tatbestand
Der objektive Tatbestand verlangt
- die Wegnahme
- einer fremden beweglichen Sache.

„Sache“

Sachen sind alle körperlichen Gegenstände unabhängig von ihrer Beschaffenheit (fest, flüssig, gasförmig), mithin zum Beispiel Sparbücher, Autoradios, Nahrungsmittel.
Keine Sachen sind der Körper des lebenden Menschen, Daten, Rechte, Forderungen, Ideen oder elektrische Energie. Insoweit hat der Gesetzgeber Spezialnormen geschaffen, wie zum Beispiel Urheberschutz- oder Patentgesetze.

„Beweglich“

Beweglich ist eine Sache, wenn sie fortbewegt werden kann, auch wenn diese erst von ihrer Befestigung gelöst werden muss, wie zum Beispiel Zigarettenautomaten, Heizkörper, Waschbecken oder Tannenbäume.

„Fremd“

Fremd ist die Sache, wenn sie nach Bürgerlichem Recht ganz oder teilweise im Eigentum eines anderen steht, also weder herrenlos ist noch ausschließlich dem Dieb selbst gehört.

„Herrenlos“

Herrenlos sind Sachen, an welchen der frühere Eigentümer sein Recht willentlich aufgab, wie beispielsweise die ausgelesene Zeitung, die in der Bahn liegengelassen wird oder die weggeworfene Getränkedose bzw. Pfandflasche. Ferner sind die freie Luft (Beispiel: Luftwärmepumpe) und fließendes Wasser nicht fremd.

„Wegnahme“

Wegnahme bedeutet den Bruch fremden und die Begründung neuen, nicht notwendigerweise tätereigenen Gewahrsams. Gewahrsam ist die von einem natürlichen Herrschaftswillen getragene tatsächliche Sachherrschaft eines Menschen über eine Sache.

6. Straf- und Strafverfahrensrecht

Zum Verständnis müssen hier drei Schritte bedacht werden:

1. Bestand zum Zeitpunkt der Wegnahme fremder Gewahrsam?
2. Wurde dieser Gewahrsam aufgehoben und neuer begründet?
3. Erfolgte dieses ohne oder gegen den Willen des Berechtigten?

Drei wesentliche Fragen

Gewahrsam wird nicht durch Ortsabwesenheit aufgehoben (Beispiel: Gegenstände im unbesetzten parkenden Pkw).

Bei kleineren Sachen ist der Diebstahl bereits vollzogen, wenn der Gegenstand ergriffen und eingesteckt worden ist (z.B. USB-Stick – siehe Erläuterungen im Abschnitt „6.3.2 Bestimmungen aus dem Allgemeinen Teil des StGB – Deliktsaufbau im Strafrecht"). Bei größeren Gegenständen muss der Dieb den Tatort (z.B. das Firmengelände, die Kassenzone, die Wohnung etc.) mit dem Diebesgut verlassen, um den Diebstahl zu vollenden. Wird er vorher bei der Tatausführung gestellt, kann er wegen versuchten Diebstahls gemäß § 242 Abs. 2 StGB bestraft werden.

Subjektiver Tatbestand
Sie erinnern die Grafik zur Veranschaulichung des objektiven und subjektiven Tatbestandes aus dem Abschnitt „6.3.2 Bestimmungen aus dem Allgemeinen Teil des StGB – Deliktsaufbau im Strafrecht" (Seite 77)?

Ein Mann mit gelbem Schutzhelm (Tatsubjekt) nimmt ohne Hilfsmittel (Ausführungshandlung) einen Kasten (Tatobjekt / bewegliche Sache) von der Wand und trägt ihn weg. Der Kasten steht im Firmeneigentum (fremd).

Ob hier wirklich ein Diebstahl vorliegt, zeigt erst der subjektive Tatbestand, also die Einstellung des Täters zur Tat.

Der subjektive Tatbestand des Diebstahls verlangt

- Vorsatz und
- die Absicht, die Sache sich oder einem Dritten rechtswidrig zuzueignen.

Vorsatz und Zueignungsabsicht

Die Absicht, die Sache sich oder einem Dritten rechtswidrig zuzueignen, bedeutet, sich die Sache selbst oder einem Dritten anzueignen und den bisherigen Eigentümer dauerhaft aus seiner Position als Eigentümer verdrängen zu wollen. Der Dieb will also selbst wie ein Eigentümer mit der Sache umgehen (z.B. behalten, verbrauchen, verkaufen, verschenken).

Vorsatz und Zueignungsabsicht können bei dem Beispielfall ohne weitere Informationen nicht angenommen werden. Möglicherweise handelt es sich um einen Handwerker, der den Kasten reparieren will.

Sonstiges
Der Diebstahl ist ein Vergehen.
Der versuchte Diebstahl ist gemäß § 242 Abs. 2 StGB strafbar.

Vergehen
Versuch strafbar

Bei Diebesfalle: Versuch

Ein versuchter Diebstahl liegt auch bei der so genannten Diebesfalle vor (zur Überführung des Täters werden mit Fangmittel markierte Geldscheine ausgelegt).

Z.T. Antragsdelikte

Der Haus- und Familiendiebstahl (§ 247 StGB) ist ein absolutes Antragsdelikt.

Geringfügigkeit

Der Diebstahl geringwertiger Sachen – Wertgrenze ca. 50 € – (§ 248a StGB) ist ein relatives Antragsdelikt. Dies gilt auch für den Tatbestand der Unterschlagung.

Überwiegend Offizialdelikt

Die übrigen Fälle des Diebstahls werden ohne Strafantrag von Amts wegen verfolgt.

Unterschlagung; § 246 StGB

Auffangtatbestand für jede andere rechtswidrige Sachzueignung ist die Unterschlagung gemäß § 246 StGB:

> *§ 246 StGB:*
> *Abs. 1: Wer eine fremde, bewegliche Sache sich oder einem Dritten rechtswidrig zueignet, wird mit Freiheitsstrafe bis zu drei Jahren oder mit Geldstrafe bestraft, wenn die Tat nicht in anderen Vorschriften mit schwerer Strafe bedroht ist.*
> *Abs. 2: Ist in den Fällen des Absatzes 1 die Sache dem Täter anvertraut, so ist die Strafe Freiheitsstrafe bis zu fünf Jahren oder Geldstrafe.*
> *Abs. 3: Der Versuch ist strafbar.*

Keine Wegnahme

Der wesentliche Unterschied zum Diebstahl besteht darin, dass keine Wegnahme, also kein Gewahrsamsbruch erfolgt. Der Täter eignet sich die fremde bewegliche Sache, die er in Besitz hatte, rechtswidrig zu.

Beispiel: Aus der Videothek geliehene Video-Datenträger werden nicht vertragsmäßig zurückgegeben, sondern behalten, verkauft oder verschenkt.

6. Straf- und Strafverfahrensrecht

Besonders schwerer Fall des Diebstahls; § 243 StGB

Norm der Strafzumessung

Neben bereits erläuterten Qualifikationen schreibt das Gesetz bei vielen Delikten des Besonderen Teils des Strafgesetzbuches auch vor, dass die Strafe bei Vorliegen eines Regelbeispiels milder (minder schwerer Fall) oder härter (besonders schwerer Fall) als im Normalfall des Gesetzes ausfallen soll. § 243 Satz 2 Nr. 1 bis 7 StGB enthält solche besonders schweren Fälle des Diebstahls.

§ 243 StGB:
Abs. 1: In besonders schweren Fällen wird der Diebstahl mit Freiheitsstrafe von drei Monaten bis zu zehn Jahren bestraft. Ein besonders schwerer Fall liegt in der Regel vor, wenn der Täter
1. zur Ausführung der Tat in ein Gebäude, einen Dienst- oder Geschäftsraum oder in einen anderen umschlossenen Raum einbricht, einsteigt, mit einem falschen Schlüssel oder einem anderen nicht zur ordnungsgemäßen Öffnung bestimmten Werkzeug eindringt oder sich in dem Raum verborgen hält,
2. eine Sache stiehlt, die durch ein verschlossenes Behältnis oder eine andere Schutzvorrichtung gegen Wegnahme besonders gesichert ist,
3. gewerbsmäßig stiehlt,
4. aus einer Kirche oder einem anderen der Religionsausübung dienenden Gebäude oder Raum eine Sache stiehlt, die dem Gottesdienst gewidmet ist oder der religiösen Verehrung dient,
5. eine Sache von Bedeutung für Wissenschaft, Kunst oder Geschichte oder für die technische Entwicklung stiehlt, die sich in einer allgemein zugänglichen Sammlung befindet oder öffentlich ausgestellt ist,
6. stiehlt, indem er die Hilflosigkeit einer anderen Person, einen Unglücksfall oder eine gemeine Gefahr ausnutzt,
oder
7. eine Handfeuerwaffe, zu deren Erwerb es nach dem Waffengesetz der Erlaubnis bedarf, ein Maschinengewehr, eine Maschinenpistole, ein voll- oder halbautomatisches Gewehr oder Sprengstoff enthaltende Kriegswaffen im Sinne des Kriegswaffenkontrollgesetzes oder Sprengstoff stiehlt.

Abs. 2: In den Fällen des Absatzes 1 Satz 2 Nr. 1 bis 6 ist ein besonders schwerer Fall ausgeschlossen, wenn sich die Tat auf eine geringwertige Sache bezieht.

Aufzählung nicht abschließend

Die Regelbeispiele des § 243 Abs. 1 Satz 2 Nr. 1 bis 7 StGB nennen besondere Erschwernisgründe, die in der Regel zu einer höheren Bestrafung führen sollen. Die Aufzählung ist **nicht** abschließend.

Objektive Merkmale
Regelbeispielsalternativen, die hier behandelt werden sollen, sind u.a.:

„Umschlossener Raum"

Nr. 1 Einbruchs-, Einsteige-, Nachschlüssel- und Verweildiebstahl: Neben den Begriffen des Gebäudes, Dienst- oder Geschäftsraums, die allgemein verständlich sind bzw. bereits in diesem Kapitel beim Hausfriedensbruch erklärt wurden, ist hier Tatobjekt auch ein anderer umschlossener Raum. Darunter ist jedes Raumgebilde zu verstehen, das auch zum Betreten durch Menschen bestimmt und mit Vorrichtungen versehen ist, die das Eindringen von Unbefugten abwehren sollen.
Beispiele: Fahrgastzelle eines Autos, Schiffe, Wohnwagen

„Einbrechen"

Einbrechen bedeutet, die Umschließung des geschützten Raumes gewaltsam zu öffnen. Der Täter muss nicht in das Tatobjekt gelangen, „hineinlangen" oder „herausangeln" genügen.

Beispiele: Tür aufbrechen,
Schloss knacken,
Gitter auseinanderbiegen,
Fenster einschlagen

„Einsteigen"

Einsteigen ist das mit Schwierigkeiten verbundene Eindringen durch eine nicht zum ordnungsgemäßen Eintritt bestimmte Öffnung. Hier genügen „hineinlangen" oder „herausangeln" nicht; der Täter muss im Tatobjekt „Fuß gefasst" haben.
Beispiele: Herablassen an einem Seil, Überwinden eines hohen Zauns oder einer hohen Mauer, Erklimmen eines offenen Dachfensters

Nachschlüssel

Nachschlüsseldiebstahl liegt vor, wenn der Täter zum Zwecke des Eindringens einen falschen oder entwidmeten Schlüssel verwendet. Entwidmung bedeutet, dass der berechtigte Schlüsselinhaber zum Zeitpunkt der Tathandlung dem Schlüssel die Bestimmung zum Öffnen entzogen hat.
Beispiele: Unberechtigt hergestellter Nachschlüssel, Verwendung eines nach Beendigung eines Miet- oder Arbeitsverhältnisses behaltenen Schlüssels.

Andere Werkzeuge

Andere nicht zum ordnungsgemäßen Öffnen bestimmte Werkzeuge sind alle Geräte und Hilfsmittel, die geeignet sind, auf den Verschlussmechanismus des geschützten Raumes einzuwirken.
Beispiele: Dietriche, Drähte, Sperrhaken.

Verweilen bedeutet, der Täter hält sich im Raum verborgen. Das liegt vor, wenn er sich im Raum versteckt oder sich zunächst erlaubt im Raum aufhält, aber verbotenerweise einschließen lässt, um von dort aus ungestört seinen Diebstahl zu begehen.

„Verweilen"

Nr. 2 Überwinden besonderer Schutzvorrichtungen:
Eine Sache ist durch ein verschlossenes Behältnis gegen Wegnahme besonders gesichert, wenn sie sich zur Tatzeit in einem der Aufnahme von Sachen dienenden, umschlossenen Raumgebilde befindet.

„Besondere Schutzvorrichtungen"

Beispiele: Briefkasten, Warenautomat, Wandtresor, Kofferraum eines Pkws, Geldkassette, Schreibtischschublade.

Andere Schutzvorrichtungen sind Vorkehrungen und technische Mittel, die dazu bestimmt und geeignet sind, vor der Wegnahme zu schützen oder diese jedenfalls zu erschweren. Beispiele: Fahrradschlösser, Anketten von Pelzmänteln.

Sicherungsetiketten und Alarmanlagen sind keine anderen Schutzvorrichtungen im Sinne des § 243 Abs. 1 Satz 2 Nr. 2 StGB, weil sie nicht technisch vor der Wegnahme schützen, sondern nur der Alarmgebung zur Ergreifung des Täters oder zur Wiedererlangung des Diebesguts dienen.

Nr. 3 Gewerbsmäßiger Diebstahl:
Gewerbsmäßig handelt ein Täter nach herrschender Meinung dann, wem es darauf ankommt, sich aus der wiederholten Tatbegehung eine Einnahmequelle von einiger Dauer und einigem Umfang zu schaffen.
Beispiele: Taschendiebe, Drogenkranke

Nr. 6 Ausnutzen fremder Notsituationen:
Ausnutzen bedeutet, die bestehende Situation zur Begehung des Diebstahls zu nutzen.
Beispiele: Wegen eines Hochwassers verlassene Häuser „plündern", einen bewusstlosen Verunglückten bestehlen, einen Schwerkranken oder Behinderten bestehlen.

Notsituationen

Nr. 7 Diebstahl gefährlicher Schusswaffen oder von Sprengstoff:
Hier geht es um den Diebstahl von Waffen oder Sprengstoff.
Wenn der Täter bei der Ausführung eines Diebstahls sich einer Waffe bemächtigt (z.B. Dieb stiehlt eine Schreckschusswaffe), kann neben einem Diebstahl von Waffen bei der weiteren Tatausführung auch der nachfolgend erläuterte Diebstahl mit Waffen vorliegen. Gegebenenfalls greifen beide Tatbestände.

Waffen- oder Sprengstoffdiebstahl

Subjektive Merkmale
Hinsichtlich sämtlicher Regelbeispiele des § 243 Abs. 1 StGB muss Vorsatz vorliegen.

Vorsatz

Sonstiges

Nicht bei Geringwertigkeit

§ 243 Abs. 2 StGB enthält eine zwingende Ausschlussklausel. Eine Bestrafung wegen eines besonders schweren Falls des Diebstahls nach § 243 Abs. 1 Satz 2 Nr. 1-6 StGB scheidet gemäß § 243 Abs. 2 StGB immer dann aus, wenn sich die Tat auf eine geringwertige Sache bezieht. Die Wertgrenze wird bei ca. 50 € gezogen.

Beispiel: Ein Dieb will aus einem Pkw eine Taschenlampe im Wert von fünf Euro stehlen und schlägt die Seitenscheibe ein, um die Taschenlampe zu entwenden. Der Dieb kann „nur" wegen (einfachen) Diebstahls geringwertiger Sachen gemäß §§ 242 Abs. 1, 248a StGB (Taschenlampe) und wegen Sachbeschädigung gemäß § 303 Abs. 1 StGB (Einschlagen der Scheibe) bestraft werden. Eine Bestrafung wegen eines besonders schweren Falls des Diebstahls gemäß § 243 Abs. 1 Satz 2 Nr. 1 StGB scheidet wegen der Geringwertigkeit des Stehlguts mit einem Wert von unter 50 € gemäß § 243 Abs. 2 StGB aus.

6. Straf- und Strafverfahrensrecht

Diebstahl mit Waffen; Wohnungseinbruchdiebstahl; § 244 StGB

Qualifikation

Wegen der besonderen Gefährlichkeit des Diebstahls mit Waffen und wegen des hohen Schutzwertes einer Wohnung ist diese Qualifikation geschaffen worden.

§ 244 StGB:
Abs. 1: Mit Freiheitsstrafe von sechs Monaten bis zu zehn Jahren wird bestraft, wer
1. einen Diebstahl begeht, bei dem er oder ein anderer Beteiligter
a. eine Waffe oder ein anderes gefährliches Werkzeug bei sich führt,
b. sonst ein Werkzeug oder Mittel bei sich führt, um den Widerstand einer anderen Person mit Gewalt zu verhindern oder zu überwinden,
...
3. einen Diebstahl begeht, bei dem er zur Ausführung der Tat in eine Wohnung einbricht, einsteigt, mit einem falschen Schlüssel oder einem anderen nicht zur ordnungsgemäßen Öffnung bestimmten Werkzeug eindringt oder sich in der Wohnung verborgen hält.

Abs. 2: Der Versuch ist strafbar.
...
Abs. 4: Betrifft der Wohnungseinbruchdiebstahl nach Abs. 1 Nummer 3 eine dauerhaft genutzte Privatwohnung, so ist die Freiheitsstrafe von einem Jahr bis zu zehn Jahren.

Objektiver Tatbestand
Tatbestandsalternativen sind:
Nr. 1a. und b. Diebstahl mit Waffen:

Zu Nr. 1 a.:

„Waffe“ oder „gefährliches Werkzeug“

Hinsichtlich des Begriffs der Waffe und des anderen gefährlichen Werkzeugs wird auf die Erläuterungen bei der Gefährlichen Körperverletzung gemäß § 224 Abs. 1 Nr. 2 StGB verwiesen.

„Bei sich führen“

Beisichführen bedeutet nicht, dass der Täter den Gegenstand einsetzt. Es genügt, dass der Täter auf den Gegenstand im Bewusstsein der Einsatzfähigkeit tatsächlich zugreifen kann.
Beispiel: Sicherheitskraft B. führt während des Dienstes ein Reizstoffsprühgerät in der Jackentasche bei sich. B. entwendet eine Zigarette aus der offenen Tasche eines Kollegen. B. macht sich wegen Diebstahls mit Waffen gemäß §§ 242, 244 Abs. 1 Nr. 1a StGB strafbar.

Zu Nr. 1 b.:

„Sonstige Mittel“

Sonstige Werkzeuge und Mittel sind alle Gegenstände, die nach der objektiven Beschaffenheit oder der Art ihrer geplanten Verwendung normalerweise ungefährlich sind. Der Täter muss sie einsetzen wollen, um

durch Gewalt oder Drohung mit Gewalt den Widerstand anderer Personen zu verhindern oder zu überwinden. Der Täter muss also hier eine konkrete Verwendungsabsicht haben (siehe auch subjektiver Tatbestand).
Beispiele: Scheinwaffen, Klebeband, Springerstiefel.

Nr. 3 Wohnungseinbruchdiebstahl:

Tatobjekt „Wohnung"

Der Wohnungseinbruchdiebstahl des § 244 Abs. 1 Nr. 3 StGB ist abgesehen vom Tatobjekt mit dem bereits behandelten Besonders schweren Fall des Diebstahls gemäß § 243 Abs. 1 Satz 2 Nr. 1 StGB vollen Umfangs identisch. Das Tatobjekt „Wohnung" ist bereits in diesem Kapitel beim Hausfriedensbruch gemäß § 123 StGB erklärt worden.

Subjektiver Tatbestand

Vorsatz

Der subjektive Tatbestand des Diebstahls mit Waffen gemäß § 244 Abs. 1 Nr. 1 StGB sowie des Wohnungseinbruchdiebstahls gemäß § 244 Abs. 1 Nr. 3 StGB verlangt jeweils Vorsatz.
Beim Diebstahl mit Waffen gemäß § 244 Abs. 1 Nr. 1a. StGB genügt das Bewusstsein, die Waffe oder das andere gefährliche Werkzeug bei sich zu führen. Eine Verwendungsabsicht ist nicht erforderlich.
Beim Diebstahl mit Waffen gemäß § 244 Abs. 1 Nr. 1 b. StGB ist hingegen eine Verwendungsabsicht bezüglich des sonstigen Werkzeugs oder Mittels gefordert.

Sonstiges

Vergehen bzw. Verbrechen
Offizialdelikt
Versuch strafbar

Der Diebstahl mit Waffen und der Wohnungseinbruchdiebstahl sind Vergehen, bei einer dauerhaft genutzten Privatwohnung Verbrechen, und Offizialdelikte.
Der Versuch ist gemäß § 244 Abs. 2 StGB strafbar.
Im Gegensatz zum Besonders schweren Fall des Diebstahls gemäß § 243 Abs. 2 StGB gibt es bei der Qualifikation des § 244 StGB keine Geringwertigkeitsklausel.
Weitere Diebstahlsdelikte sind:

- § 244 Abs. 1 Nr. 2 StGB: Bandendiebstahl
- § 244a StGB: Schwerer Bandendiebstahl

6.5.8 Raub, Räuberischer Diebstahl und Erpressung

Raub; § 249 StGB

Gewalt gegen Personen

Der wesentliche Unterschied zum Diebstahl besteht darin, dass der Räuber Gewalt gegen eine Person ausübt oder mit gegenwärtiger Gefahr für Leib oder Leben droht, um in den Besitz der Beute zu gelangen.
Es liegt nunmehr ein Verbrechen vor.

> *§ 249 StGB:*
> *Abs. 1: Wer mit Gewalt gegen eine Person oder unter Anwendung von Drohungen mit gegenwärtiger Gefahr für Leib oder Leben eine fremde bewegliche Sache einem anderen in der Absicht wegnimmt, die Sache sich oder einem Dritten rechtswidrig zuzueignen, wird mit Freiheitsstrafe nicht unter einem Jahr bestraft.*

Sonstiges

Verbrechen
Versuch strafbar
Offizialdelikt

Der Raub ist ein Verbrechen.
Mithin ist der Versuch strafbar.
Es ist ein Offizialdelikt.

Oftmals werden gerade bei Jugendlichen die Folgen für das Opfer und die Schwere der Tat nicht erkannt.
Wenn im Jargon von „Abziehen" oder „Oma ticken" gesprochen wird, so handelt es sich doch beispielsweise um die gewaltsame Wegnahme von Handys anderer Jugendlicher bzw. um einen Handtaschenraub bei einer älteren Frau. Oftmals haben die Opfer unter schweren psychischen und physischen Schäden zu leiden.

Weitere Raubdelikte sind:

- Schwerer Raub; § 250 StGB
- Raub mit Todesfolge; § 251 StGB
    - hinsichtlich des Raubes liegt Vorsatz vor
    - hinsichtlich der Todesfolge liegt „nur" Fahrlässigkeit vor

6. Straf- und Strafverfahrensrecht

Räuberischer Diebstahl; § 252 StGB

§ 252 StGB:
Wer, bei einem Diebstahl auf frischer Tat betroffen, gegen eine Person Gewalt verübt oder Drohungen mit gegenwärtiger Gefahr für Leib oder Leben anwendet, um sich im Besitz des gestohlenen Gutes zu erhalten, ist gleich einem Räuber zu bestrafen.

Zeitliche Abfolge

Der objektive Tatbestand setzt folgende zeitliche Reihenfolge voraus:
- Zunächst kommt es zu einer Begehung eines Diebstahls,
- nach dem Diebstahl wird der Täter auf frischer Tat betroffen,
- nachdem der Täter auf frischer Tat betroffen wurde, kommt es zum Einsatz eines Mittels des Räubers **zur Sicherung des Diebesgutes**,
- dabei verfolgt der Täter das Ziel, um jeden Preis das Diebesgut zu sichern und zu behalten.

Merkformel: „Erst klauen, dann hauen!"

Subjektiver Tatbestand

Vorsatz, Beute zu behalten

Es kann auf die Ausführungen zum Diebstahl und zum Raub in diesem Kapitel verwiesen werden. Dem Täter muss es darauf ankommen, sich das Diebesgut zu sichern.
Wenn der Täter die Beute verliert oder wegwirft und sich „nur" gegen die Vorläufige Festnahme wehrt, liegt Diebstahl und anschließend Körperverletzung vor.

Sonstiges

Verbrechen
Versuch strafbar
Offizialdelikt

Der Räuberische Diebstahl ist ein Verbrechen.
Mithin ist der Versuch strafbar.
Es ist ein Offizialdelikt.

Die Qualifikationen des Raubes sind anwendbar:
- Schwerer Räuberischer Diebstahl; §§ 252, 249, 250 StGB
- Räuberischer Diebstahl mit Todesfolge; §§ 252, 249, 251 StGB

6. Straf- und Strafverfahrensrecht

Erpressung; § 253 StGB

§ 253 StGB:
Abs. 1: Wer einen Menschen rechtswidrig mit Gewalt oder durch Drohung mit einem empfindlichen Übel zu einer Handlung, Duldung oder Unterlassung nötigt und dadurch dem Vermögen des Genötigten oder eines anderen Nachteil zufügt, um sich oder einen Dritten zu Unrecht zu bereichern, wird mit Freiheitsstrafe bis zu fünf Jahren oder mit Geldstrafe bestraft.
Abs. 2: Rechtswidrig ist die Tat, wenn die Anwendung der Gewalt oder die Androhung des Übels zu dem angestrebten Zweck als verwerflich anzusehen ist.
Abs. 3: Der Versuch ist strafbar.

Objektiver Tatbestand

Nötigung + Vermögensverfügung

Der objektive Tatbestand setzt sich aus der bereits in diesem Kapitel erläuterten Nötigung und Elementen des Betruges zusammen. Bei der Erpressung muss die Nötigung Mittel zur Vermögensverfügung sein. Die Vermögensverfügung ist ein so genanntes ungeschriebenes Tatbestandsmerkmal. Unter einer Vermögensverfügung ist jedes Handeln, Dulden oder Unterlassen zu verstehen, welches sich unmittelbar vermögensmindernd auswirkt (z.B. erzwungene Herausgabe von Gegenständen oder Geld). Folge der Vermögensverfügung muss ein Vermögensschaden sein. Ein Vermögensschaden liegt vor, wenn ein Vergleich der Vermögenslagen vor und nach der Verfügung ein Minus ergibt. Der Vermögensvorteil des Täters muss zudem rechtswidrig sein d.h., der Täter hat keinen Anspruch bzw. kein Recht auf den Vermögensvorteil.

Subjektiver Tatbestand

Vorsatz und Bereicherungsabsicht

Der subjektive Tatbestand verlangt Vorsatz sowie die Absicht, sich oder einen Dritten zu bereichern.

Hinweis zur Rechtswidrigkeit

Verwerflicher Zweck

Wie bei der bereits in diesem Kapitel erläuterten Nötigung muss auch bei der Erpressung neben der Rechtswidrigkeit im eigentlichen Sinne auch der Zweck des Nötigungserfolgs verwerflich sein (§ 253 Abs. 2 StGB).

Sonstiges

Vergehen
Versuch strafbar
Offizialdelikt

Die Erpressung ist ein Vergehen.
Der Versuch ist gemäß § 253 Abs. 3 StGB strafbar.
Es ist ein Offizialdelikt.

6.5.9 Begünstigung und Hehlerei

Begünstigung; § 257 StGB

§ 257 StGB:
Abs. 1: Wer einem anderen, der eine rechtswidrige Tat begangen hat, in der Absicht Hilfe leistet, ihm die Vorteile der Tat zu sichern, wird mit Freiheitsstrafe bis zu fünf Jahren oder mit Geldstrafe bestraft.

Schutz der Rechtspflege

Die Vorschrift schützt die Rechtspflege.

Objektiver Tatbestand

Die Begünstigung setzt voraus, dass eine fremde Tat bereits begangen worden ist. Die Vortat muss eine tatbestandsmäßige und rechtswidrige nicht aber zwingend auch schuldhafte Tat sein.

Rat und Tat

Begünstigung bedeutet Hilfeleistung in Form von Rat oder Tat.
Beispiele: Verstecken des Diebesgutes, Umlackieren von Fahrzeugen.
Ziel der Begünstigung muss es sein, die Vorteile der Vortat dem (Haupt-) Täter vor Zugriffen des Verletzten oder des Staates zu sichern.

Vorsatz und Absicht der Sicherung des Vorteils der Vortat

Subjektiver Tatbestand

Der subjektive Tatbestand verlangt Vorsatz. Ferner muss die Absicht vorliegen, dem (Haupt-) Täter die Vorteile der Vortat zu sichern. Die fahrlässige Begünstigung ist straflos.

Sonstiges

Vergehen

Die Begünstigung ist ein Vergehen.
Die versuchte Begünstigung ist straflos.

Offizialdelikt

Grundsätzlich ist die Begünstigung ein Offizialdelikt.

Antragsdelikte

Ist aber die Vortat ein absolutes oder relatives Antragsdelikt, so ist die Begünstigung gemäß § 257 Abs. 4 StGB ebenfalls ein absolutes oder relatives Antragsdelikt.

Eine Begünstigung bezüglich geringwertiger Sachen (Wertgrenze ca. 50 €) ist gemäß §§ 257 Abs. 4 Satz 2, 248a StGB ein relatives Antragsdelikt.

6. Straf- und Strafverfahrensrecht

Hehlerei; § 259 StGB

§ 259 StGB:
Abs. 1: Wer eine Sache, die ein anderer gestohlen oder sonst durch eine gegen fremdes Vermögen gerichtete rechtswidrige Tat erlangt hat, ankauft oder sonst sich oder einem Dritten verschafft, sie absetzt oder absetzen hilft, um sich oder einen Dritten zu bereichern, wird mit Freiheitsstrafe bis zu fünf Jahren oder mit Geldstrafe bestraft.
Abs. 3: Der Versuch ist strafbar.

Aufrechterhalten des rechtswidrigen Vorteils

Zutreffend sagt der Volksmund: „Der Hehler wird bestraft wie der Stehler". Es soll verhindert werden, dass die durch die Vortat geschaffene rechtswidrige Vermögenslage zwischen dem Hehler und dem Vortäter aufrechterhalten bleibt, indem beide einvernehmlich zusammenwirken.

Objektiver Tatbestand

Mögliche Vortaten

Auch hier muss die Vortat eine tatbestandsmäßige und rechtswidrige aber nicht zwingend auch schuldhafte Tat sein.
Vortaten können zum Beispiel sein:
- Diebstahl gemäß § 242 StGB
- Unterschlagung gemäß § 246 StGB
- Erpressung gemäß § 253 StGB
- Raub gemäß § 249 StGB
- Betrug gemäß § 263 StGB

Unterschiedliche Personen

Die Vortat muss eine Tat eines anderen sein. Daraus folgt, dass Täter und Mittäter der Vortat nicht als Hehler bestraft werden können. Auch Anstifter und Gehilfen der Vortat können nach herrschender Meinung nicht als Hehler bestraft werden.

Mögliche Tathandlungen

Tathandlungen der Hehlerei sind alternativ:
- Ankaufen; dieser Begriff erklärt sich aus dem allgemeinen Sprachgebrauch
- Sich oder einem Dritten zu verschaffen bedeutet, dass der (Vor-)Täter die Verfügungsgewalt über die Sache verliert und der Hehler die Verfügungsgewalt über die Sache erlangt; Beispiel: verschenken
- Abzusetzen bedeutet, die Sache im Einverständnis und im Interesse des Vortäters selbstständig und entgeltlich wirtschaftlich zu verwerten; Beispiel: Verkauf des Diebesguts für den Dieb
- Abzusetzen helfen bedeutet das im wirtschaftlichen Interesse des Vortäters liegende, unselbstständige, somit weisungsgebundene Unterstützen des Vortäters bei seinen Absatzbemühungen; Beispiel: Vermittlung eines Kaufinteressenten an den Dieb.

Subjektiver Tatbestand

Vorsatz und Bereicherungsabsicht

Der subjektive Tatbestand verlangt Vorsatz sowie die Absicht, sich oder einen Dritten zu bereichern. Die fahrlässige Hehlerei ist straflos.
Hier liegt das Problem. Die Tathandlung, beispielsweise der Ankauf so genannter „heißer Ware" auf der Straße oder auf dem Flohmarkt, setzt beim Käufer voraus, dass er weiß oder wissen müsste, dass dieser Gegenstand aus einer Straftat stammt und sich nun durch dieses „Schnäppchen" bereichern will. Die Klärung der Frage, ob dieser subjektive Tatbestand gegeben ist, wird immer als Einzelfallentscheidung Aufgabe der Justiz sein.

Sonstiges

Vergehen

Die Hehlerei ist ein Vergehen.

Versuch strafbar

Die versuchte Hehlerei ist gemäß § 259 Abs. 3 StGB strafbar.

Antragsdelikte

Die Haus- und Familienhehlerei ist gemäß §§ 259 Abs. 2, 247 StGB ein absolutes Antragsdelikt.

Die Hehlerei geringwertiger Sachen (Wertgrenze ca. 50 €) ist gemäß §§ 259 Abs. 2, 248a StGB ein relatives Antragsdelikt.

Offizialdelikt

Ansonsten ist die Hehlerei ein Offizialdelikt.

Weitere Hehlereidelikte sind:
- § 260 StGB; Gewerbsmäßige Hehlerei; Bandenhehlerei
- § 260a StGB; Gewerbsmäßige Bandenhehlerei
- § 261 StGB; Geldwäsche

6.5.10 Betrug, Erschleichen von Leistungen

Betrug; § 263 StGB

§ 263 StGB:
Abs. 1: Wer in der Absicht, sich oder einem Dritten einen rechtswidrigen Vermögensvorteil zu verschaffen, das Vermögen eines anderen dadurch beschädigt, dass er durch Vorspiegelung falscher oder durch Entstellung oder Unterdrückung wahrer Tatsachen einen Irrtum erregt oder unterhält, wird mit Freiheitsstrafe bis zu fünf Jahren oder mit Geldstrafe bestraft.
Abs. 2: Der Versuch ist strafbar.

Schutz des Vermögens

Das geschützte Rechtsgut ist das Vermögen in seiner Gesamtheit als Inbegriff aller wirtschaftlichen Güter.

Objektiver Tatbestand
Besonderheit des objektiven Tatbestandes des Betruges ist wie bei der Erpressung, dass es ein sogenanntes ungeschriebenes Tatbestandsmerkmal der „Vermögensverfügung" gibt.

Täuschung/ Irrtum/ Schaden

Die Tathandlung des objektiven Tatbestandes des Betruges ist die Täuschungshandlung, die eine irrtumsbedingte Vermögensverfügung zur Folge hat, welche zu einem Vermögensschaden führt.

Merkwort:		T I V B A K
T	=	Täuschungshandlung
I	=	Irrtumserregung
V	=	Vermögensverfügung
B	=	Bereicherung-
A	=	Absicht
K	=	Kausalität

Durch die Täuschungshandlung wird beim Opfer ein Irrtum erregt. Das Opfer kauft nun eine Ware zum überhöhten Preis. Es erleidet einen Vermögensschaden, der Täter erzielt einen Vermögensvorteil (Vermögensverfügung). Der Täter handelt in Bereicherungsabsicht.

Zwischen den einzelnen Elementen besteht ein kausaler Zusammenhang.

„Täuschungs-handlung“

Die Täuschungshandlung ist die wahrheitswidrige Darstellung von Tatsachen zur Einwirkung auf das Vorstellungsbild eines anderen. Sie kann durch aktives Tun oder so genanntes schlüssiges (konkludentes) Handeln geschehen.

6. Straf- und Strafverfahrensrecht

„Tatsachen“

Tatsachen sind konkrete Vorgänge oder Zustände, die dem Beweis zugänglich sind.

Beispiel: Anzahl der Vorbesitzer oder Unfallfreiheit bzw. Kilometerstand eines Autos. Eine Tatsachenbehauptung ist falsch, wenn ihr Inhalt der objektiven Sachlage bzw. Wahrheit widerspricht.

Die Tatsachen sind entstellt, wenn wesentliche Einzelheiten hinzugefügt oder weggelassen werden.

Beispiel: Erheblicher Unfallschaden wird als kleine Beule beim Einparken beschrieben.

„Werturteile“

Werturteile, Meinungsäußerungen, übertriebene Anpreisung und marktschreierische Reklame sind keine Tatsachen.

„Täuschung“

Die Täuschung kann durch aktives Tun oder so genanntes schlüssiges (konkludentes) Handeln geschehen. Wer beispielsweise ein Essen in einem Lokal bestellt, erklärt schlüssig, es auch zu bezahlen.

Ferner gibt es auch Täuschung durch Unterlassen bei einer bestehenden, rechtlichen Aufklärungspflicht. Wer seine vertraglichen Pflichten nicht mehr erfüllen kann, ist bei einer anstehenden Vertragsverlängerung verpflichtet, dies seinem Vertragspartner mitzuteilen.

„Irrtum“

Der Irrtum muss durch die Täuschung erregt oder unterhalten werden. Ein Irrtum ist jede unrichtige, der Wirklichkeit nicht entsprechende Vorstellung. Erregen des Irrtums bedeutet Hervorrufen des Irrtums. Unterhalten des Irrtums bedeutet Bestärkung einer vorhandenen Fehlvorstellung oder Verhinderung oder Erschwerung ihrer Aufklärung.

„Vermögensverfügung“

Der Getäuschte muss eine Vermögensverfügung vornehmen. Hinsichtlich der Erläuterung der Vermögensverfügung sowie des Vermögensschadens kann auf die Ausführungen zur Erpressung in diesem Kapitel verwiesen werden.

Zu erwähnen ist noch, dass es nicht den Tatbestand des Betruges erfüllt, einen bestehenden Irrtum auszunutzen. Beispiele: Abhebung eines durch einen Fehler überwiesenen Geldbetrages vom Konto; Annahme von zu viel Wechselgeld.

Subjektiver Tatbestand

Der subjektive Tatbestand verlangt Vorsatz sowie die Absicht, sich oder einen Dritten zu bereichern. Zur Absicht kann grundsätzlich auf den Diebstahl verwiesen werden. Der fahrlässige Betrug ist straflos.

Vorsatz und Bereicherungsabsicht

Sonstiges

Der Betrug ist ein Vergehen.
Der versuchte Betrug ist gemäß § 263 Abs. 2 StGB strafbar.
Der Haus- und Familienbetrug ist gemäß §§ 263 Abs. 4, 247 StGB ein absolutes Antragsdelikt.
Der Betrug geringwertiger Sachen (Wertgrenze ca. 50 €) ist gemäß §§ 263 Abs. 4, 248a StGB ein relatives Antragsdelikt.
Ansonsten ist der Betrug ein Offizialdelikt.

Vergehen
Versuch strafbar
z.T. Antragsdelikte

Offizialdelikt

Wie beim Diebstahl gibt es gemäß § 263 Abs. 3 StGB auch einen Besonders schweren Fall des Betruges. Dieser Abs. 3 enthält so genannte „Regelbeispiele" wie beim Besonders schweren Fall des Diebstahls. „Regelbeispiel" bedeutet, dass auch andere Tatausführungen, die nicht ausdrücklich genannt sind, einen besonders schweren Fall darstellen können.

Besonders schwerer Fall

Im § 263 Abs. 5 ist der Gewerbsmäßige Bandenbetrug als Verbrechenstatbestand normiert.

Verbrechen

Weitere Betrugsdelikte sind:

- § 264 StGB; Subventionsbetrug
- § 264a StGB; Kapitalanlagebetrug
- § 265 StGB; Versicherungsmissbrauch
- § 265b StGB; Kreditbetrug

Erschleichen von Leistungen wird anschließend gesondert erläutert.

Erschleichen von Leistungen; § 265a StGB

§ 265a
(1) Wer die Leistung eines Automaten oder eines öffentlichen Zwecken dienenden Telekommunikationsnetzes, die Beförderung durch ein Verkehrsmittel oder den Zutritt zu einer Veranstaltung oder einer Einrichtung in der Absicht erschleicht, das Entgelt nicht zu entrichten, wird mit Freiheitsstrafe bis zu einem Jahr oder mit Geldstrafe bestraft, wenn die Tat nicht in anderen Vorschriften mit schwererer Strafe bedroht ist.
(2) Der Versuch ist strafbar.
(3) Die §§ 247 und 248a gelten entsprechend.

Diese Bestimmung stellt folgende Möglichkeiten der Leistungserschleichung unter Strafe:

- Erschleichen von Leistungen eines Automaten oder eines öffentlichen Zwecken dienenden Telekommunikationsnetzes
- Beförderung durch ein Verkehrsmittel (Schwarzfahren).
- Zutritt zu einer Veranstaltung oder Einrichtung

Subjektiver Tatbestand

Vorsatz und Hinterziehungsabsicht
Die Leistungserschleichung erfordert Vorsatz und die Absicht, das Entgelt nicht zu entrichten.

Sonstiges

Vergehen Es handelt sich um ein Vergehen

Versuch strafbar Der Versuch ist strafbar.

Z.T. Antragsdelikt Die Erschleichung geringwertiger Leistungen (Wertgrenze ca. 50 Euro) ist ein relatives Antragsdelikt.

Offizialdelikt Ansonsten ist die Leistungserschleichung ein Offizialdelikt.

6. Straf- und Strafverfahrensrecht

6.5.11 Urkundenfälschung; § 267 StGB

§ 267 StGB
Abs. 1: Wer zur Täuschung im Rechtsverkehr eine unechte Urkunde herstellt, eine echte Urkunde verfälscht oder eine unechte oder verfälschte Urkunde gebraucht, wird mit Freiheitsstrafe bis zu fünf Jahren oder mit Geldstrafe bestraft.
Abs. 2: Der Versuch ist strafbar.

Schutz des Rechtsverkehrs

Die Urkundenfälschung schützt die Sicherheit und Zuverlässigkeit des Rechtsverkehrs mit Urkunden.

Objektiver Tatbestand
Tatobjekte sind echte oder unechte Urkunden.

„Echte Urkunde“

Eine Urkunde ist eine echte Urkunde, wenn sie in gegenwärtiger Gestalt vom angegebenen Aussteller stammt.

„Unechte Urkunde“

Eine Urkunde ist eine unechte Urkunde, wenn die Erklärung nicht von demjenigen stammt, der in der Urkunde als Aussteller bezeichnet ist.

Mögliche Urkunden

Urkunden sind verkörperte Gedankenerklärungen, die zum Beweis im Rechtsverkehr geeignet und bestimmt sind und ihren Aussteller erkennen lassen. Es gibt Absichtsurkunden (Arbeitszeugnis, Ausweispapier), Deliktsurkunden (beleidigender Brief), Zufallsurkunden (Notizbuch), Alleinurkunden (Scheck), zusammengesetzte Urkunden (Ware mit Preisschild, Motor- und Fahrgestellnummer, Kennzeichen mit TÜV-Plakette) und Gesamturkunden (Postanweisungen, notarieller Kaufvertrag).
Der Aussteller der Urkunde muss an Unterschrift, Kopf der Urkunde, Namens- oder Handzeichen erkennbar sein.

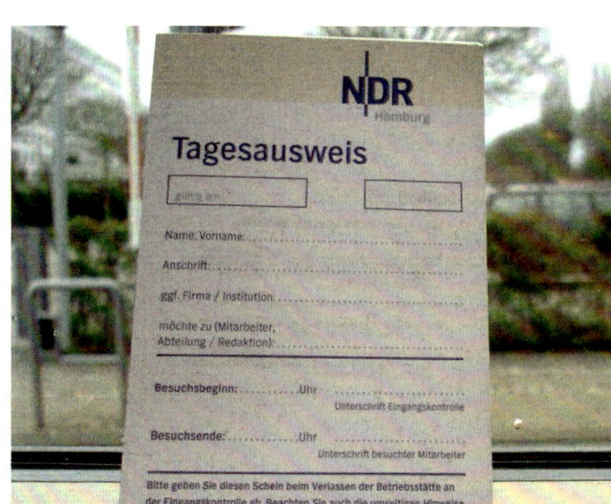

Kopien, Telefax, Computerfax und E-Mail sind regelmäßig keine Urkunden.

Ein ausgefüllter **Besucherschein** ist auch eine Urkunde. Er kann beweisen, dass eine bestimmte Person in einem bestimmten Zeitraum in einem bestimmten Objekt und ggf. auch bei einer bestimmten Person war.

Tathandlungen sind alternativ:

Herstellen einer unechten Urkunde
bedeutet Verursachung der Existenz einer unechten Urkunde.

Herstellen/ Verfälschen/ Gebrauchen

Beispiel: Ausfüllen/Unterschreiben eines fremden Überweisungsträgers

- Verfälschen einer echten Urkunde bedeutet nachträgliche Veränderung des gedanklichen Inhalts der Urkunde.
  Beispiel: Änderung des Betrages in einem ausgefüllten und unterschriebenen Überweisungsträger
- Gebrauchen einer unechten oder einer verfälschten Urkunde bedeutet, die Urkunde dem zu Täuschenden zugänglich zu machen, sodass der Getäuschte die Urkunde wahrnehmen kann.
  Beispiel: Vorlage des Überweisungsträgers bei der Bank

„Schriftliche Lügen"

Schriftliche Lügen erfüllen nicht den Tatbestand der Urkundenfälschung. Schriftliche Lügen von Ärzten sind aber strafbar (Falsche ärztliche Atteste; § 278 StGB).

Subjektiver Tatbestand

Vorsatz und Täuschungsabsicht

Der subjektive Tatbestand verlangt Vorsatz und die Absicht, im Rechtsverkehr zu täuschen. Die fahrlässige Urkundenfälschung ist straflos.

Sonstiges

Vergehen
Versuch strafbar
Offizialdelikt

Die Urkundenfälschung ist ein Vergehen.
Die versuchte Urkundenfälschung ist gemäß § 267 Abs. 2 StGB strafbar.
Sie ist ein Offizialdelikt.

Normen der Strafzumessung

Wie beim Diebstahl und beim Betrug gibt es gemäß § 267 Abs. 3 StGB auch einen Besonders schweren Fall der Urkundenfälschung. Auch hier enthält die Aufzählung in Abs. 3 nur „Regelbeispiele" und ist nicht abschließend:

- § 267 Abs. 3 Satz 2 Nr. 1 StGB – Gewerbsmäßigkeit
- § 267 Abs. 3 Satz 2 Nr. 2 StGB - Vermögensverlust größeren Ausmaßes (ab ca. 50.000 €)
- § 267 Abs. 3 Satz 2 Nr. 3 StGB - durch große Zahl von Urkunden (ab ca. 100) die Sicherheit des Rechtsverkehrs erheblich gefährden

Weitere Urkundsdelikte

Weitere Urkundsdelikte sind:

- § 267 Abs. 4 StGB; Gewerbsmäßige Bandenurkundenfälschung (Verbrechen)
- § 268 StGB; Fälschung technischer Aufzeichnungen
- § 269 StGB; Fälschung beweiserheblicher Daten
- § 270 StGB; Täuschung im Rechtsverkehr bei Datenverarbeitung
- § 271 StGB; Mittelbare Falschbeurkundung
- § 273 StGB; Verändern von amtlichen Ausweisen
- § 274 StGB; Urkundenunterdrückung; Veränderung einer Grenzbezeichnung
- §§ 273-276a, 281 StGB; Fälschen von Ausweis- und Fahrzeugpapieren
- §§ 277-279 StGB; Fälschen von Gesundheitszeugnissen

6.5.12 Missbrauch von Ausweispapieren; § 281 StGB

§ 281 StGB (verkürzt):
Abs. 1: Wer ein Ausweispapier, das für einen anderen ausgestellt ist, zur Täuschung im Rechtsverkehr gebraucht oder einem anderen überlässt, wird mit Freiheitsstrafe bis zu einem Jahr oder mit Geldstrafe bestraft.
Der Versuch ist strafbar.

Abs. 2: Einem Ausweispapier stehen Zeugnisse und andere Urkunden gleich, die im Verkehr als Ausweis verwendet werden.
Die Vorschrift ist für Einlasskontrollen bei Veranstaltungen von besonderer Bedeutung.

Subjektiver Tatbestand
Der subjektive Tatbestand verlangt Vorsatz. **Vorsatz**

Sonstiges
Der Missbrauch von Ausweispapieren ist ein Vergehen. **Vergehen**
Der Versuch ist strafbar. **Versuch strafbar**
Es ist ein Offizialdelikt. **Offizialdelikt**

6.5.13 Sachbeschädigung; § 303 StGB

§ 303 StGB:
Abs. 1: Wer rechtswidrig eine fremde Sache beschädigt oder zerstört, wird mit Freiheitsstrafe bis zu zwei Jahren oder mit Geldstrafe bestraft.
Abs. 2: Ebenso wird bestraft, wer unbefugt das Erscheinungsbild einer in Absatz 1 bezeichneten Sache oder eines dort bezeichneten Gegenstandes nicht nur unerheblich und nicht nur vorübergehend verändert.
Abs. 3: Der Versuch ist strafbar.

Schutz des Eigentums

Die Sachbeschädigung schützt das Eigentum vor Tauglichkeitsminderungen. Auch „Graffiti" sind gemäß § 303 Absatz 2 strafbar.

Der Begriff der fremden Sache ist in diesem Kapitel bereits beim Diebstahl gemäß § 242 StGB erläutert worden. Geschützt werden hier nicht nur bewegliche, sondern auch unbewegliche Sachen.

Tathandlungen in § 303 Abs. 1 StGB sind alternativ
- beschädigen oder
- zerstören.

„Zerstört"

Zerstört ist die Sache, wenn die Beschädigung so massiv ist, dass die Sache für ihren Zweck völlig unbrauchbar geworden ist.
Beispiele: Zertrümmern einer Glasscheibe, Zerstechen eines Autoreifens

„Beschädigt"

Beschädigt ist eine Sache, wenn ihre Substanz nicht unerheblich so verändert wird, dass die bestimmungsgemäße Brauchbarkeit mehr als nur geringfügig beeinträchtigt wird. **Beispiele:** Zerkratzen einer Fensterscheibe, Luftablassen aus Autoreifen

Tathandlung in § 303 Abs. 2 StGB ist
- das unbefugte
- nicht nur unerhebliche und
- nicht nur vorübergehende

Verändern des Erscheinungsbilds einer Sache oder eines Gegenstandes; insbesondere Graffiti und wildes Plakatieren.

Subjektiver Tatbestand
Der subjektive Tatbestand der Sachbeschädigung verlangt Vorsatz. Die fahrlässige Sachbeschädigung ist straflos.

Vorsatz

Sonstiges
Die Sachbeschädigung ist ein Vergehen.
Die versuchte Sachbeschädigung ist gemäß § 303 Abs. 2 StGB strafbar.
Die Sachbeschädigung ist gemäß § 303c StGB ein relatives Antragsdelikt.

Vergehen
Versuch strafbar
Antragsdelikt

> *§ 303c StGB:*
> *In den Fällen des § 303 StGB ... wird die Tat nur auf Antrag verfolgt, es sei denn, dass die Strafverfolgungsbehörde wegen des besonderen öffentlichen Interesses an der Strafverfolgung ein Einschreiten von Amts wegen für geboten hält.*

Die Sachbeschädigung ist ein Privatklagedelikt gemäß § 374 Abs. 1 Nr. 6 StPO.

Privatklagedelikt

Weitere Sachbeschädigungsdelikte sind:

- § 303a StGB: Datenveränderung
- § 303b StGB: Computersabotage
- § 304 StGB: Gemeinschädliche Sachbeschädigung
- § 305 StGB: Zerstörung von Bauwerken

6.5.14 Gemeingefährliche Straftaten; §§ 306, 323c StGB

Brandstiftung; § 306 StGB

§ 306 Abs. 1 StGB:
Wer fremde
1. Gebäude oder Hütten,
2. Betriebsstätten oder technische Einrichtungen, namentlich Maschinen,
3. Warenlager oder -vorräte,
4. Kraftfahrzeuge, Schienen-, Luft- oder Wasserfahrzeuge,
5. Wälder, Heiden oder Moore oder
6. land-, ernährungs- oder forstwirtschaftliche Anlagen oder Erzeugnisse
in Brand setzt
oder
durch eine Brandlegung ganz oder teilweise zerstört,
wird mit Freiheitsstrafe von einem Jahr bis zu zehn Jahren bestraft.

Gemein-gefährlichkeit

Wegen der großen Gefahren, die mit einem Feuer verbunden sind, geht von den Brandstiftungsdelikten ein Element der Gemeingefährlichkeit bzw. -schädlichkeit aus.

Die Strafdrohung schützt Leben, Gesundheit und Eigentum.

Objektiver Tatbestand
Die im Gesetzestext in Absatz 1 Nr. 1 bis 6 alternativ aufgeführten Tatobjekte bedürfen wegen des klaren Wortlauts keiner ergänzenden Erläuterung. Der Begriff „fremd" wurde bereits in diesem Kapitel beim Diebstahl erklärt. Der Taterfolg in Form des ganz oder teilweise Zerstörens kann in diesem Kapitel bei der Sachbeschädigung (6.5.13) nachgelesen und aus den dortigen Erklärungen abgeleitet werden.

Tathandlungen der Brandstiftung sind alternativ
- In-Brand-Setzen oder
- Brandlegung.

„In Brand setzen"

In Brand gesetzt ist eine Sache, wenn sie vom Feuer in einer Weise erfasst ist, die ein Fortbrennen aus eigener Kraft, also ohne Fortwirken des Zündstoffs, ermöglicht. Bei einem Gebäude genügt das In-Brand-Setzen eines wesentlichen Bestandteils.

Beispiel: Der Täter entzündet in einem Zimmer einen Papierhaufen. Das Feuer greift auf Rahmen der Holztür und des Holzfensters über.

Brandlegung bedeutet jede andere Form eines Feuers mit geringerer Intensität als das In-Brand-Setzen. Durch dieses Merkmal wird dem Umstand Rechnung getragen, dass mittlerweile häufig feuerbeständige Baustoffe verwendet werden müssen.

Beispiel: In einem psychiatrischen Krankenhaus entzündet ein Patient seine Kleidung und sein Bettzeug. Das Gebäude bzw. Gebäudeteile brennen nicht. Teile werden aber durch Ruß stark verschmutzt und unbenutzbar.

„Brand legen"

Subjektiver Tatbestand

Der subjektive Tatbestand setzt Vorsatz voraus.

Vorsatz

Die fahrlässige Brandstiftung ist nach § 306d StGB strafbar.

Fahrlässigkeit

§ 306d Abs.1 StGB: Wer in den Fällen des § 306 ... StGB fahrlässig handelt ..., wird mit Freiheitsstrafe bis zu fünf Jahren oder mit Geldstrafe bestraft.

Sonstiges

Die Brandstiftung ist ein Verbrechen.
Der Versuch ist folglich strafbar.
Brandstiftung ist ein Offizialdelikt.

Verbrechen
Versuch strafbar
Offizialdelikt

Die fahrlässige Brandstiftung gemäß § 306d StGB ist ein Vergehen.

6.5.15 Unterlassene Hilfeleistung; § 323c StGB

§ 323c StGB:
Wer bei Unglücksfällen oder gemeiner Gefahr oder Not nicht Hilfe leistet, obwohl dies erforderlich und ihm den Umständen nach zuzumuten, insbesondere ohne erhebliche eigene Gefahr und ohne Verletzung anderer wichtiger Pflichten möglich ist, wird mit Freiheitsstrafe bis zu einem Jahr oder mit Geldstrafe bestraft.

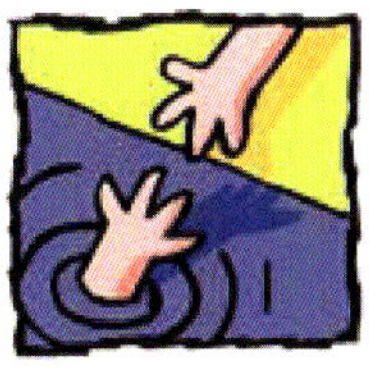

Im Abschnitt 6.3.2 (Grundlagen des Strafrechts) ist die Unterlassene Hilfeleistung als Beispiel für ein echtes Unterlassungsdelikt aufgeführt worden.
Das Zusammenleben in unserer Gesellschaft ist darauf gerichtet, von jedem Mitglied der Gesellschaft ein gewisses Mindestmaß an Hilfsbereitschaft und mitmenschlicher Solidarität zu erwarten und zu verlangen und in einer entsprechenden Situation tätig zu werden.

Objektiver Tatbestand
Es muss eine Notlage vorliegen, die eine Hilfeleistung erfordert.
Notlagen sind alternativ:

- Unglücksfälle
- gemeine Gefahren
- Not

Unglücksfälle

Unglücksfälle sind plötzliche Ereignisse, die erhebliche Gefahren für Menschen oder Sachen mit sich bringen.

Gemeine Gefahren

Gemeine Gefahren sind beispielsweise Hochwasser, Strom- oder Wasserausfall.

Notsituation

Eine Notsituation liegt bei einer Hilflosigkeit einer anderen Person vor.

Der Umfang der Hilfspflicht wird durch die Begriffe Erforderlichkeit und Zumutbarkeit bestimmt.

„Erforderlich"

Die gebotene Hilfe ist erforderlich, wenn das Opfer sich nicht selbst helfen kann. Ist bereits von anderer Seite Hilfe geleistet worden bzw. in Kürze zu erwarten (Polizei, Notarzt etc.) oder ist das Opfer bereits verstorben, ist keine Hilfe mehr erforderlich.

„Zumutbar"

Zumutbar ist die Hilfe, wenn diese nach der Persönlichkeit des Helfenden und seinen psychischen und physischen Kräften und Fähigkeiten erwartet werden kann, ohne dass erhebliche eigene Gefahren entstehen und andere wichtige Pflichten verletzt werden.
Die Grenzen hängen sehr vom Einzelfall ab.

Subjektiver Tatbestand

Vorsatz

Der subjektive Tatbestand verlangt Vorsatz. Die fahrlässige Unterlassene Hilfeleistung ist straflos.

Sonstiges

Vergehen

Die Unterlassene Hilfeleistung ist ein Vergehen.
Die versuchte Unterlassene Hilfeleistung ist nicht denkbar und mithin straflos.

Offizialdelikt

Die Unterlassene Hilfeleistung ist ein Offizialdelikt.

6.5.16 Gesetzespaket gegen Hass und Hetze

Obwohl (noch) nicht im Rahmenplan enthalten, ist das im April 2021 in Kraft getretene **Gesetzespaket gegen Hass und Hetze** als Hintergrundwissen auch für den Sicherheitsdienst von Bedeutung. Die Änderungen für den Tatbestand der Beleidigung § 185 StGB sind bereits berücksichtigt worden.

Das Gesetz enthält folgende Kernpunkte:

Erweiterungen und Verschärfungen des Strafgesetzbuchs

- Schutz von Notdiensten (§ 115 StGB): Rettungskräfte im Einsatz sind bereits 2017 strafrechtlich besser vor Attacken geschützt worden. Dieser Schutz wurde nun auf Personal in ärztlichen Notdiensten und Notaufnahmen ausgedehnt. **Schutz von Notdiensten**
- Störung des öffentlichen Friedens durch Androhung von Straftaten (§ 126 StGB): Hier ist nun neben den bereits erfassten Straftaten auch die Androhung einer gefährlichen Körperverletzung und von schweren Straftaten gegen die sexuelle Selbstbestimmung umfasst. **Androhung von Straftaten**
- Belohnung und Billigung von Straftaten (§ 140 StGB): Ab jetzt ist auch die Billigung noch nicht begangener schwerer Taten erfasst, wenn diese geeignet ist, den öffentlichen Frieden zu stören. Das öffentliche Befürworten der Äußerung, jemand gehört „an die Wand gestellt" ist ein Beispiel für die nun bestehende Strafbarkeit. **Billigung von Straftaten**
- Beleidigung (§ 185 StGB): Öffentliche Beleidigungen sind laut und aggressiv. Wer öffentlich im Netz Menschen beleidigt, kann jetzt mit bis zwei statt mit bis zu einem Jahr Freiheitsstrafe bestraft werden. **Öffentliche Beleidigung**
- Beleidigung, üble Nachrede und Verleumdung gegen Personen des politischen Lebens (§ 188 StGB): Der besondere Schutz des § 188 StGB gilt jetzt ausdrücklich auf allen politischen Ebenen. **Beleidigung im Politikbereich**
- Bedrohung (§ 241 StGB): Bislang war nach § 241 StGB nur die Bedrohung mit einem Verbrechen strafbar. Jetzt sind auch Drohungen mit Taten gegen die sexuelle Selbstbestimmung, die körperliche Unversehrtheit, die persönliche Freiheit oder Sachen von bedeutendem Wert, die sich gegen die Betroffenen oder ihnen nahestehenden Personen richten, mit bis zu einem Jahr Freiheitsstrafe oder Geldstrafe strafbar. Der Strafrahmen wurde angehoben auf bis zwei Jahre Freiheitsstrafe, wenn die **Bedrohung**

Tat im Internet oder auf andere Weise öffentlich begangen wird. Bei öffentlichen Drohungen mit einem Verbrechen können bis zu drei Jahre Freiheitsstrafe verhängt werden.

Verpflichtung der sozialen Netzwerke

Pflicht der sozialen Netzwerke zur Meldung von Hasspostings an das BKA
Ab **1. Februar 2022** müssen soziale Netzwerke strafbare Postings nicht nur löschen, sondern in bestimmten schweren Fällen an das BKA melden.

Prüfen Sie Ihr Wissen!

Lernziele:

Der Leser sollte nennen können:
- die wichtigen Abschnitte des Besonderen Teils des StGB

Der Leser sollte zuordnen können:
- Tatbestände in entsprechende Abschnitte
- Tatbestände in Verbrechen und Vergehen
- Tatbestände in Offizial-, Antrags- und Privatklagedelikte
- die Strafbarkeit des Versuchs

Der Leser sollte erklären können:
- Merkmale der dargestellten Tatbestände
- welche Merkmale zum objektiven Tatbestand gehören
- welche Merkmale zum subjektiven Tatbestand gehören
- welche Bedeutung Regelbeispiele im Tatbestand haben
- was unter einer Qualifikation zu verstehen ist
- wie sich grundsätzlich bestimmte Delikte unterscheiden:
- Diebstahl und Unterschlagung
- Diebstahl und Raub
- Diebstahl und Betrug
- Diebstahl und Hehlerei
- Nötigung und Erpressung
- Raub und Räuberische Erpressung
- Raub und Räuberischer Diebstahl
- Begünstigung und Strafvereitelung
- Körperverletzung und Gefährliche Körperverletzung
- Körperverletzung und Schwere Körperverletzung
- Brandstiftung und Schwere Brandstiftung
- Brandstiftung und Herbeiführen einer Brandgefahr

6. Straf- und Strafverfahrensrecht

6.6 Vorschriften des Betäubungsmittelgesetzes (BtMG)

Beruflicher Umgang mit Betäubungsmitteln

Der berufliche Auftrag bringt es mit sich, dass Sicherheitskräfte Kontakt mit Personen aufnehmen müssen, die Betäubungsmittel besitzen oder unter Einfluss von Betäubungsmitteln stehen. Daher müssen die Grundzüge des Betäubungsmittelrechts bekannt sein.

In den Anlagen I. bis III. zum Betäubungsmittelgesetz sind sämtliche Betäubungsmittel aufgeführt. Die bekanntesten Betäubungsmittel sind:

Heroin – Kokain – Crack – LSD – Marihuana – Haschisch – Ecstasy - Crystal Meth (Methamphetamin)

Nach § 29 ff. BtMG sind insbesondere **folgende Verhaltensweisen strafbar:**

Anbauen - Herstellen – Handel treiben - Einführen - Ausführen - Veräußern - Abgeben - In den Verkehr bringen - Erwerben - Besitzen

Verbot jeglichen Umgangs mit BtM

Im Ergebnis ist jeglicher Umgang mit Betäubungsmitteln verboten, soweit nicht eine Erlaubnis nach dem Gesetz oder der zuständigen Behörde vorliegt, die beispielsweise Apotheker besitzen.

Verhalten bei Feststellung von BtM

Deshalb sollten Sicherheitskräfte auch bei Einlasskontrollen grundsätzlich keine Betäubungsmittel an sich nehmen, sondern diesen Personen den Zutritt verwehren. Werden Betäubungsmittel aufgefunden, ist zu empfehlen, die Polizei zu benachrichtigen.

Der Besitz kleiner Mengen Cannabis (bis 25 Gramm für den Eigenkonsum volljähriger Personen) soll künftig nach den 2023 auf den Weg gebrachten Plänen der Bundesregierung reglementiert aber straffrei sein.

Der besitzlose Konsum von Betäubungsmitteln ist jetzt schon straflos, da nach Art. 2 GG jeder ein Recht auf Rausch und auch Konsum hat.

Prüfen Sie Ihr Wissen!

Lernziele:

Der Leser sollte nennen bzw. erklären können:

- welche Betäubungsmittel grundsätzlich verboten sind
- welche Verhaltensweisen im Umgang mit Betäubungsmitteln strafbar sind
- welches rechtliche Problem für Sicherheitskräfte bei Einlasskontrollen auftreten kann

6.7 Spezial: Pandemie (nicht prüfungsrelevant)

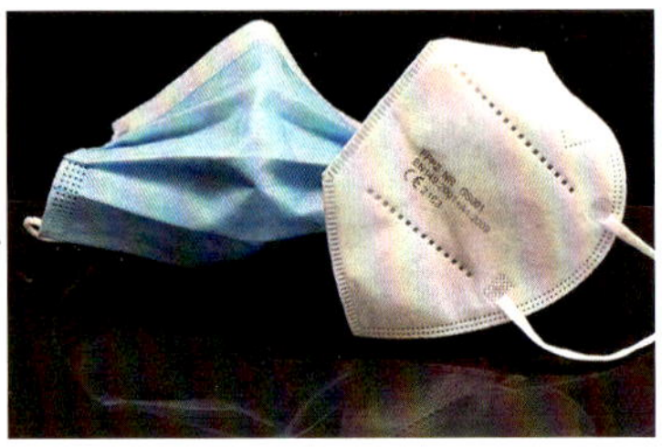
Bild: Pixabay W. Pohnke

Das Coronavirus CoVid 19, das von 2020 bis 2022 die Welt massiv beeinträchtigte, gilt als besiegt. Aber es hat gezeigt, wie schnell sich eine neue Krankheit zur Pandemie auswachsen kann.

Das Bewachungsgewerbe wird in einer möglichen nächsten Pandemie bei der Umsetzung der gesetzlichen Maßnahmen zur Pandemiebekämpfung wieder umfangreiche Aufgaben wahrzunehmen haben. Beispiele: Kontrolle der Maskenpflicht, der Teilnehmerbeschränkungen sowie der Abstands- und Zugangsregeln. Wichtig für die Tätigkeit der Sicherheitskräfte werden auch dann wieder das Infektionsschutzgesetz und die §§ 275 bis 281 StGB sein.

Infektionsschutzgesetz, §§ 73-75a IfSG

Sanktionen

Das Bundes-Infektionsschutzgesetz (IfSG) ist am 24.11.2021 in Kraft getreten; ergänzend haben/werden die Bundesländer Landesgesetze erlassen. Die Nichteinhaltung der gesetzlichen Regelungen des Infektionsschutzgesetzes kann als Ordnungswidrigkeit (§ 73 IfSG) geahndet werden oder ist nach den §§ 74–75a IfSG strafbar.

Fälschung und Missbrauch von Ausweisen, §§ 275-281 StGB

Die Änderungen der §§ 275–281 StGB haben eine sehr hohe Praxis-relevanz. Hier ist insbesondere die Verbreitung und der Gebrauch gefälschter oder falscher Impfnachweise unter Strafe gestellt worden.

Impfausweise

Es ist nach § 275 Abs.1a StGB nunmehr als Vergehen strafbar, die Herstellung eines unrichtigen Impfausweises vorzubereiten, indem in einem Impfausweis eine nicht durchgeführte Schutzimpfung dokumentiert wird.

Ebenso ist es strafbar, zu unternehmen, einen auf derartige Weise ergänzten Blanko-Impfausweis sich oder einem anderen zu verschaffen, feilzuhalten (Bedeutung: zum Kauf anbieten), zu verwahren oder einem anderen zu überlassen oder einzuführen oder auszuführen.

Gesundheits zeugnisse

In den §§ 277–278 StGB bleibt das „Unbefugte Ausstellen" von Gesundheitszeugnissen sowie das Ausstellen unrichtiger Gesundheitszeugnisse für Ärzte und approbiertes Medizinpersonal wie bisher strafbar.

Als Vergehen nach § 279 StGB ist nunmehr für jedermann der Gebrauch von unbefugt ausgestellten Gesundheitszeugnissen oder unrichtig ausgestellter Gesundheitszeugnisse strafbar.

Der Missbrauch von Gesundheitszeugnissen ist nach § 281 StGB (Missbrauch von Ausweispapieren) strafbar

7. Umgang mit Waffen

Umgang mit Waffen

Das Sachgebiet Umgang mit Waffen in dem schriftlichen Aufgabensatz enthält **4 Fragen / Aufgaben**, deren vollständige richtige Beantwortung zu **4 Punkten** führt.

Die Fragen / Aufgaben beziehen sich auf
- allgemeine gesetzliche Grundlagen und Begriffe
- gesetzliche Voraussetzungen für Umgang mit Schusswaffen und Munition
- Grundsätze der Handhabung anderer Waffen
- Verbotene Waffen
- Besonderheiten im Bewachungsgewerbe.

Entsprechend sind die nachstehenden Ausführungen gegliedert.

Prüfungsziel: 4 Punkte

Hinweis: Dieses Kapitel enthält die erforderlichen Informationen für die Vorbereitung auf die Sachkundeprüfung gemäß § 34a GewO. Für die **Waffensachkundeprüfung**, eine der Voraussetzungen für den Umgang mit Schusswaffen, ist der Lehrstoff umfangreicher und spezieller, einschließlich der Übung der praktischen Handhabung von Schusswaffen.

7.1 Allgemeine gesetzliche Grundlagen und Begriffe

Ziel: Möglichst wenig Waffen

Es gibt kein allgemeines Recht auf Waffenbesitz in Deutschland, wie es etwa die Verfassung der Vereinigten Staaten von Amerika vorsieht. **Deshalb gilt der Grundsatz, dass möglichst wenig Waffen unter die Bevölkerung kommen.**

Dieses Ziel dient der Aufrechterhaltung der öffentlichen Sicherheit und Ordnung durch folgende umfangreiche waffenrechtliche Regelungen:
- Erschwerung des illegalen Zugangs zu Waffen
- Erlaubniserteilung unter strengen Voraussetzungen mit Beteiligung des Verfassungsschutzes
- Behördliche Rückverfolgung von Schusswaffen und ihren wesentlichen Teilen

Nationales Waffenregister

Nationales Waffenregister

Zur Unterstützung der Zielrichtung ist 2020 ein nationales Waffenregister eingerichtet worden. Dort werden bundesweit insbesondere Schusswaffen, deren Erwerb und Besitz der Erlaubnis bedürfen, sowie Daten von Erwerbern, Besitzern und Überlassern dieser Schusswaffen elektronisch auswertbar erfasst und auf dem neuesten Stand gehalten.

Einschlägige Vorschriften

Folgende Gesetze, Verordnungen und Vorschriften können für das Sicherheitsgewerbe von Bedeutung sein:
- Waffengesetz (WaffG)

7. Umgang mit Waffen

- Allgemeine Waffengesetz-Verordnung (AWaffV) (in ihr ist u.a. die Waffensachkunde geregelt)
- Beschussgesetz (BeschG)
- Gesetz über die Kontrolle von Kriegswaffen (KWKG)
- Bewachungsverordnung (BewachV)
- Vorschrift 23 der Deutschen Gesetzlichen Unfallversicherung (DGUV V 23)

Das WaffG gibt folgende Begriffserklärungen und Zuordnungen:

„Waffe"

- **Waffen** sind Schusswaffen oder ihnen gleichgestellte Gegenstände und tragbare Gegenstände

„Schusswaffe"

- **Schusswaffen** sind Gegenstände, die zum Angriff oder zur Verteidigung, zur Signalgebung, zur Jagd, zur Distanzinjektion, zur Markierung, zum Sport oder zum Spiel bestimmt sind und bei denen Geschosse durch einen Lauf getrieben werden.

„Gleichgestellte Gegenstände"

- **Schusswaffen gleichgestellte Gegenstände** sind tragbare Gegenstände, die zum Abschießen von Munition bestimmt sind, sowie tragbare Gegenstände, bei denen bestimmungsgemäß feste Körper gezielt verschossen werden, deren Antriebsenergie durch Muskelkraft eingebracht und durch eine Sperrvorrichtung gespeichert werden kann (z.B. Armbrüste).

„Wesentliche Teile"

- **Wesentliche Teile von Schusswaffen** stehen den Schusswaffen gleich.

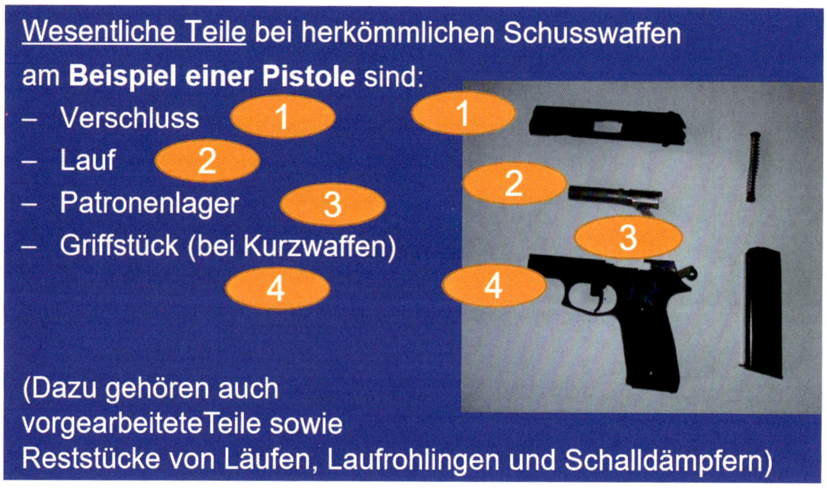

„Tragbare Gegenstände"

- **Tragbare Gegenstände** im Sinne des WaffG sind:
  - Hieb- und Stoßwaffen
  - Elektroimpulsgeräte
  - Reizstoffsprühgeräte
  - Flammenwerfer
  - Würgehölzer
  - Präzisionsschleudern
  - Besondere Messer (Spring-, Fall-, Faust-, Faltmesser)
  - Tierabwehrgeräte

Hinweis: Ob es sich im Einzelfall um einen verbotenen Gegenstand bzw. eine verbotene Waffe handelt, ist der Anlage 2 / Abschnitt 1. zum WaffG zu entnehmen (auszugsweise Darstellung erfolgt in dem Abschnitt „Verbotene Waffen").

- **Umgang mit Waffen / Munition** hat jeder, der sie erwirbt, besitzt, überlässt, führt, verbringt, damit schießt, sie mitnimmt, herstellt, bearbeitet, instandsetzt oder damit Handel treibt. **„Umgang"**
- **Erwerben / Besitzen** liegt vor, wenn jemand die tatsächliche Gewalt über die Waffe erlangt; Eigentumsverhältnisse spielen dabei keine Rolle. **„Erwerben/besitzen"**
- **Überlassen** liegt vor, wenn jemand einem anderen die tatsächliche Gewalt einräumt; auch hier spielt das Eigentum keine Rolle. **„Überlassen"**
- **Führen** liegt vor, wenn jemand die tatsächliche Gewalt außerhalb seiner Wohnung, Geschäftsräume oder des eigenen befriedeten Besitztums ausübt. **„Führen"**

7.2 Gesetzliche Voraussetzungen für Umgang mit Schusswaffen und Munition

Der Umgang mit Schusswaffen und Munition ist grundsätzlich erlaubnispflichtig!

7.2.1 Voraussetzungen für eine Erlaubnis sind:

Erlaubnis-Voraussetzungen

Vollendung des 18. Lebensjahres
- Zuverlässigkeit und persönliche Eignung
- Nachweis der (Waffen-) Sachkunde (siehe Hinweis zu Beginn des Kapitels)
- Nachweis eines Bedürfnisses
- Abschluss einer Haftpflichtversicherung bei Beantragung eines Waffenscheines oder einer Schießerlaubnis

Waffenbesitzkarte

Die Erlaubnis zum **Erwerben / Besitzen** wird durch eine Waffenbesitzkarte erteilt. Die Erlaubnis zum Erwerb einer Waffe gilt für die Dauer eines Jahres, die Erlaubnis zum Besitz wird in der Regel unbefristet erteilt.

Waffenschein

Die Erlaubnis zum **Führen** wird durch einen Waffenschein erteilt.
Sie wird grundsätzlich auf höchstens drei Jahre erteilt; die Geltungsdauer kann zweimal um höchstens drei Jahre verlängert werden.

Bedürfnisprüfung

Da – wie bereits erwähnt – möglichst wenig Waffen unter das Volk sollen, prüft die zuständige Behörde das Bedürfnis des Antragstellers sehr genau.

Jagd/Sport ...

Das Bedürfnis kann in der Jagdausübung oder in der Betätigung als Sportschütze liegen. Dann ist auch der Umgang mit der Waffe auf diese Tätigkeit beschränkt.

... oder besondere Gefährdung

Wenn das Bedürfnis in der Gefährdung einer Person liegt, muss diese glaubhaft machen, dass sie wesentlich mehr als die Allgemeinheit durch Angriffe auf Leib oder Leben gefährdet ist und dass der Erwerb der

Schusswaffe und der Munition geeignet und erforderlich ist, diese Gefährdung zu mindern.
Ein **Bedürfnis zum Führen** wird anerkannt, wenn glaubhaft gemacht ist, dass diese Voraussetzungen auch außerhalb der eigenen Wohnung, Geschäftsräume oder des befriedeten Besitztums vorliegen.

Nachprüfungen

Die zuständige Behörde hat die Inhaber von waffenrechtlichen Erlaubnissen **in regelmäßigen Abständen, mindesten jedoch nach Ablauf von drei Jahren, erneut auf ihre Zuverlässigkeit und persönliche Eignung** zu prüfen.
Das Fortbestehen des **Bedürfnisses** ist bei Inhabern einer waffenrechtlichen Erlaubnis **alle fünf Jahre erneut zu überprüfen.**

Regelung für das Bewachungsgewerbe

Das Bedürfnis für Bewachungsunternehmer und das Bewachungspersonal ist gesondert in § 28 WaffG geregelt (siehe Abschnitt 7.5. Besonderheiten im Bewachungsgewerbe).

7.2.2 Kleiner Waffenschein

Antrieb durch heiße Gase

Zu den Schusswaffen zählen auch so genannte Feuerwaffen, bei denen zum Antrieb heiße Gase verwendet werden und für die nur der „Kleine Waffenschein" erforderlich ist.
Hierzu gehören:

Kleiner Waffenschein

- Schreckschusswaffen (Kartuschenmunition)
- Reizstoffwaffen
- Signalwaffen

Geringere Anforderungen

Erlaubnis zum Führen:
- Vollendung des 18. Lebensjahres
- Zuverlässigkeit und persönliche Eignung

Hinweis: (Waffen-)Sachkundeprüfung, Nachweis des Bedürfnisses und einer Haftpflichtversicherung entfallen.

7.3 Grundsätze der Handhabung anderer Waffen

Die folgenden vier Grundsätze sind unbedingt zu beachten:

Die 4 Grundsätze

1. Nur zugelassene Waffen verwenden.
2. Eine Waffe ist nur so gut, wie man mit ihr umgehen kann.
3. Jede eigene Waffe kann auch gegen mich eingesetzt werden.
4. Nur Waffen mitführen, die vom Unternehmer zur Verfügung gestellt wurden bzw. die Verwendung eigener Waffen nur mit schriftlichem Einverständnis des Unternehmers.

7. Umgang mit Waffen

Zu 1.: Nicht zulässige Waffen sind in der Regel „Verbotene Waffen" gemäß Anlage 2, Abschnitt 1 zum WaffG. Jeglicher Umgang mit ihnen stellt eine Straftat gemäß § 52 Absatz 1 Nr.1. WaffG dar.

Nur zugelassene Waffen

Zu 2.: Der Einsatz eines Schlagstocks, Teleskopschlagstocks, Elektroschockers oder Reizstoffsprühgeräts ohne genügende Kenntnisse der Wirkungsweise und ohne ständiges Training kann im wahrsten Sinne des Wortes „ins Auge gehen". Die Wirkung wird unter- oder überschätzt, der Grundsatz der Verhältnismäßigkeit wird möglicherweise nicht beachtet. Eigengefährdung und Eigenverletzung, z.B. bei der Anwendung von Reizstoff in engen Räumen oder gegen die Windrichtung, können eintreten.

Einsatz nicht ohne Kenntnis und Training

Zu 3.: Wie auch beim Führen von Schusswaffen liegt ein hohes Risiko in der Entwendung der Waffe durch Überwältigung oder Unaufmerksamkeit des Waffenträgers.

Waffe für den Gegner

Zu 4.: Nicht selten werden von den Beschäftigten eigene Waffen ohne Kenntnis des Unternehmers mitgeführt. Das bedeutet für den Unternehmer unter Umständen mangelnde Aufsicht und Verlust des Auftrages. Für den Beschäftigten besteht ein strafrechtliches und ein haftungsrechtliches Risiko, denn er haftet allein für alle Folgen und Rechtsansprüche Dritter, die sich aus der eigenmächtigen Verwendung dieser Waffen ergeben können.

Nur offizielle Dienstwaffen

7.4 Verbotene Waffen

> *§ 2 Abs. 3 WaffG: Der Umgang mit Waffen oder Munition, die in der Anlage 2 Abschnitt 1 zu diesem Gesetz genannt sind, ist verboten.*

Zuwiderhandlungen sind grundsätzlich Straftaten nach dem WaffG.

Anlage 2 Abschnitt 1 WaffG, (Auszug):
Verboten sind

Katalog der verbotenen Waffen

- Waffen, die in der Kriegswaffenliste aufgeführt sind
- Schusswaffen, die ihrer Form nach einen anderen Gegenstand vortäuschen oder die mit einem Gegenstand des täglichen Gebrauchs verkleidet sind, z.B. Schießkugelschreiber, Stockgewehre, Taschenlampen- oder Feuerzeugpistolen
- Schusswaffen, die über ihren Zweck hinaus zusammengeklappt, verkürzt, zusammengeschoben oder zerlegt werden können
- für Schusswaffen bestimmte Zielscheinwerfer, Laser- oder Zielpunktprojektoren
- für Schusswaffen bestimmte Nachtsichtgeräte und Nachtzielgeräte mit Montagevorrichtung sowie Nachtsichtvorsätze und Nachtsichtaufsätze für Zielhilfsmittel (z.B. Zielfernrohre), sofern die Gegenstände einen Bildwandler oder eine elektronische Verstärkung besitzen

- Hieb- oder Stoßwaffen, die einen anderen Gegenstand vortäuschen können (z.B. Degen als Spazierstock verkleidet)
- Stahlruten, Totschläger, Schlagringe
- Distanz-Elektroimpulsgeräte (Air-Taser)
- Wurfsterne, Molotowcocktails, Elektroimpulsgeräte ohne Prüfzeichen, Präzisionsschleudern und ihre Armstützen
- Gegenstände mit Reiz- oder anderen Wirkstoffen, es sei denn, sie sind in ihrer Reichweite und Sprühdauer begrenzt und haben das Prüfzeichen
- Würgehölzer (z.B. Nun-Chakus)
- Tierabwehrgeräte, es sei denn sie haben ein Prüfzeichen
- Faustmesser (Skinner), Faltmesser (Butterfly)
- Spring- und Fallmesser
- Ausnahme: Springmesser, wenn die Klinge seitlich aus dem Griff herausspringt und der aus dem Griff herausragende Teil der Klinge
  - höchstens 8,5 cm lang ist
  - und nicht zweiseitig geschliffen ist.

Inbesitznahme von verbotenen Waffen

Berufliche Inbesitznahme

Für den Bewachungsunternehmer und sein Bewachungspersonal kann sich z.B. im Veranstaltungsdienst die Problematik ergeben, dass bei Einlasskontrollen verbotene Waffen vorgefunden werden. Grundsätzlich dürfen verbotene Waffen durch das Bewachungspersonal nicht in Besitz genommen werden, es sei denn, ein spezieller beruflicher Auftrag oder eine besondere Garantenpflicht bzw. der Rechtfertigende Notstand des § 34 StGB gebieten ausnahmsweise doch die Inbesitznahme. Diese ist gemäß § 40 Absatz 5 WaffG unverzüglich der zuständigen Behörde anzuzeigen. Der gesetzlichen Anzeigepflicht ist unbedingt nachzukommen, ansonsten droht ein Strafverfahren (vgl. ähnliche Problematik bei verbotenen Betäubungsmitteln (Abschnitt 6.6) im Kapitel Strafrecht und Strafverfahrensrecht).

Sofort der Behörde anzeigen!

Seit April 2008 gelten verschärfte Waffenregeln.

Einschränkungen seit 2008

Das Gesetz zur Änderung des Waffengesetzes und weiterer Vorschriften vom 26.3.2008 soll helfen, Gewaltkriminalität einzudämmen. Zu diesem Zweck wurden einige neue Verbote und Einschränkungen eingeführt:

Anscheinswaffen

„Anscheinswaffen“

Hierunter sind Nachbildungen zu verstehen, die echten Schusswaffen täuschend ähnlichsehen.

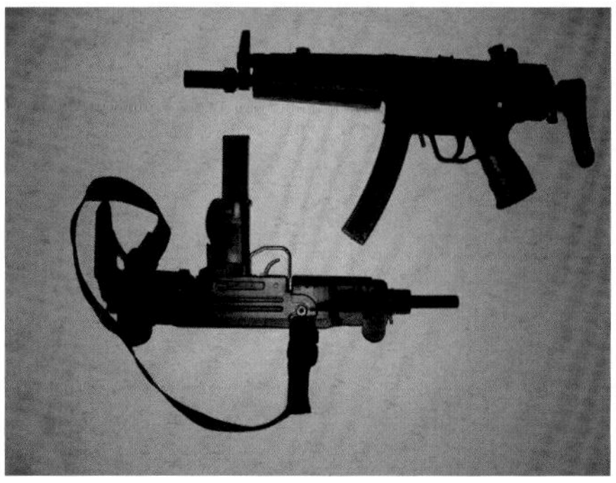

Oben: MP-Nachbildung Heckler u. Koch MP 5 / 9 mm

Unten: MP-Nachbildung Uzi 9mm

7. Umgang mit Waffen

Insgesamt gibt es Schätzungen zufolge zwei bis drei Millionen der sogenannten Anscheinswaffen in Deutschland. Wiederholt führte das Führen solcher Waffen zu Polizeieinsätzen und Einsätzen von Sicherheitspersonal, bei denen im Extremfall die eingesetzten Kräfte vor der Entscheidung standen, selbst von der Schusswaffe Gebrauch zu machen.

Nunmehr dürfen solche Waffen nur im abgetrennten Privatbereich geführt werden (Ausnahmen siehe unten und nächste Seite).

Softair-Waffen
Hierunter sind Nachbauten von Waffen zu verstehen, bei denen mit Hilfe von Gas Plastikkugeln verschossenen werden.
Sofern diese Waffen als Waffenimitate angesehen werden müssen, gelten die gleichen Regelungen wie bei Anscheinswaffen.

Gekennzeichnete Spielzeuge

Spielzeugwaffen, die als solche zu erkennen und mit farbigen Aufklebern zu kennzeichnen sind, sind von den Regelungen ausgenommen.

Messer sowie Hieb- und Stoßwaffen
Mit der 2003 in Kraft getretenen Änderung wurden bereits u.a. Wurfsterne, Spring-, Fall-, Faust- und Butterflymesser verboten.

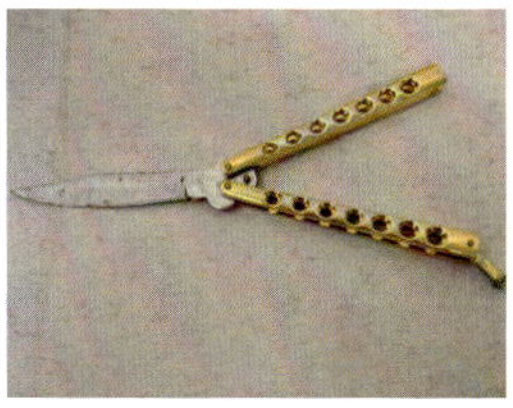

Jetzt wird auch das **öffentliche Führen** von Einhandmessern und von Messern mit einer feststehenden Klinge von mehr als 12 cm Klingenlänge verboten.

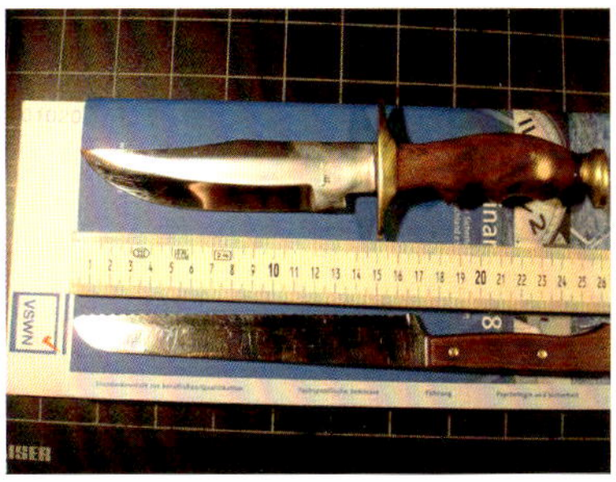

Auch ein Brotmesser wie im nebenstehenden Bild unten abgebildet wird grundsätzlich von dem Verbot erfasst.

Hieb-, Stoß-, Stich-, Schlag- oder Wurfwaffen

Mit in dieses Verbot ist das Führen von Hieb- und Stoßwaffen (Gegenstände, die ihrem Wesen nach dazu bestimmt sind, unter unmittelbarer Ausnutzung der Muskelkraft durch Hieb, Stoß, Stich, Schlag oder Wurf Verletzungen beizubringen) aufgenommen worden.

Ausnahmen
Die vorstehend aufgeführten Verbote des Führens derartiger Waffen und Gegenstände gelten nicht

Film und Theater

- für die Verwendung bei Foto-, Film oder Fernsehaufnahmen oder Theateraufführungen
- für den Transport in einem verschlossenen Behältnis

- sofern ein berechtigtes Interesse vorliegt (diese Ausnahme gilt nur für Messer sowie Hieb- und Stoßwaffen).
  Ein berechtigtes Interesse liegt insbesondere vor, wenn das Führen der Gegenstände im Zusammenhang mit der Berufsausübung erfolgt oder der Brauchtumspflege, dem Sport oder einem allgemein anerkannten Zweck dient.

Die letzte Ausnahmeregelung entspricht den Bedürfnissen des Sicherheitsgewerbes (z.B. Schlagstock), aber auch dem von Anglern und Jägern.

Verstöße
Verstöße sind Ordnungswidrigkeiten, die mit einem Bußgeld bis zu 10.000 Euro belegt werden können.

7.5 Besonderheiten im Bewachungsgewerbe

Bei Verstößen droht Gewerbeuntersagung

Verstöße gegen das Waffengesetz können sowohl für den Bewachungsunternehmer als auch für den Beschäftigten die Unzuverlässigkeit im Sinne des § 34a Abs.1 GewO bedeuten. Gemäß § 2 BewachV sind Staatsanwaltschaften und Gerichte verpflichtet, die Gewerbeämter dann zu benachrichtigen, wenn der Tatvorwurf in einem Strafverfahren geeignet ist, Zweifel an der Eignung oder Zuverlässigkeit hervorzurufen.

Als Rechtsfolge hieraus kann die zuständige Behörde die Gewerbeuntersagung für den Unternehmer gem. § 35 GewO oder ein Beschäftigungsverbot gemäß § 34a Abs. 1 GewO gegen Mitarbeiter oder Mitarbeiterinnen verfügen. (vgl. Kapitel Gewerberecht)

7.5.1 Erwerb, Besitz und Führen von Schusswaffen und Munition durch Bewachungsunternehmer und ihr Bewachungspersonal

Spezialregelungen für Bewacher in § 28 WaffG

Erstmals in der Rechtsgeschichte sind mit der Neuordnung des Waffenrechts aus den Jahren 2002 / 2003 waffenrechtliche Belange des Bewachungsgcwerbes durch den § 28 WaffG ausdrücklich aufgenommen worden:

- **Bedürfnis seitens des Unternehmers** liegt vor, wenn er glaubhaft machen kann, dass Bewachungsaufträge wahrgenommen werden oder

werden sollen, die aus Gründen der Sicherung einer gefährdeten Person oder eines gefährdeten Objektes Schusswaffen erfordern.
- **Die Schusswaffe darf nur bei der tatsächlichen Durchführung eines konkreten Auftrages getragen werden.**
  Das bedeutet, dass die Schusswaffe „nicht schussbereit“ und „nicht zugriffsbereit“ z.B. von der Wachzentrale zum Einsatzort oder umgekehrt verbracht werden muss.
- Wachpersonen, die nach Weisung des Unternehmers Schusswaffen führen sollen, sind der zuständigen Behörde zur Prüfung zu benennen.
- Der Unternehmer darf Schusswaffen oder Munition erst nach erfolgter Zustimmung der Behörde der Wachperson überlassen.
- Verstöße sind Straftaten nach dem Waffengesetz.

Weitere Regelungen in der Waffensachkundeprüfung

Hinweis: Das Thema „Sicherer Umgang mit Schusswaffen und Munition einschließlich Waffenpflege und Reinigung“ ist Bestandteil der Waffensachkundeprüfung und wird hier nicht dargestellt*.

7.5.2 Verbot des Führens von Waffen bei öffentlichen Veranstaltungen, Verordnungsermächtigungen für Verbotszonen

- Grundsätzlich dürfen bei öffentlichen Vergnügungen, Volksfesten, Sportveranstaltungen, Messen, Ausstellungen, Märkten oder ähnlichen öffentlichen Veranstaltungen keine Waffen geführt werden.
- Die zuständige Behörde kann allgemein oder für den Einzelfall Ausnahmen zulassen,
  - wenn der Antragsteller die erforderliche Zuverlässigkeit und
  - wenn der Antragsteller nachgewiesen hat, dass er auf Waffen bei der öffentlichen Veranstaltung nicht verzichten kann und
  - eine Gefahr für die öffentliche Sicherheit und Ordnung nicht zu besorgen ist.
- **Vorstehende Ausnahmeregelung ist für den Veranstaltungsdienst, Geld- und Werttransport sowie Personenschutz von besonderer Bedeutung.**
- Erleichterung bei der Einrichtung von **Waffenverbotszonen durch die Bundesländer:** Danach können öffentliche und besonders frequentierte

Ausnahmeregelung

Waffenverbotszonen...

* Erweiterte Kenntnisse bietet das Buch „Waffenrecht und Waffenkunde“: www.secumedia.shop

Plätze zu solchen Zonen erklärt werden ohne die bisherige Bedingung, dass sich dort wiederholt schwere Kriminalität ereignet hat und auch künftig zu erwarten ist. Hierzu gehört auch das Messerverbot: Messer mit einer feststehenden oder feststellbaren Klinge, die über vier Zentimeter lang ist, dürfen nicht mehr getragen werden.

... ebenfalls mit Ausnahme-möglichkeit

Wichtig für den Sicherheitsdienst: Die in dem neuen § 42 Abs. 6 WaffG vorgesehene künftige Rechtsverordnung der Länder hat (wie schon bisher im Abs. 5) eine Ausnahme vom Verbot oder von der Beschränkung für Fälle vorzusehen, in denen für das Führen der Waffe oder des Messers ein berechtigtes Interesse vorliegt.

7.5.3 Hinweise aus der Unfallverhütungsvorschrift Wach und Sicherungsdienste (DGUV Vorschrift 23)

(siehe auch Kapitel 8 - Unfallverhütungsvorschriften)

Die Unfallverhütungsvorschrift orientiert sich an den Vorgaben des Waffenrechtes und der Bewachungsverordnung mit dem Ziel, die Unfälle im Umgang mit Schusswaffen zu minimieren.

Weitergehende Sicherheits-vorschriften

So gibt es über die persönliche Zuverlässigkeit und Sachkunde der Schusswaffenträger hinaus besondere Verpflichtungen des Unternehmers im Hinblick auf Aus- und Fortbildung sowie Nachweis der Schießfertigkeiten seiner Mitarbeiter und Mitarbeiterinnen.

Außerdem gelten für die Bereitstellung, das Führen, die Übergabe und die Aufbewahrung von Schusswaffen detaillierte Sicherheitsvorschriften im Sinne der Unfallverhütung.

Niemals Gas- oder Schreckschuss-waffen!

Eine Besonderheit ist das Verbot des Bereithaltens und Führens von Schreck- oder Gas-Schusswaffen bei der Durchführung von Wach- und Sicherungsaufgaben.

Da sie ein trügerisches Sicherheitsgefühl vermitteln, kann ihr Einsatz bei Konfrontationen mit Schusswaffen tragenden Tätern zu einer extremen Gefährdung ohne ausreichende Selbstverteidigungsmöglichkeit führen. Auch der „Kleine Waffenschein“ berechtigt nicht, von diesem Verbot abzuweichen.

7. Umgang mit Waffen

Kontrollfragen

Frage 29

29. Welche technische Voraussetzung muss vorliegen, dass eine Schusswaffe im Sinne des Waffengesetzes gegeben ist?

☐ Es muss ein Geschoss durch Explosionswirkung durch einen Lauf getrieben werden.
☐ Es muss ein Geschoss durch einen Lauf getrieben werden, wobei die Antriebsart keine Rolle spielt.
☐ Das Geschoss muss aus Blei bestehen.
☐ Der Lauf muss Züge und Felder haben, so dass gezielt geschossen werden kann.

Frage 30

30. Was ist unter dem „Kleinen Waffenschein" zu verstehen?

☐ Es ist eine Erlaubnis zum Führen von so genannten SRS-Waffen (Schreckschusswaffen, Reizstoffwaffen, Signalwaffen).
☐ Es ist eine Erlaubnis zum Erwerb von Kleinkaliberwaffen.
☐ Es ist eine Erlaubnis zum Führen von Schusswaffen bei Brauchtumsfesten (z.B. Schützenfest, Veranstaltung mit Western-Musik).

Frage 31

31. Was sind beispielsweise „Verbotene Waffen" im Sinne des Waffengesetzes?

☐ Alle Teleskopschlagstöcke
☐ Faustmesser (Skinner) und Faltmesser (Butterfly)
☐ Hieb- oder Stoßwaffen, die einen anderen Gegenstand vortäuschen können
☐ Alle Spring- und Fallmesser

Frage 32

32. Wo dürfen generell keine Waffen geführt werden?

☐ In Fußgängerzonen
☐ In öffentlichen Verkehrsmitteln
☐ Bei öffentlichen Veranstaltungen wie Volksfesten, Sportveranstaltungen, Messen, Ausstellungen, Märkten

Lösungen: ab Seite 187

8. Unfallverhütungsvorschriften

Unfallverhütungsvorschriften

Prüfungsziel:
8 Punkte

Das Sachgebiet Unfallverhütungsvorschriften in dem schriftlichen Aufgabensatz enthält **8 Fragen / Aufgaben**, deren vollständige richtige Beantwortung zu **8 Punkten** führt.

Die Fragen / Aufgaben beziehen sich auf
- allgemeine gesetzliche Grundlagen, deren Zielrichtung und Begriffe
- Inhalte der DGUV Vorschrift 1
- Inhalte der ASR A1.3
- Inhalte der DGUV Vorschrift 23
- Grundsätze des Brandschutzes.

Entsprechend sind die nachstehenden Ausführungen gegliedert

8.1 Allgemeine gesetzliche Grundlagen, deren Zielrichtung und Begriffe

Nur noch zum Teil Bestandteil des Rahmenplans

Obwohl sich der Rahmenplan auf die DGUV Vorschriften 1 und 23 beschränkt, sind wegen des Gesamtverständnisses des Regelwerks die nachstehenden Erläuterungen sowie die Ausführungen unter Ziffer 8.3 unabdingbar.

Ziel: Arbeitssicherheit

Unfallverhütungsvorschriften dienen – wie der Name es sagt – der Unfallverhütung. Ihre Einhaltung trägt wesentlich zur Arbeitssicherheit bei.

UVV sind bindende Rechtsvorschriften

Damit ein gewisser Befolgungsdruck aufgebaut wird, werden sie von den Berufsgenossenschaften (BG) als **Rechtsvorschriften** kraft gesetzlicher Ermächtigung durch das Sozialgesetzbuch erlassen.
Damit sind die Unfallverhütungsvorschriften (UVV):
- Rechtsvorschriften für Unternehmen und Mitarbeiter
- auch Rechtsvorschriften für "Fremdbetriebe" wie z.B. Sicherheitsunternehmen
- Bestimmungen, die bei Unterlassung oder Zuwiderhandlung Ordnungswidrigkeiten darstellen, welche von den BG mit Geldbußen geahndet werden können.

Neue Systematik: DGUV

Vielleicht kennen Sie noch die früheren „Berufsgenossenschaftlichen Vorschriften" (BGV), zum Beispiel BGV C7 „Wach- und Sicherungsdienste". Nachdem sich die Dachverbände der gesetzlichen Unfallversicherungen zur „Deutschen Gesetzlichen Unfallversicherung e.V. (DGUV)" zusammengeschlossen haben, wurden auch die Bezeichnungen für das Regelwerk für Sicherheit und Gesundheitsschutz bei der Arbeit geändert.

Es gibt jetzt nur noch:
- DGUV Vorschriften
- DGUV Regeln
- DGUV Informationen
- DGUV Grundsätze

8. Unfallverhütungsvorschriften

Inhaltlich haben sich mit dieser Umbenennung keine prüfungsrelevanten Änderungen ergeben.

Auch Mitarbeiterinnen und Mitarbeiter im Werkschutz müssen auf dem Betriebsgelände einen Schutzhelm tragen, wenn es dort vorgeschrieben ist!

Für das Bewachungsgewerbe sind besonders folgende Berufsgenossenschaftlichen Vorschriften (BGV) von Bedeutung:

DGUV Vorschrift 1

Die frühere BGV A 1 ("Grundsätze der Prävention") ist jetzt die DGUV Vorschrift 1.

DGUV Vorschrift 23

Die frühere BGV C7 ("Wach- und Sicherungsdienste") ist jetzt die DGUV Vorschrift 23

ASR A1.3

Die frühere BGV A8 ("Sicherheits- und Gesundheitsschutzkennzeichnung am Arbeitsplatz") wurde durch die Technischen Regeln für Arbeitsstätten ASR A1.3 ersetzt

Weitere Vorschriften

Der Arbeitssicherheit dienen weiterhin staatliche Arbeitsschutzvorschriften, z.B. das Arbeitsschutzschutzgesetz und die Arbeitsstättenverordnung, aber auch die allgemein anerkannten Regeln der Sicherheitstechnik und Arbeitsmedizin, wie die Normen des Deutschen Instituts für Normung e.V. (DIN) oder die Bestimmungen des Vereins Deutscher Elektrotechniker (VDE).

Gesetzliche Unfallversicherung

Unfallversicherungsträger sind die gewerblichen und landwirtschaftlichen Berufsgenossenschaften (BG) und andere Unfallversicherungsträger im öffentlichen Dienst – zusammengefasst unter der Bezeichnung „Deutsche Gesetzliche Unfallversicherung" (DGUV).

Unfallversicherungsträger für das Bewachungswesen ist die Verwaltungs-Berufsgenossenschaft (VBG). In dieser Funktion ist sie zuständig für die Versorgung bei Arbeitsunfällen und Berufskrankheiten nach dem Sozialgesetzbuch Teil VII.

8. Unfallverhütungsvorschriften

Anzeigepflicht

"Anzeigepflichtiger Versicherungsfall" in der Unfallversicherung ist:
- der Arbeitsunfall mit einer Arbeitsunfähigkeit von mehr als drei Tagen, die von einem "Durchgangsarzt" bestätigt werden muss
- der Verdacht auf eine Berufskrankheit
- der Arbeitsunfall mit tödlicher Folge

"Durchgangsarzt"

Durchgangsarzt ist ein von der jeweiligen BG bestellter Arzt, dem jeder bei einem Arbeitsunfall Verletzte vorgestellt werden muss,
- wenn die Arbeitsunfähigkeit über den Unfalltag andauert oder
- die Behandlungsbedürftigkeit voraussichtlich länger als eine Woche dauert

8.2 Inhalte der DGUV Vorschrift 1 „Grundsätze der Prävention“

Allgemeine Grundsätze

Wie die Bezeichnung dieser Unfallverhütungsvorschrift schon aussagt, ist sie eine **allgemeine Vorschrift, die**
- **den Geltungsbereich von Unfallverhütungsvorschriften festlegt**
- **die grundsätzlichen Pflichten des Unternehmers und der Versicherten nennt**
- **die Organisation des betrieblichen Arbeitsschutzes bestimmt.**

Auszüge aus den wichtigsten Bestimmungen:

Weitreichende Geltung

Geltungsbereich von Unfallverhütungsvorschriften
Unfallverhütungsvorschriften gelten für Unternehmer und Versicherte. Sie gelten auch für Mitarbeiter von Fremdfirmen und für ausländische Unternehmen, die eine Tätigkeit im Inland ausüben, ohne einem Unfallversicherungsträger anzugehören.

Pflichten zur Arbeitssicherheit

Pflichten des Unternehmers

Der Unternehmer hat die Grundpflicht, die erforderlichen Maßnahmen zur Verhütung von Arbeitsunfällen, Berufskrankheiten und arbeitsbedingten Gesundheitsgefahren sowie für eine wirksame Erste Hilfe zu treffen.

Pflichten der Mitarbeiter

Die Sicherungskräfte sind verpflichtet:
- sich den Anweisungen entsprechend sicherheitsgerecht zu verhalten
- erkennbar sicherheitswidrige Weisungen nicht zu befolgen
- Maßnahmen zur Arbeitssicherheit zu unterstützen
- Mängel in der Arbeitssicherheit sofort zu melden und soweit möglich und zulässig unverzüglich abzustellen

8. Unfallverhütungsvorschriften

Organisation des betrieblichen Arbeitsschutzes
Erste Hilfe

Erste-Hilfe-Organisation

Der Unternehmer muss zur Organisation sicherstellen:

- ausgebildete "Ersthelfer"
- ausreichend Erste Hilfe-Material (und wenn notwendig in Absprache mit dem Auftraggeber Rettungsmittel und Rettungstransportmittel)
- Meldemaßnahmen zur Erste-Hilfe-Leistung
- die Information über die Organisation der Ersten Hilfe
- die Aufzeichnung aller Erste-Hilfe-Leistungen in einem "Verbandbuch"
- die Meldung des Arbeitsunfalls an ihn

"Persönliche Schutzausrüstungen"

Schutzausrüstung immer tragen

Der **Unternehmer** muss seine Mitarbeiterinnen und Mitarbeiter ausrüsten, wenn sich Gefahren gegen ihre Körperteile richten und diese weder organisatorisch noch technisch abgestellt werden können.
Die **Sicherungskräfte** müssen ihre persönliche Schutzausrüstung im Einsatz immer tragen.

8.3 Inhalte der Technischen Regel für Arbeitsstätten ASR A1.3 – „Sicherheits- und Gesundheitsschutzkennzeichnung am Arbeitsplatz" (ehemals BGV A 8)

Nicht mehr Bestandteil des Rahmenplans

Diese Vorschrift ist für die Wach- und Sicherungsdienste insbesondere im Werk- und Objektschutz sowie im Veranstaltungsdienst von Bedeutung, da es zu ihren Aufgaben gehören kann, auf die Lesbarkeit und Wirksamkeit der Zeichen sowie Einhaltung der durch Zeichen gegebenen Ver- und Gebote zu achten.

Überwachungsaufgabe für Sicherheitskräfte

Die Verordnung über Arbeitsstätten (ArbStättV) erlegt dem Arbeitgeber die Pflicht auf, festzustellen, ob die Beschäftigten Gefährdungen beim Einrichten und Betreiben von Arbeitsstätten ausgesetzt sind oder ausgesetzt sein können. Ist dies der Fall, hat er alle möglichen Gefährdungen der Gesundheit und Sicherheit der Beschäftigten zu beurteilen. Entsprechend dem Ergebnis der Gefährdungsbeurteilung hat der Arbeitgeber Schutzmaßnahmen gemäß den Vorschriften der Arbeitsstättenverordnung einschließlich ihres Anhangs nach dem Stand der Technik, Arbeitsmedizin und Hygiene festzulegen. Sonstige gesicherte arbeitswissenschaftliche Erkenntnisse sind zu berücksichtigen.

Gefährdungsbeurteilung und Schutzmaßnahmen

Der Abschnitt 1.3 des erwähnten Anhangs schreibt Sicherheits- und Gesundheitsschutzkennzeichnungen vor. Danach sind Sicherheits- und Gesundheitsschutzkennzeichnungen einzusetzen, wenn Gefährdungen der Sicherheit und Gesundheit der Beschäftigten nicht durch technische oder organisatorische Maßnahmen vermieden oder ausreichend begrenzt werden können.

Sicherheits- und Gesundheitsschutzkennzeichnungen

8. Unfallverhütungsvorschriften

Bei der Ausgestaltung der Vorschriften wirkt der beim Bundesministerium für Arbeit und Soziales gebildete Ausschuss für Arbeitsstätten mit, in dem fachkundige Vertreter der Arbeitgeber, der Gewerkschaften, der Länderbehörden, der gesetzlichen Unfallversicherung und weitere fachkundige Personen, insbesondere der Wissenschaft vertreten sind.

ASR A1.3 statt BGV A8

Nachdem der Ausschuss die „Technische Regel für Arbeitsstätten“ mit der Bezeichnung "ASR A1.3“ neu erstellt hat, wurde die früher maßgebliche Berufsgenossenschaftliche Vorschrift BGV A8 außer Kraft gesetzt, sie muss nur noch von Unternehmen beachtet werden, für die die Arbeitsstättenverordnung nicht gilt.

Die Arbeitsstättenregel ASR A1.3 konkretisiert die Anforderungen für die Sicherheits- und Gesundheitsschutzkennzeichnung in Arbeitsstätten gemäß § 3a der Arbeitsstättenverordnung in Verbindung mit Ziffer 1.3 des Anhangs.

Inhaltlich stimmt die ASR A1.3 sehr weitgehend mit der früheren BGV A8 überein. Teilweise wurde das Design der Zeichen etwas verändert. Aber wer die alten Schilder kannte, wird auch die aktuellen zweifelsfrei erkennen. Beispiele:

Alt

P01 Rauchen verboten

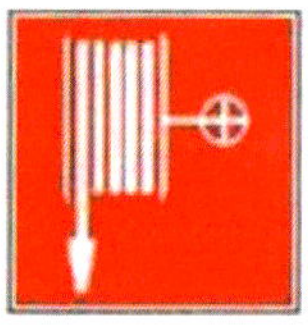

F03 Löschschlauch

E08 Arzt

Neu

P002 Rauchen verboten

F002 Löschschlauch

E009 Arzt

Nur in wenigen Fällen wurden ganz neue Kennzeichnungen eingeführt. Zum Beispiel dieses Warnzeichen zur Warnung vor Gasflaschen:

W029 Warnung vor Gasflaschen

Quelle: https://www.lehrpaket.com/Stichworte-zum-Thema/
Dort finden Sie Verweise zu allen Gebots-, Verbots-, Brandschutz-, Warn- und Rettungszeichen.

Begriffsbestimmungen
Im Sinne dieser Arbeitsstättenregel ist

“Kennzeichnung”

1. **Sicherheits- und Gesundheitsschutzkennzeichnung** eine Kennzeichnung, die – bezogen auf einen bestimmten Gegenstand, eine bestimmte Tätigkeit oder eine bestimmte Situation – jeweils mittels eines Sicherheitszeichens, einer Farbe, eines Leucht- oder Schallzeichens, eines Sprechzeichens oder eines Handzeichens eine Sicherheits- und Gesundheitsschutzaussage (Sicherheitsaussage) ermöglicht;

"Zeichen"

2. **Sicherheitszeichen** ein Zeichen, das durch Kombination von geometrischer Form und Farbe sowie Bildzeichen eine bestimmte Sicherheits- und Gesundheitsschutzaussage ermöglicht;

3. **Verbotszeichen** ein Sicherheitszeichen, das ein Verhalten, durch das eine Gefahr entstehen kann, untersagt;

4. **Warnzeichen** ein Sicherheitszeichen, das vor einem Risiko oder einer Gefahr warnt;

5. **Gebotszeichen** ein Sicherheitszeichen, das ein bestimmtes Verhalten vorschreibt;

6. **Rettungszeichen** ein Sicherheitszeichen, das den Rettungsweg oder Notausgang, den Weg zu einer Erste-Hilfe-Einrichtung oder diese Einrichtung selbst kennzeichnet;

7. **Brandschutzzeichen** ein Sicherheitszeichen, das Standorte von Feuermelde- und Feuerlöscheinrichtungen kennzeichnet;

Weitere Zeichen

8. **Hinweiszeichen** ein Zeichen mit Text, das andere Sicherheitsaussagen als die unter Nummer 3 bis 7 genannten Sicherheitszeichen liefert;

9. **Zusatzzeichen** ein Zeichen, das zusammen mit einem der unter 2 beschriebenen Sicherheitszeichen verwendet wird und zusätzlich Hinweis in Form eines kurzen Textes liefert;

10. **Kombinationszeichen** ein Zeichen, bei dem Sicherheitszeichen und Zusatzzeichen auf einem Träger aufgebracht sind;

11. **Bildzeichen** ein bestimmtes graphisches Symbol, das eine Situation beschreibt oder ein Verhalten vorschreibt und auf einem Sicherheitszeichen oder einer Leuchtfläche angeordnet ist;

„Sicherheits-farbe"

12. **Sicherheitsfarbe** eine Farbe, der eine bestimmte, auf die Sicherheit bezogene Bedeutung zugeordnet ist;

13. **Leuchtzeichen** ein Zeichen, das von einer Einrichtung mit durchsichtiger oder durchscheinender Oberfläche erzeugt wird, die von hinten erleuchtet wird und dadurch als Leuchtfläche erscheint oder selbst leuchtet;

14. **Schallzeichen** ein kodiertes akustisches Signal ohne Verwendung einer menschlichen oder synthetischen Stimme;

15. **Sprechzeichen** eine Verständigung mit festgelegten Worten unter Verwendung einer menschlichen oder synthetischen Stimme;

16. **Handzeichen** eine kodierte Bewegung und Stellung von Armen und Handflächen zur Anweisung von Personen, die Tätigkeiten ausführen, die ein Risiko oder eine Gefährdung darstellen können.

Bedeutung der Formen

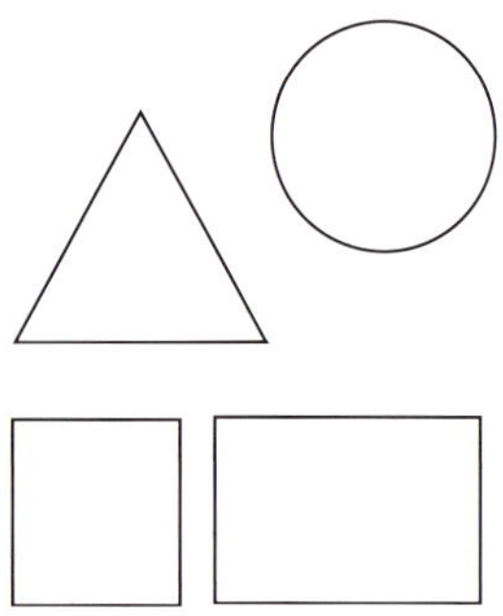

Grundsätze für die Gestaltung von Sicherheitszeichen

Bedeutung der geometrischen Form von Sicherheitszeichen:

Runde Sicherheitszeichen sind Gebots- oder Verbotszeichen.

Dreieckige Sicherheitszeichen sind Warnzeichen.

Viereckige Sicherheitszeichen sind
Rettungs- oder Brandschutzzeichen sowie
Hinweis oder Zusatzzeichen.

Bedeutung der Farben

Bedeutung der Sicherheitsfarben von Sicherheitszeichen:

Rot:	
Verbot	für gefährliches Verhalten
Gefahr	als Halt und Evakuierung
Material und Einrichtung zur Brandbekämpfung	als Kennzeichnung und Standortbestimmung
Gelb: Warnung	für Achtung, Vorsicht, Überprüfung
Grün:	
Hilfe, Rettung	für Türen, Ausgänge, Wege, Stationen,
Räume	
Gefahrlosigkeit	als Rückkehr zum Normalzustand
Blau:	
Gebot	für besonderes Verhalten oder Tätigkeit z.B. Verpflichtung zum Tragen einer persönlichen Schutzausrüstung

8. Unfallverhütungsvorschriften

Beispiele:

Rot

Gelb

Grün

Blau

Gefahrenbereiche werden mit gelbschwarzen oder rotweißen Streifen gekennzeichnet.

8.4 Inhalte der DGUV Vorschrift 23 – „Wach- und Sicherungsdienste"

Sicherheitsunternehmer/ Auftraggeber/ Mitarbeiter

Überwiegend richten sich die Vorschriften zur Unfallverhütung an den Sicherheitsunternehmer (SU). Um für eine optimale Arbeitssicherheit im Einsatzbereich seiner Mitarbeiter zu sorgen, arbeitet er mit dem Auftraggeber (AG) wie folgt zusammen:

- Der SU stellt schon vor der Auftragsannahme Gefahren für seine Sicherungskräfte fest und fordert die Abstellung beim AG.
- Auch während der Auftragsdurchführung stellt der SU Gefahren fest und fordert die Abstellung beim AG. Zu dieser Gefahrenfeststellung und Meldung an den SU sind auch die Sicherungskräfte verpflichtet.
- Der AG ist grundsätzlich verpflichtet, Gefahren für die Sicherungskräfte des SU abzustellen.
- In nicht vermeidbare Gefahren muss der SU seine Sicherungskräfte so einweisen, dass sie sich sicherheitsgerecht verhalten können.

- Eine Überwachung der Sicherungskräfte ist bei besonderen Gefahren durch den SU in Zusammenarbeit mit dem AG sicherzustellen.

Auszüge aus den wichtigsten Bestimmungen:

Eignung § 3

„Befähigung"

Der Unternehmer hat dafür zu sorgen, dass Wach- und Sicherungstätigkeiten nur von Versicherten ausgeführt werden, die die erforderlichen Befähigungen besitzen. Die Versicherten dürfen für diese Tätigkeiten nicht offensichtlich ungeeignet sein. Über die Befähigungen sind Aufzeichnungen zu führen.

Dienstanweisung § 4

„Dienstanweisung"

Der Unternehmer hat das Verhalten des Wach- und Sicherungspersonals einschließlich des Weitermeldens von Mängeln und besonderen Gefahren durch Dienstanweisungen zu regeln.

„Unterweisung"

Der Unternehmer hat dafür zu sorgen, dass das Wach- und Sicherungspersonal anhand der Dienstanweisungen vor Aufnahme der Tätigkeit und darüber hinaus regelmäßig unterwiesen wird. Außerdem ist das sicherheitsgerechte Verhalten bei besonderen Gefahren so weit wie möglich zu üben.

Die Versicherten haben die der Arbeitssicherheit dienenden Maßnahmen zu unterstützen und die Dienstanweisungen zu befolgen. Sie dürfen keine Weisungen des Auftraggebers befolgen, die dem Sicherungsauftrag entgegenstehen.

Verbot berauschender Mittel § 5

Nüchtern zur Arbeit

Der Genuss von alkoholischen Getränken und die Einnahme anderer berauschender Mittel sind während der Dienstzeit verboten. Dies gilt auch für einen angemessenen Zeitraum vor dem Einsatz. Bei Dienstantritt muss Nüchternheit gegeben sein.
Deshalb:
Zeit des Alkoholverbotes vor Arbeitsbeginn muss mindestens der Abbauzeit des vorher verzehrten Alkohols entsprechen. Durchschnittliche Abbauzeit: 0,15 Promille / Stunde

Objekteinweisung § 9

Der Unternehmer hat dafür zu sorgen, dass das Wach- und Sicherungspersonal in das jeweilige zu sichernde Objekt und die spezifischen Gefahren eingewiesen wird.

Die Einweisungen sind zu den Zeiten vorzunehmen, zu denen die Tätigkeit des Wach- und Sicherungspersonals ausgeübt wird. Wer nachts arbeitet, muss **zusätzlich** am Tage eingewiesen werden.

8. Unfallverhütungsvorschriften

Der Unternehmer hat dafür zu sorgen, dass für alle Objekte und Objektbereiche, in denen Hunde eingesetzt sind, das Wach- und Sicherungspersonal über das Verhalten bei der Begegnung mit diesen Hunden unterwiesen wird.

"Begegnung mit Hunden"

Ausrüstung des Wach- und Sicherungspersonals § 10
Der Unternehmer hat dafür zu sorgen, dass sich die für das Wach- und Sicherungspersonal erforderlichen Einrichtungen, Ausrüstungen und Hilfsmittel in ordnungsgemäßem Zustand befinden und dass das Wach- und Sicherungspersonal in deren Handhabung unterwiesen ist.

"Ausrüstungen und Hilfsmittel"

Anlegbare Ausrüstungen und Hilfsmittel müssen so beschaffen und angelegt sein, dass die Bewegungsfreiheit, insbesondere die der Hände, nicht mehr als nach den Umständen unvermeidbar beeinträchtigt wird.

Der Unternehmer hat dafür zu sorgen, dass bei der jeweiligen Wach- und Sicherungsaufgabe entsprechendes Schuhwerk von den Versicherten getragen wird.

Der Unternehmer hat dafür zu sorgen, dass bei Dunkelheit eingesetztes Wach- und Sicherungspersonal mit leistungsfähigen Handleuchten ausgerüstet ist.

Die Versicherten haben die zur Verfügung gestellten Ausrüstungen und Hilfsmittel bestimmungsgemäß zu benutzen.

„Bestimmungs-gemäß nutzen!"

Brillenträger § 11
Versicherte, die bei Wach- und Sicherungsaufgaben zur Korrektur ihres Sehvermögens eine Brille tragen müssen, haben diese gegen Verlieren zu sichern oder eine Ersatzbrille mitzuführen.

„Ersatzbrille"

Hunde § 12
Als Diensthunde dürfen nur geprüfte Hunde mit Hundeführern* eingesetzt werden. Hunde, die für die Aufgabe nicht geeignet sind, die zur Bösartigkeit neigen oder deren Leistungsstand nicht mehr gegeben ist und die dadurch Personen gefährden können, dürfen nicht eingesetzt werden.

„Hunde mit Hundeführern"

Abweichend dürfen auch ungeprüfte Hunde zu Wahrnehmungs- und Meldeaufgaben eingesetzt werden, wenn hierbei der Führer seinen Hund unter Kontrolle hat.

Eine Überforderung der Hunde durch Ausbildung und Einsatz ist zu vermeiden

* Siehe auch „Hundeeinsatz im Werkschutz und im privaten Sicherheitsgewerbe". 292 PowerPoint Folien zum Selbstlernen für Sicherheitskräfte, die sich als Diensthundeführer qualifizieren oder Kenntnisse über den Einsatz von Diensthunden im Sicherheitsbereich erwerben möchten. www.secumedia.shop

8. Unfallverhütungsvorschriften

„Abtrennung“

Transport von Diensthunden § 17
Der Unternehmer hat dafür zu sorgen, dass Kraftfahrzeuge für den Transport von Hunden mit einer Abtrennung zwischen Transportraum und Fahrgastbereich ausgerüstet sind.

Ausrüstung mit Schusswaffen § 18
Der Unternehmer hat unter Beachtung der waffenrechtlichen Bestimmungen sicherzustellen, dass eine Ausrüstung des Wach- und Sicherungspersonals mit Schusswaffen nur dann erfolgt, wenn er dies ausdrücklich anordnet. Es dürfen nur Versicherte mit Schusswaffen ausgerüstet werden, die nach dem Waffenrecht zuverlässig, geeignet und sachkundig sowie an den Waffen ausgebildet sind.

Der Unternehmer hat sicherzustellen, dass Versicherte, die Träger von Schusswaffen sind, regelmäßig an Schießübungen teilnehmen und ihre Schießfertigkeit sowie Sachkunde nach dem Waffenrecht ihm oder einem Sachkundigen nachweisen.

Schießübungen

Schießübungen müssen unter der Aufsicht eines nach Waffenrecht Verantwortlichen auf Schießstandanlagen durchgeführt werden, die den behördlichen festgelegten sicherheitstechnischen Anforderungen entsprechen.

Der Unternehmer hat sicherzustellen, dass über die Schießübungen, die Schießfertigkeit und den Sachkundestand Aufzeichnungen geführt werden.

Der Unternehmer hat sicherzustellen, dass der Entzug von Schusswaffen unverzüglich erfolgt, wenn die Voraussetzungen nicht mehr gegeben sind.

Schusswaffen § 19

Anforderungen an die Schusswaffen

Es dürfen nur Schusswaffen bereitgehalten und geführt werden, die amtlich geprüft sind und ein in der Bundesrepublik Deutschland anerkanntes Beschusszeichen tragen.

Der Unternehmer hat dafür zu sorgen, dass Schusswaffen bei Verdacht auf Mängel, mindestens jedoch einmal jährlich durch Sachkundige hinsichtlich ihrer Handhabungssicherheit geprüft werden.

Der Unternehmer hat dafür zu sorgen, dass die Instandsetzung von Schusswaffen nur durch Inhaber einer Erlaubnis nach § 7 oder § 41 Waffengesetz (WaffG) erfolgt.*

* Hier wird der Wortlaut des § 19 der Unfallverhütungsvorschrift DGUV V 23 wiedergegeben. In dieser Vorschrift sind jedoch Paragrafen des Waffengesetzes angegeben, die nach einer Änderung des WaffG nicht mehr zutreffen. Richtig ist, dass der Unternehmer dafür zu sorgen hat, dass die Instandsetzung von Schusswaffen nur durch Inhaber einer Erlaubnis **gemäß § 21 WaffG** durchgeführt wird.

8. Unfallverhütungsvorschriften

Das Bereithalten und Führen von Schreck- oder Gas-Schusswaffen bei der Durchführung von Wach- und Sicherungsaufgaben ist unzulässig. (Das Mitführen würde ein trügerisches Sicherheitsgefühl vermitteln.)

Führen von Schusswaffen und Mitführen von Munition § 20

Trage- und Transportvorschriften

Schusswaffen müssen in geeigneten Trageeinrichtungen geführt werden. Das Abgleiten oder Herausfallen der Waffe muss durch eine Sicherung verhindert sein.

Munition darf nicht lose mitgeführt werden.

Außer bei drohender Gefahr darf sich keine Patrone vor dem Lauf befinden. Dies gilt nicht, wenn durch konstruktive Maßnahmen sichergestellt ist, dass sich bei entspanntem Hahn kein Schuss lösen kann.

Geführte Schusswaffen mit einer äußeren Sicherungseinrichtung sind, ausgenommen bei ihrem Einsatz, zu sichern.

Übergabe von Schusswaffen, Kugelfangeinrichtungen § 21

Nur in entladenem Zustand

Schusswaffen dürfen nur in entladenem Zustand übergeben werden.

Der Übernehmende hat sich sofort vom Ladezustand der Waffe zu überzeugen und diese auf augenfällige Mängel zu kontrollieren.

Bei Feststellung von Mängeln darf die Waffe nicht geführt werden. Vor der Wiederverwendung ist sie einer sachkundigen Instandsetzung zuzuleiten.

Kugelfangeinrichtung

Beim Laden und Entladen von Schusswaffen müssen diese an sicherem Ort auf eine geeignete Kugelfangeinrichtung gerichtet sein. Jegliches Hantieren mit der Waffe hat hierbei so zu erfolgen, dass keine Versicherten durch einen sich lösenden Schuss verletzt werden können.

Aufbewahrung von Schusswaffen und Munition § 22

„Stahlblechschrank mit Sicherheitsschloss"

Der Unternehmer hat dafür zu sorgen, dass für die Aufbewahrung von Schusswaffen und Munition zumindest Stahlblechschränke mit Sicherheitsschloss oder entsprechend sichere Einrichtungen vorhanden sind, die eine getrennte Unterbringung von Waffen und Munition ermöglichen und Schutz gegen Abhandenkommen oder unbefugten Zugriff gewährleisten.

Die Aufbewahrung von Schusswaffen und Munition muss in verschlossenen Einrichtungen erfolgen. Schusswaffen dürfen nur in entladenem Zustand aufbewahrt werden.

Besondere Bestimmungen für Geldtransporte
Eignung § 24

Transport-personal

Der Unternehmer darf für Geldtransporte nur Personen einsetzen, die mindestens 18 Jahre alt, persönlich zuverlässig und geeignet sind sowie für die Aufgabe besonders ausgebildet und eingewiesen sind.

Besondere Bestimmungen für Geldtransporte
Geldtransporte durch Boten § 25

Mindestens zwei Personen

Der Unternehmer hat dafür zu sorgen, dass Geldtransporte durch Boten in öffentlich zugänglichen Bereichen von mindestens zwei Personen durchgeführt werden, von denen eine Person die Sicherung übernimmt. Dies gilt auch für entsprechende Wegstrecken zwischen Transportfahrzeugen und Übergabe- und Übernahmestellen.

Transporte durch eine Person

Es darf nur abgewichen werden, wenn

- das Geld unauffällig in bürgerlicher Kleidung getragen wird
- der Transport nicht als Geldtransport erkennbar ist
- der Anreiz zu Überfällen durch technische Ausrüstungen, die für Außenstehende deutlich erkennbar sind, nachhaltig verringert wird oder
- ausschließlich Hartgeld transportiert wird und dies auch für Außenstehende durch Transportverlauf und Transportabwicklung erkennbar ist.

Zum Tragen bestimmte Geldtransportbehältnisse müssen ausreichend handhabbar sein. Sie dürfen mit Boten nicht fest verbunden sein.

Besondere Bestimmungen für Geldtransporte
Geldtransporte mit Fahrzeugen § 26

Transporte mit Spezialfahrzeug

Der Unternehmer hat dafür zu sorgen, dass Geldtransporte nur mit hierfür besonders gesicherten Fahrzeugen – Geldtransportfahrzeugen – durchgeführt werden.

Transporte ohne Spezialfahrzeug

Abweichend dürfen Transporte, bei denen ausschließlich Hartgeld transportiert wird, oder Transporte, die für Außenstehende nicht durch äußere Hinweise auf dem Fahrzeug, die Bauart des Fahrzeuges, die Ausrüstung der Personen, Transportverlauf oder Transportabwicklung als Geldtransporte zu erkennen sind, auch in sonstigen Fahrzeugen durchgeführt werden.

Belegtransporte

Belegtransporte, die für Außenstehende mit Geldtransporten verwechselbar sind oder bei denen regelmäßig Geld mitgeführt wird, müssen wie erkennbare Geldtransporte in Geldtransportfahrzeugen durchgeführt werden.

8. Unfallverhütungsvorschriften

Sind bei Fahrten zu Übernahme- oder Übergabestellen Umstände erkennbar, die auf eine erhöhte Gefährdung schließen lassen, ist vor jedem Verlassen des Fahrzeuges die weitere Vorgehensweise mit anderen Stellen abzustimmen.

Fahrzeug ständig besetzt

Geldtransportfahrzeuge müssen während des Be- und Entladens in öffentlich zugänglichen Bereichen ständig besetzt bleiben. Hierbei müssen die Türen des mit mindestens einer Person besetzten Fahrzeugteils verriegelt sein.

Überfälle sind unverzüglich über Funk zu melden. Akustisch-optisch wirkende Fahrzeug-Alarmanlagen sind jedoch nur den jeweiligen Umständen entsprechend zu betätigen, sofern hierdurch keine zusätzliche Gefährdung zu erwarten ist.

8.5 Grundsätze des Brandschutzes

Hinweis: Eine ausführliche Abhandlung mit vielen bildlichen Darstellungen finden Sie in dem Lehrheft „Leitfaden Sachkundeprüfung / Grundlagen der Sicherheitstechnik" in dem Kapitel „Sicherheitsmitarbeiter im Brandschutz".

Ziele des Brandschutzes

Die Ziele des Brandschutzes sind:
- Brände verhüten
- Ausdehnung von Bränden verhindern
- Menschen und Sachwerte vor Bränden schützen
- Brände erfolgreich bekämpfen.

Vorbeugender Brandschutz

Der vorbeugende Brandschutz dient vorrangig dem Ziel, Brände zu verhüten. Er besteht aus dem **baulichen Brandschutz** und dem **betrieblichen Brandschutz**.

Baulicher Brandschutz

Der **bauliche einschließlich dem anlagentechnischen Brandschutz** umfasst Maßnahmen bei Planung und Bau der Anlagen wie:
- Verwendung von Baustoffen und Bauteilen nach ihrem Brand- und Feuerwiderstand
- Beachtung von Gebäudeabständen

- bauliche Trennung
- Schutz bei elektrischen Anlagen
- Festlegung und Ausstattung von Flucht- und Rettungswegen
- Einrichtung ortsfester Feuerlöschanlagen
- Einrichtung von Brandmelde- und Warnanlagen.

Betrieblicher Brandschutz

Der **betriebliche Brandschutz** umfasst Maßnahmen personeller, organisatorischer und materieller Art wie:
- Erstellen einer Brandschutzordnung und Einweisung aller Mitarbeiter
- Bestellung und Einweisung von Brandschutzhelfern
- Überwachung durch Brandschutzkontrollen
- Überwachung der Feuerlöschtechnik
- Durchführung von Brandverhütungsschauen
- Ausstattung mit tragbaren Feuerlöschern.

Abwehrender Brandschutz

Der **abwehrende Brandschutz** dient der erfolgreichen Brandbekämpfung und damit dem Schutz von Menschen und Sachwerten sowie der Verhinderung der Ausdehnung des Brandes.
Ein Brand entsteht, wenn ein brennbarer Stoff an seiner Oberfläche mit Sauerstoff als Oxidationsmittel ein zündfähiges Gemisch bildet und eine Zündquelle (Zündfunke, heiße Oberfläche) dieses Gemisch anzündet.

Brandklassen

Brandklassen kennzeichnen den brennbaren Stoff und bestimmen die geeignete Löschmöglichkeit.

A	=	feste und glutbildende Stoffe (Holz, Kohle, Textilien)
B	=	flüssige oder flüssig werdende Stoffe (Teer, Wachs, Paraffine)
C	=	gasförmige Stoffe (Stadtgas, Erdgas, Butan, Methan)
D	=	Metallbrände (Lithium, Magnesium, Aluminium, Kalium)
F	=	Fettbrände (Speiseöle, Frittierfette)

Löscheffekte sind Stickeffekt, Kühleffekt und Inhibitionseffekt.

Löschmittel

Pulverlöscher haben sichtbar eine Bezeichnung der Brandklassen, für die sie geeignet sind.
CO2-Löscher sind geeignet mit Schneerohr für Brandklasse B, mit Gasdüse für Brandklasse C.
Wasserlöscher sind geeignet für Brandklassen A und B, für B jedoch nur mit Zusätzen im Wasser.
Fettbrandlöscher sind geeignet für Brandklasse F.
Weitere Löschmöglichkeiten ohne Brandklassen-Spezifikation sind Löschdecken, Feuerpatschen, trockener Sand, Erde, Graugussspäne.

8. Unfallverhütungsvorschriften

Im abwehrenden Brandschutz gelten folgende Grundsätze:

Lösch-Regeln

Reihenfolge:
- **Brand melden**
- **Menschen retten**
- **Brand bekämpfen**

Richtig löschen:
- **Feuer mit Windrichtung angreifen**
- **Flächenbrände vorn beginnend löschen**
- **Tropf- und Fließbrände von oben nach unten löschen**
- **genügend Feuerlöscher auf einmal einsetzen**
- **Vorsicht vor Wiederentzündung, Brandwachen aufstellen**
- **eingesetzte Feuerlöscher anschließend neu füllen lassen**

8. Unfallverhütungsvorschriften

Kontrollfragen

Frage 33

33. Gelten die Unfallverhütungsvorschriften einer Betriebsanlage auch für Fremdfirmen, also auch für Sicherheitsunternehmen?

☐ Nein, es gelten immer die „eigenen“ Unfallverhütungsvorschriften.
☐ Ja, da es letztlich um Unfallverhütung geht, gelten die Unfallverhütungsvorschriften auch für Fremdbetriebe.

Frage 34

34. Was ist ein „anzeigepflichtiger Arbeitsunfall“?

☐ Es ist ein Arbeitsunfall mit einer Arbeitsunfähigkeit von mehr als drei Tagen, die von einem Durchgangsarzt bestätigt werden muss.
☐ Es ist ein Arbeitsunfall mit tödlichen Folgen oder wenn der Verdacht auf eine Berufskrankheit besteht.
☐ Es ist nur ein Arbeitsunfall mit schweren Verletzungen oder tödlichen Folgen.

Frage 35

35. Der Sicherheitsunternehmer (SU) muss für die Arbeitssicherheit seiner Mitarbeiterinnen und Mitarbeiter sorgen. Dafür muss er mit dem Auftraggeber (AG) wie folgt zusammenarbeiten:

☐ Der SU stellt schon vor der Auftragsannahme Gefahren für sein Personal fest und fordert die Abstellung beim AG. Auch während der Auftragsdurchführung gilt diese Verpflichtung.
☐ In nicht vermeidbare Gefahren muss der SU seine Mitarbeiterinnen und Mitarbeiter so einweisen, dass sie sich sicherheitsgerecht verhalten können. Bei besonderen Gefahren hat er in Zusammenarbeit mit dem AG eine Überwachung sicherzustellen.
☐ Es genügt eine einmalige Ortsbesichtigung. Wenn dann alles in Ordnung ist, braucht sich der SU nicht mehr um die Arbeitssicherheit zu kümmern.

Frage 36

36. Der Unternehmer hat dafür zu sorgen, dass das Wach- und Sicherungspersonal in das jeweilige Objekt eingewiesen wird.
Wann und wo hat diese Einweisung zu erfolgen?

☐ Es genügt eine Einweisung anhand eines Planes am Firmensitz.
☐ Die Einweisungen sind am Objekt zu den Zeiten vorzunehmen, zu denen die Tätigkeit des Wach- und Sicherungspersonals ausgeübt wird.
☐ Auch wenn der Dienst zu unterschiedlichen Zeiten ausgeübt wird, genügt eine einmalige Einweisung.

8. Unfallverhütungsvorschriften

Frage 37

37. Was ist ein Sicherheitszeichen?

- ☐ Ein Sicherheitszeichen hat immer die Bedeutung einer Warnung vor einer Gefahr.
- ☐ Ein Sicherheitszeichen ist ein Zeichen, das durch Kombination von geometrischer Form und Farbe sowie Bildzeichen eine bestimmte Sicherheits- und Gesundheitsschutzaussage ermöglicht.
- ☐ Ein Sicherheitszeichen ist ein bestimmtes Zeichen, das gegeben wird, wenn das Objekt sicher ist, also keine unbefugten Personen festgestellt werden.

Frage 38

38. Wozu dienen die Brandklassen?

- ☐ Sie kennzeichnen den brennbaren Stoff.
- ☐ Sie sind eine Einrichtung der Versicherungen, um danach die Versicherungsprämie zu bestimmen.
- ☐ Sie bestimmen die geeignete Löschmöglichkeit.

Lösungen: ab Seite 187

Anhang: Aufgabenlösungen

Notizen:

Anhang: Aufgabenlösungen

Allgemeiner Hinweis:

Sind mehrere Antworten möglich, müssen sie in der Sachkundeprüfung auch vollständig angekreuzt sein. Wird von zwei richtigen Lösungen nur eine angekreuzt, gilt die Aufgabe insgesamt als falsch beantwortet.

Recht der öffentlichen Sicherheit und Ordnung

1. Eine der unabänderbaren Verfassungsgrundsätze lautet wie folgt: „Alle Staatsgewalt geht vom Volke aus.“ Welches Prinzip soll hiermit gekennzeichnet werden?

Frage 1

Richtig ist die zweite Antwort.
Begründung:
Das Demokratieprinzip kennzeichnet eine Herrschaftsform, bei der die Staatsgewalt vom Volk ausgeht. Diese Herrschaftsform ist durch Art. 20 GG festgelegt und durch Art. 79 Abs.3 GG unabänderbar.

Die anderen Antworten nennen auch unabänderbare Verfassungsgrundsätze, gehören jedoch nicht zu der Aussage: „Alle Staatsgewalt geht vom Volke aus.“
Daher sind diese Antworten falsch.

2. Welche Funktion haben die in unserer Verfassung (dem Grundgesetz) aufgeführten Grundrechte?

Frage 2

Richtig sind die erste und dritte Antwort.
Begründung:
Vorrangige Aufgabe des Staates ist, die Grundrechte der im Staatsgebiet lebenden Menschen zu schützen und dabei insbesondere deren freie Entfaltung der Persönlichkeit zu garantieren. Insofern hat der Staat sich selbst auferlegt, dass er in diese Rechte nur unter bestimmten gesetzlich normierten Voraussetzungen eingreifen darf. Daher sind die Grundrechte in erster Linie Abwehrrechte gegenüber staatlichen Eingriffen. Die Grundrechte bieten aber auch Schutz vor rechtswidrigen Eingriffen anderer Bürger. Man sagt, sie entfalten eine Drittwirkung.
Aus dieser Erläuterung ergeben sich die richtigen Antworten.

Antwort zwei ist falsch, weil hier die Schutzfunktion gegenüber rechtswidrigen Eingriffen anderer Bürger an die erste Stelle gesetzt ist.

3. Das Privatrecht regelt die Rechtsbeziehungen der Bürger, Firmen, Vereine, „Staat als Fiskus“ untereinander. Streitigkeiten werden vor den Zivilgerichten ausgetragen. Wann werden die Zivilgerichte tätig?

Frage 3

Richtig ist die dritte Antwort.
Begründung:
Im Privatrecht (Zivilrecht) wird davon ausgegangen, dass die Parteien auf der Grundlage des Rechts selbst einvernehmliche Lösungen finden.

Wenn keine Einigung erreicht werden kann, werden die Zivilgerichte nur auf Initiative eines am Rechtsstreit Beteiligten tätig, wobei das grundsätzliche Ziel ist, einen Interessenausgleich herzustellen.

Staatsanwaltschaft ist eine Institution und „öffentliches Interesse" ein Begriff aus dem öffentlichen Recht. Daher sind die erste und zweite Antwort falsch.

Frage 4

4. Auf welche Rechte kann das private Sicherheitsgewerbe bei der Erfüllung und ggf. auch Durchsetzung des beruflichen Auftrags zurückgreifen?

Richtig sind die erste und die zweite Antwort:
Begründung:
Das Sicherheitsgewerbe als nichtstaatliche Einrichtung hat keine Hoheitsbefugnisse, sondern handelt für einen Auftraggeber. Daher sind die „klassischen" Rechtsgrundlagen für ein Einschreiten die übertragenen Selbsthilferechte des Besitzers (detaillierte Ausführungen hierzu im Kapitel Straf- und Strafverfahrensrecht). Aber natürlich stehen jeder Sicherheitskraft auch die Selbsthilferechte zu, die Jedermann hat.

Antwort drei ist falsch, weil durch Kooperationsverträge mit staatlichen Einrichtungen keine zusätzlichen Rechte übertragen werden. Es geht hier um ein besseres Zusammenwirken mit dem Staat zur Aufrechterhaltung der Sicherheit und Ordnung, aber die Sicherheitsdienste bekommen keine neuen Rechtsgrundlagen.

Gewerberecht

Frage 5

5. Was ist unter Bewachung im Sinne der Gewerbeordnung zu verstehen?

Richtig ist die dritte Antwort.
Begründung:
Diese Formulierung beschreibt die Bewachung im Sinne der Gewerbeordnung. Entscheidend ist, dass es sich um den Schutz fremder Personen oder fremder Sachen handelt, und zwar für eine gewisse Dauer oder mittels wiederkehrender Kontrollen („aktive Obhutstätigkeit").

Insofern fallen die Entwicklung eines Sicherheitskonzeptes und die Nachbarschaftshilfe als nicht gewerbliche Tätigkeit nicht darunter. Diese Antworten sind falsch.

Frage 6

6. Welche Voraussetzungen muss das Bewachungspersonal vor Aufnahme der Berufsausübung grundsätzlich erfüllen?

Richtig ist die erste Antwort.
Begründung:
Die dort aufgeführten Voraussetzungen entsprechen den Forderungen nach § 34a GewO und § 16 BewachV.

Folglich sind die Antworten zwei und drei falsch, da sie zumindest teilweise unrichtige Angaben enthalten.

7. An welchen Personenkreis richten sich die Verpflichtungen aus der Gewerbeordnung und Bewachungsverordnung?

Frage 7

Richtig ist die erste Antwort.
Begründung:
Die meisten Bestimmungen der Bewachungsverordnung sind Verpflichtungen für den Unternehmer. Einige Bestimmungen, wie Datenschutz, Wahrung von Geschäftsgeheimnissen § 17 Abs. 3 oder Ausweis § 18, richten sich auch an das Bewachungspersonal.

Daraus folgt, dass die Antworten zwei und drei falsch sind.

Datenschutzrecht

8. Was ist unter dem Recht auf „informationelle Selbstbestimmung" zu verstehen?

Frage 8

Richtig sind die erste und die dritte Antwort.
Begründung:
Das Bundesverfassungsgericht hat 1983 im Volkszählungsurteil aus den Art. 1 und 2 GG das Grundrecht auf informationelle Selbstbestimmung abgeleitet und in der Urteilsbegründung diesen Begriff so erläutert, wie es diese beiden Antworten wiedergeben.

Das Recht eines jeden Bürgers, sich umfassend informieren zu können, hat nichts mit der informationellen Selbstbestimmung zu tun, sondern ergibt sich aus Art. 5 GG (Meinungs- und Pressefreiheit; Freiheit der Kunst und der Wissenschaft): Jeder hat das Recht, sich aus allgemein zugänglichen Quellen ungehindert zu unterrichten.

Daher ist die zweite Antwort falsch.

9. Was sind personenbezogene Daten im Sinne des Bundesdatenschutzgesetzes?

Frage 9

Richtig ist die dritte Antwort.
Begründung:
Diese Antwort gibt die richtige Definition aus der EU-Datenschutzgrundverordnung und dem Bundesdatenschutzgesetz wieder.

In den Antworten eins und zwei sind zwar auch personenbezogene Daten aufgeführt, jedoch ist das Wort „nur" eine unzulässige Beschränkung auf diese Angaben.

Die Antworten eins und zwei sind daher falsch.

Frage 10

10. Die verantwortliche Stelle hat bestimmte technische und organisatorische Maßnahmen bei Datenerhebung und Datenverarbeitung zu treffen. Dazu gehört auch die Zugriffskontrolle. Was soll durch sie gewährleistet werden?

Richtig ist die erste Antwort.
Begründung:
Die Zugriffskontrolle soll – wie der Name schon sagt – den Zugriff auf Daten nur für Berechtigte gewährleisten. Möglichkeiten sind: Passwörter, Zuteilung unterschiedlicher Kompetenzen auf Zugangschips.

Ein Lehrgang als Voraussetzung ist nicht gemeint, ebensowenig Einrichtungen, die personenbezogene Daten gegen zufällige Zerstörung oder Verlust schützen sollen. Die letztgenannten Einrichtungen würden der Verfügbarkeitskontrolle zugeordnet werden.

Daher sind die Antworten zwei und drei falsch.

Frage 11

11. Wann dürfen öffentlich zugängliche Räume mit optisch-elektronischen Einrichtungen überwacht werden?

Richtig sind die Antworten zwei und drei.
Begründung:
Das BDSG lässt eine Videoüberwachung unter den dort aufgeführten Bedingungen zu. Sowohl für den Staat als öffentliche Stelle als auch für Private als nicht öffentliche Stelle ist eine Videoüberwachung möglich, wenn ein entsprechender konkreter Zweck erfüllt wird und geeignete Hinweise auf diese Maßnahme vorhanden sind. Außerdem darf das schutzwürdige Interesse der Betroffenen nicht überwiegen.

Eine angenommene allgemeine Erforderlichkeit für die Einrichtung einer Videoüberwachung ohne Rücksicht auf das schutzwürdige Interesse der Betroffenen wäre gesetzeswidrig.

Daher ist die erste Antwort falsch.

Bürgerliches Gesetzbuch

Frage 12

12. Wie unterscheiden sich Besitz und Eigentum?

Richtig sind die zweite und dritte Antwort.
Begründung:
Eigentum und Besitz können auseinanderfallen, wie zum Beispiel bei der im Eigentum des Vermieters stehenden Wohnung des Mieters, der Besitzer seiner Mietwohnung ist.
Der Eigentümer kann letztlich entscheiden, wie er mit seinem Eigentum verfahren will (z.B. Herausgabe seiner Sache vom Besitzer). Der Besitzer entscheidet über die tatsächliche Verwendung der Sache unter Beachtung der Vorgaben des Eigentümers.

Die erste Antwort ist falsch, weil der erste Halbsatz eine unrichtige Feststellung trifft.

13. Welche Rechte hat der Besitzdiener?

Frage 13

Richtig ist die erste Antwort.
Begründung:
Nach § 860 BGB Selbsthilfe des Besitzdieners ist auch derjenige zur Ausübung der dem Besitzer zustehenden Rechte befugt, welcher die tatsächliche Gewalt nach § 855 BGB für den Besitzer ausübt. Daraus folgt, dass sich auch der Besitzdiener gerade stattfindender verbotener Eigenmacht erwehren kann. Die Möglichkeiten der Besitzwehr und Besitzkehr sind unter 6.4 ausführlich beschrieben.

Falsch sind die zweite und dritte Antwort, da eine Abwesenheit des Besitzers nicht gefordert ist. Weiterhin können die Möglichkeiten der verbotenen Eigenmacht und die entsprechenden Abwehrmaßnahmen nicht konkret beschrieben werden, so dass es bei dem generellen Recht der Besitzwehr und Besitzkehr bleiben muss.

14. Ein Kellner schüttet versehentlich einem Gast beim Servieren ein Glas Rotwein über den Anzug. Der Gast verlangt Schadensersatz. Wie ist dieser zu leisten?

Frage 14

Richtig ist die dritte Antwort.
Begründung:
Der Schadensersatz besteht zunächst aus der Verpflichtung der Wiederherstellung des alten Zustandes; ist dies nicht möglich, muss ein gleichwertiger Ersatz beschafft werden; ist dies auch nicht möglich, ist ein Schadensersatz durch Geld zu erbringen.

Aus diesen Ausführungen ergibt sich, dass die Antworten eins und zwei falsch sind.

15. Ein sechsjähriger Junge beschädigt mit seinem Fahrrad ein in einer Spielstraße ordnungsgemäß parkendes Auto. Wer haftet für den entstandenen Sachschaden?

Frage 15

Richtig sind die dritte und vierte Antwort.
Begründung:
Kinder haften bis zum Alter von unter 7 Jahren nicht für angerichtete Schäden (§ 828 BGB). Allerdings kann es zu einer Haftung der Aufsichtsverpflichteten kommen gemäß § 832 BGB. Da der sechsjährige Junge nicht haftet und möglicherweise den Eltern keine Vernachlässigung der Aufsichtspflicht nachgewiesen werden kann, könnte bei einem entsprechenden Versicherungsvertrag die Vollkaskoversicherung des Autobesitzers die Schadensregulierung übernehmen.

Die erste Antwort ist falsch, weil die Eltern nicht immer haften; die zweite ist falsch, weil- wie ausgeführt- der sechsjährige Junge noch nicht selbst haftet.

Frage 16

16. Ein Mitarbeiter im Sicherheitsdienst führt immer wieder eine Ausgangskontrolle bei einem Betriebsangehörigen durch, weil er sich über ihn geärgert hat. Gibt es eine Vorschrift im BGB, die dieses Verhalten verbietet?

Richtig ist die erste Antwort.
Begründung:
§ 226 BGB untersagt ausdrücklich die Ausübung von Rechten, wenn sie nur den Zweck erfüllen, einem anderen einen Schaden zuzufügen.

Falsch ist daher die zweite Antwort. An sich verbietet sich die Ausübung von Selbsthilferechte zu anderen Zwecken, als jeweils dort beschrieben. Der Gesetzgeber hat aber zur Verdeutlichung diese Bestimmung aufgenommen.

Straf- und Strafverfahrensrecht

Bedeutung und Anwendung der Jedermannsrechte

Selbsthilfe des Besitzers

Frage 17

17. Wann ist im Falle einer verbotenen Eigenmacht eine Besitzkehr gemäß § 859 Abs. 2 BGB bei beweglichen Sachen zulässig?

Richtig sind die zweite und dritte Antwort.
Begründung:
§ 859 BGB begrenzt Besitzwehr und Besitzkehr gegen die gerade stattfindende bzw. gerade stattgefundene verbotene Eigenmacht eines anderen Menschen (auf frischer Tat betroffener oder verfolgter Täter). Daraus folgt, dass die erste Antwort falsch ist. Ggf. könnten hier Maßnahmen nach § 229 BGB (Erlaubte Selbsthilfe) möglich sein.

Frage 18

18. Ein Gast einer Diskothek hat Eintritt bezahlt. Im Laufe des Abends hat der Gast so viel Alkohol getrunken, dass er immer wieder andere Gäste versehentlich anrempelt. Welche Befugnisse hat die Sicherheitsmitarbeiterin B., der das Hausrecht übertragen worden ist?

Richtig ist die zweite Antwort:
Begründung:
Der betrunkene Gast begeht zivilrechtlich eine Besitzstörung, indem er immer wieder andere Gäste anrempelt. Er hält sich nicht an die Regeln (Hausordnung) der Diskothek. Unerheblich sind hier die Fragen, ob er es versehentlich (fahrlässig) macht, Eintritt bezahlt hat und ob ein Schaden eingetreten ist.

Anhang: Aufgabenlösungen

Da der Sicherheitsmitarbeiterin das Hausrecht übertragen worden ist, hat sie nunmehr als Besitzdiener die gleichen Rechte wie der Besitzer, darf sich also einer Besitzstörung erwehren und auch den Gast der Diskothek verweisen (notfalls mit angemessener Gewalt).
Die Polizei muss und darf nicht dieses Problem von vornherein aus eigener Machtvollkommenheit lösen. Wird sie gerufen, wird sie zunächst den Hausrechtsinhaber auffordern, sein Hausrecht wahrzunehmen. Erst wenn dieser nicht in der Lage ist, sein Hausrecht wahrzunehmen, wird sie auf eigener Rechtsgrundlage tätig werden und den Rechtsfrieden wieder herstellen.

Daraus folgt, dass die anderen Antworten falsch sind.

19. Welche Rechte hat der Hausrechtsinhaber? **Frage 19**

Richtig sind die erste und die zweite Antwort.
Begründung:
Wesentlicher Inhalt des Hausrechts ist die Entscheidungsbefugnis darüber, wer sich innerhalb der geschützten Räume bzw. des befriedeten Besitztums aufhalten darf. Es bedarf grundsätzlich keines Fehlverhaltens der Person, die ausgeschlossen werden soll, denn bestimmten Personen oder Personengruppen kann von vornherein der Zutritt verwehrt werden (z.B. kein Zutritt für Jugendliche, kein Zutritt für Frauen als Besucher eines Bordells).

Daraus folgt, dass die dritte Antwort falsch ist.

Notwehr

20. Welche Aussagen zur Notwehr sind richtig? **Frage 20**

Richtig sind die erste und die dritte Antwort.
Begründung:
§§ 32 StGB und 227 BGB definieren die Notwehr als „...diejenige Verteidigung, die erforderlich ist, um einen gegenwärtigen rechtswidrigen Angriff von sich oder einem andern abzuwenden."

Ein schuldhafter Angriff eines Menschen im Sinne des Rechtes ist also nicht erforderlich. Man muss sich auch gegen rechtswidrige Angriffe beispielsweise von Kindern verteidigen können.

Daraus folgt, dass die zweite Antwort falsch ist.

21. Welche Rechtsgüter können durch eine Notwehrhandlung verteidigt werden? **Frage 21**

Richtig ist die zweite Antwort.
Begründung:
Notwehrfähig ist jedes individuelle Rechtsgut eines Menschen. Also können auch Angriffe beispielsweise auf das Eigentum oder das Recht am eigenen Bild verteidigt werden.

Die Nichteinhaltung der allgemeinen Rechtsordnung ist nicht notwehrfähig.

Daraus folgt, dass die anderen Antworten falsch sind.

Frage 22

22. Was ist unter Nothilfe zu verstehen?

Richtig ist die erste Antwort.
Begründung:
Der Gesetzestext der Notwehr erfasst auch die Verteidigungshandlung gegenüber Angriffen auf andere Menschen. Diese Verteidigungshandlung wird als Nothilfe bezeichnet.

Falsch ist die zweite Antwort, denn der Angriff bei Notwehr/Nothilfe muss immer durch einen Menschen erfolgen. Die Verteidigungshandlung gegen einen angreifenden bissigen Hund wird als Notstand bezeichnet.

Frage 23

23. Was ist unter dem Begriff der „Erforderlichkeit" bei der Notwehr zu verstehen?

Richtig ist die zweite Antwort.
Begründung:
Erforderlich im Sinne der Notwehr bedeutet, dass die Verteidigungshandlung notwendig und geeignet ist, den Angriff sofort zu beenden.

Stehen dem Angegriffenen mehrere gleich wirksame Verteidigungshandlungen zur Verfügung, muss er diejenige wählen, welche den geringsten Schaden verursacht. Er muss das mildeste Mittel wählen.

Falsch ist die erste Antwort. Die Anwendung jedes geeigneten Mittels würde dem vorstehend erläuterten Grundsatz widersprechen.

Rechtfertigender Notstand

Frage 24

24. Eine Mitarbeiterin in einer Telefonzentrale nimmt einen Drohanruf entgegen. Der anonyme Anrufer kündigt die Zündung von mehreren Sprengsätzen in dem Betrieb an. Die Telefonzentrale verfügt über die technische Möglichkeit der Aufzeichnung von Anrufen. Darf die Mitarbeiterin beim Erkennen des Drohanrufes die Aufzeichnungsvorrichtung aktivieren?

Richtig ist die erste Antwort.
Begründung:
Hier liegt eine gegenwärtige Gefahr für Leben, Leib und Eigentum vor. Der Eingriff in das Rechtsgut „Vertraulichkeit des Wortes" ist relativ gering, so dass bei Abwägung mit den zu schützenden Rechtsgütern dieser Eingriff zulässig ist. Außerdem stehen keine anderen Abwehrmaßnahmen zur Verfügung.
Daraus folgt, dass die zweite Antwort falsch ist.

Anhang: Aufgabenlösungen

Defensivnotstand

25. Welche Aussagen zum Defensivnotstand gemäß § 228 BGB sind richtig? — Frage 25

Richtig sind die zweite und die dritte Antwort.
Begründung:
Beim Defensivnotstand richtet sich die Notstandshandlung gegen die Sache, von der die Gefahr ausgeht.
Die Vorschriften über Sachen werden auf Tiere angewendet, sofern nichts anderes – z.B. durch das Tierschutzgesetz – bestimmt ist. Folglich ist es gemäß § 228 BGB erlaubt, angreifende Tiere abzuwehren.

Falsch ist die erste Antwort, da der Defensivnotstand bei Gefahren aus der Natur nicht anwendbar ist.
Falsch ist auch die vierte Antwort, da die Abwehr eines Angriffs von Menschen durch die Notwehrbestimmungen erfasst wird.

Aggressivnotstand

26. Welche Aussagen zu den Notständen der §§ 228, 904 BGB sind zutreffend? — Frage 26

Richtig sind die erste und die dritte Antwort.
Begründung:
Die wesentliche Unterscheidung zwischen dem Defensivnotstand und dem Aggressivnotstand wird in diesen beiden Antworten herausgestellt, nämlich dass beim Defensivnotstand die Einwirkung auf eine Sache erfolgt, von der die Gefahr ausgeht, während beim Aggressivnotstand die Einwirkung auf eine Sache erfolgt, von der die Gefahr nicht ausgeht.
Beim Defensivnotstand entsteht keine Schadensersatzpflicht, dagegen kann beim Aggressivnotstand der Besitzer/Eigentümer der zur Gefahrenabwehr genutzten Sache Schadensersatz verlangen.

Falsch sind demzufolge die zweite und die vierte Antwort.

Vorläufige Festnahme

27. Sicherheitskraft A. hat einen Straftäter gemäß § 127 Abs. 1 StPO vorläufig festgenommen. Welche weiteren Handlungen sind dem A. nach § 127 Abs. 1 StPO erlaubt? — Frage 27

Richtig ist die erste Antwort.
Begründung:
Bei der Fragestellung geht es um die weiteren rechtlich zulässigen Handlungen nach einer vorläufigen Festnahme gemäß § 127 Abs. 1 StPO.
In dem Recht der vorläufigen Festnahme ist mit enthalten, dass einfache körperliche Gewalt zur Durchsetzung bzw. Aufrechterhaltung zulässig ist (Annexkompetenz = angehängte Kompetenz).

Falsch ist die zweite Antwort, denn das Ziel der vorläufigen Festnahme ist, die Strafverfolgung zu ermöglichen und nicht die Übergabe an die Polizei. Mit der bekannten Identität des Straftäters entfällt eine Festnahmevoraussetzung.
Falsch ist auch die dritte Antwort. Eine Durchsuchung nach Identitätspapieren durch Jedermann ist unzulässig.

Selbsthilfe

Frage 28

28. Die Selbsthilfe nach § 229 BGB hat das Ziel:

Richtig ist die dritte Antwort.
Begründung:
Diese Ausnahmeregelung dient allein dem hier genannten Zweck.

Falsch ist die erste Antwort, denn bei Jedermannsrechten nach dem BGB geht es nicht um Strafverfolgung.

Falsch ist auch die zweite Antwort. Rechtsstaatprinzip ist, dass grundsätzlich der vorgeschriebene Rechtsweg auch zur Durchsetzung von zivilrechtlichen Ansprüchen beschritten werden muss.

Umgang mit Waffen

Frage 29

29. Welche technische Voraussetzung muss vorliegen, dass eine Schusswaffe im Sinne des Waffengesetzes gegeben ist?

Richtig ist die zweite Antwort.
Begründung:
Das Waffengesetz definiert Schusswaffen als Gegenstände, die zum Angriff oder zur Verteidigung, zur Signalgebung, zur Jagd, zur Distanzinjektion, zur Markierung, zum Sport oder zum Spiel bestimmt sind und bei denen Geschosse durch einen Lauf getrieben werden.

Falsch sind die anderen Antworten, denn die Art des Antriebes spielt keine Rolle. Ebenso ist es unerheblich, wie der Lauf beschaffen ist und aus welchem Material das Geschoss besteht.

Frage 30

30. Was ist unter dem „Kleinen Waffenschein" zu verstehen?

Richtig ist die erste Antwort.
Begründung:
Der „Kleine Waffenschein" wird in der Anlage 2 Abschnitt 2. Unterabschnitt 3. Ziffer 2. zum WaffG angesprochen. Danach können mit einer behördlichen Erlaubnis Schreckschuss-, Reizstoff und Signalwaffen ohne Sachkunde-, Bedürfnis- und Haftpflichtversicherungsnachweis geführt werden. Allerdings wird die Erlaubnis nur erteilt, wenn der Antragsteller das

18. Lebensjahr vollendet hat und die erforderliche Zuverlässigkeit und persönliche Eignung besitzt (§ 4 Abs. 1 Ziffer 1. u. 2. WaffG).

Daraus folgt, dass die beiden anderen Antworten falsch sind.

31. Was sind beispielsweise „Verbotene Waffen" im Sinne des Waffengesetzes? **Frage 31**

Richtig sind die zweite und dritte Antwort.
Begründung:
Anlage 2 Abschnitt 1. zum WaffG. führt die „Verbotenen Waffen" auf. Die in den Antworten genannten Waffen sind in dieser Liste enthalten.
Falsch sind die beiden anderen Antworten. Nicht alle dieser Gegenstände sind verbotene Waffen.

32 Wo dürfen generell keine Waffen geführt werden? **Frage 32**

Richtig ist die dritte Antwort.
Begründung:
§ 42 WaffG spricht ein generelles Verbot des Führens von Waffen bei öffentlichen Veranstaltungen aus. Die aufgeführten Beispiele sind im Gesetzestext enthalten.

Falsch sind die beiden anderen Antworten, denn weder Fußgängerzonen noch öffentliche Verkehrsmittel können als öffentliche Veranstaltungen bezeichnet werden.

Unfallverhütungsvorschriften

33. Gelten die Unfallverhütungsvorschriften einer Betriebsanlage auch für Fremdfirmen, also auch für Sicherheitsunternehmen? **Frage 33**

Richtig ist die zweite Antwort.
Begründung:
Es ist eigentlich eine logische Sache, dass Unfallverhütungsvorschriften auch für Fremdbetriebe gelten müssen. Entsprechend wird in der DGUV Vorschrift 1 der Geltungsbereich von Unfallverhütungsvorschriften festgelegt.

Falsch ist daher die erste Antwort.

Anhang: Aufgabenlösungen

Frage 34

34. Was ist ein „anzeigepflichtiger Arbeitsunfall“?

Richtig sind die erste und die zweite Antwort.
Begründung:
Diese beiden Antworten nennen exakt die Kriterien eines „anzeigepflichtigen Arbeitsunfalls“.

Falsch ist die dritte Antwort. Zwar sind die dort aufgeführten Kriterien insoweit zutreffend, aber durch das Wort „nur“ sind andere Kriterien unzulässig ausgeschlossen (siehe erste Antwort).

Frage 35

35. Der Sicherheitsunternehmer (SU) muss für die Arbeitssicherheit seiner Mitarbeiter und Mitarbeiterinnen sorgen. Dafür muss er mit dem Auftraggeber (AG) wie folgt zusammenarbeiten:

Richtig sind die erste und die zweite Antwort.
Begründung:
Gemäß § 6 DGUV Vorschrift 23 darf der Unternehmer Wach- und Sicherungsaufgaben nur übernehmen, wenn vermeidbare Gefahrstellen im jeweiligen Objektbereich beseitigt oder ausreichend abgesichert sind.

Gemäß § 9 DGUV Vorschrift 23 hat der Unternehmer dafür zu sorgen, dass das Wach- und Sicherungspersonal in das jeweilige zu sichernde Objekt und die spezifischen Gefahren eingewiesen wird.

Gemäß § 7 DGUV Vorschrift 23 hat der Unternehmer sicherzustellen, dass das Wach- und Sicherungspersonal überwacht wird, wenn sich bei Sicherungstätigkeiten besondere Gefahren ergeben können.

Aus diesen gesetzlichen Vorgaben ergibt sich, dass diese Antworten richtig sind.

Daraus folgt, dass die dritte Antwort falsch ist.

Frage 36

36. Der Unternehmer hat dafür zu sorgen, dass das Wach- und Sicherungspersonal in das jeweilige Objekt eingewiesen wird. Wann und wo hat diese Einweisung zu erfolgen?

Richtig ist die zweite Antwort.
Begründung:
§ 9 Absatz 2 DGUV Vorschrift 23 fordert, dass die Objekteinweisungen zu den Zeiten vorzunehmen sind, zu denen die Tätigkeit des Wach- und Sicherungspersonals ausgeübt wird.
Daraus folgt, dass die erste und die dritte Antwort falsch sind.

Frage 37

37. Was ist ein Sicherheitszeichen?

Richtig ist die zweite Antwort.
Begründung:

Diese Antwort gibt exakt die Definition eines Sicherheitszeichens gemäß § 2 ASR A1.3 wieder.

Daraus folgt, dass die anderen Antworten falsch sind.

38. Wozu dienen die Brandklassen? **Frage 38**

Richtig sind die erste und die dritte Antwort.
Begründung:
Brandklassen (A, B, C, D, F) kennzeichnen zum einen den brennbaren Stoff, z.B. bei Brandklasse C = gasförmige Stoffe, zum anderen bestimmen sie die geeignete Löschmöglichkeit, z.B. CO2-Löscher mit Gasdüse für Brandklasse C.

Falsch ist die zweite Antwort. Diese Einteilung von Brandklassen hat nichts mit Versicherungsprämien zu tun.

Fachliteratur zur Weiterbildung:

Leitfaden GSSK* – Grundordner A-D

Professioneller Sicherheitsdienst in Unternehmen und Gesellschaft.
Vorbereitung auf die Prüfung zur „Geprüften Schutz- und Sicherheitskraft" (GSSK)

** Themenhefte mit unterschiedlichen Titeln bilden in einer Übergangszeit gleichwertig das Gesamtwerk.*
Nach und nach wird der Titel „Unternehmenssicherheit" durch „Leitfaden GSSK" ersetzt.

A: Handlungsbereich „Rechts- und aufgabenbezogenes Handeln" – Rechtskunde
ISBN 978-3-939639-01-5

B: Handlungsbereich „Rechts- und aufgabenbezogenes Handeln" – Dienstkunde
ISBN 978-3-939639-02-2

C: Handlungsbereich „Gefahrenabwehr sowie Einsatz von Schutz- und Sicherheitstechnik"
ISBN 978-3-939639-03-9

D: Handlungsbereich „Sicherheits- und serviceorientiertes Verhalten und Handeln"
ISBN 978-3-939639-05-3

A4-Kunststoffordner, ca. 550 Seiten / 57,50 € / ISBN 978-3-939639-00-8
Selbstverständlich können auch alle Teile aus dem Ordner einzeln bezogen werden / Teil A **18,50** € / Teil B, C, D **16,00** €

Weitere Themenhefte zum Leitfaden GSSK

E: Personenschutz, 248 Seiten / **30,00** € / ISBN 978-3-939639-08-4

K: Waffenrecht und Waffenkunde, 146 S. / **16,00** € / ISBN 978-3-939639-09-1

Hundeeinsatz jetzt auf USB-Stick / **18,00** €

Englisch für Sicherheitskräfte

Lehr- und Arbeitsbuch mit Audio-Dateien zum Training der Aussprache und des Hörverständnisses

Mit „Englisch für Sicherheitskräfte" gibt es ein Lern- und Arbeitsbuch, das speziell auf die Bedürfnisse und die Alltags-Begriffe in der Sicherheitsdienstleistung ausgerichtet ist.

Andrea Metschke / 172 Seiten / 26,90 € / ISBN 978-3-922746-88-1

Lösungsheft zum Lehrbuch „Englisch für Sicherheitskräfte" **/ 8,90** €

Nur für Ausbilder:

Lehrpaket GSSK – Geprüfte Schutz- und Sicherheitskraft

Lehrpaket Sachkundeprüfung

Umfangreiche PowerPoint Präsentationen mit Bildern, Grafiken und Lehrfilmen
Lizenzgebühr jeweils € 5,95/Monat
www.lehrpaket.com

Alle Preise inkl. der gesetzlichen Mehrwertsteuer

Und ebenfalls für die Vorbereitung auf Prüfung und Beruf: www.sicherheitstermine.de
Seminare, Lehrgänge, Tagungen, Kongresse aus allen Sicherheitsbereichen
kostenlos und immer aktuell.

SecuMedia Verlags-GmbH, Postfach 1234, 55205 Ingelheim, Tel. 06721 44324, info@secu.media
Buchbestellungen auch über **http://www.secumedia-shop.net**